Perspectivas

QUINTA EDICIÓN

Temas de hoy
y de siempre

Quinta Edición

Illustrations by
Ruth Gembicki Bragg

Perspectivas

QUINTA EDICIÓN

Temas de hoy y de siempre

Mary Ellen Kiddle
Boston College

Brenda Wegmann
University of Alberta Extension

Holt, Rinehart and Winston

Fort Worth   Philadelphia   San Diego   New York   Orlando   Austin   San Antonio
Toronto   Montreal   London   Sydney   Tokyo

Publisher: Ted Buchholz
Senior Acquisitions Editor: Jim Harmon
Developmental Editor: Jeff Gilbreath
Project Editor: Monotype Composition Company, Inc.
Production Manager: Mandy Van Dusen
Cover Design Supervisor: Bill Brammer
Illustrator: Ruth Gembicki Bragg
Text Design: Monotype Composition Company, Inc.
Cover Art: Ruth Gembicki Bragg
Composition: Monotype Composition Company, Inc.

Requests for permission to make copies of any part of the work should be mailed to: Permissions Department, Harcourt Brace Jovanovich, Publishers, 8th Floor, Orlando, Florida 32887.

Acknowledgments for the reading selections, photographs, and cartoons appear at the end of the book.

Illustrations copyright © 1993, 1988, 1983, 1978 by Ruth Gembicki Bragg.

Printed in the United States of America

ISBN 0-03-072236-5

Library of Congress Cataloging-in-Publication Data

Kiddle, Mary Ellen, 1938–
    Perspectivas, temas de hoy y de siempre / Mary Ellen Kiddle.
    Brenda Wegmann. — 5a ed.
        p.   cm.
    ISBN 0-03-072236-5
    1. Spanish language—Readers.   I. Wegmann, Brenda, 1941– .
II. Title.   III. Title: Perspectivas.
PC4117.K5   1993
468.6′ 421—dc20   92-43617
                                                                             CIP

3 4 5 6 7 8 9 0 1 2   1 6 4   9 8 7 6 5 4 3 2 1

In Memoriam:

Eduardo Neale Silva, (1903–1989), investigador y maestro incomparable, cuya luz inspiradora ya se nos ha desaparecido de la tierra, sin dejar por eso de iluminarnos los corazones.

PREFACE TO THE FIFTH EDITION

The six chapters of *Perspectivas* retain the same timeless themes as in previous editions, but their focus and treatment in the fifth edition are considerably changed. Several of the opening pieces are completely new; for example, the focus of the Nature chapter is now on ecology and that of the Arts and Fantasy chapter centers on the interaction between the individual creative imagination and the circumstances of an artist's life and times. As in the past, *Perspectivas* includes a combination of materials: articles from newspapers and magazines, a book review, a legend, essays, jokes and cartoons, selections from older classics and many modern poems and short stories. True Hispanic sources are used for the reading selections, with no translations of *Reader's Digest*, *Charlie Brown*, or other semi-authentic pieces. Selections from older classics, such as *Don Quijote*, have been put into modernized language. Recent authentic materials are presented without modification or adaptation except, in a few cases, for a shortening of the length by cutting entire paragraphs, sentences, or phrases which do not alter the sense of the text. Several selections from past editions have been restored to a more authentic state.

New to the Fifth Edition

1. The Division of Some Texts into Smaller Units.

The chapter introductions still present vocabulary in context and general ideas related to the chapter's theme. However, the presentation is now more interactive, with exercises and activities interspersed among smaller, more readable, units of text. A similar technique is used for some of the longer authentic selections, with comprehension or skill-based exercises appearing at intervals to guide the student through the extended reading.

2. A More Communicative Focus with Greater Emphasis on Cooperative and Task-Based Learning.

Many selections are preceded by prereading exercises that present reading strategies and preparatory vocabulary work and include a task to be solved through pair or group work. Personal experience on the part of both authors suggests that pair or group work often leads to very successful learning, especially if patience and clear instructions are employed the first couple of times it is tried. As students gain experience, much less time is wasted in the mechanics, and the great advantage is that *all* of the class is active. To reap the full benefit of these prereadings, the instructor should remember to set a strict time schedule, dividing the class period into two parts: (1) the first part for discussion and correction of the assignment from the previous class and (2) the second part for the prereading for the next selection. Although this may require some getting used to on the part of many teachers, it is certainly worth the effort because it results in a much more active and motivated class, without the "dead space" that often occurs in traditional teacher-student, question-answer periods.

Cooperative learning activities are offered in postreading exercises. These exercises are purposefully varied to accommodate different learning styles, such as global and schematic, visual, and aural. Activities range from correct sequencing of events in the selections, to class surveys to cognitive skill development exercises, such as inferring. A new section, entitled *Juego imaginativo*, invites students to interview the authors, create a dialogue with the characters, dramatize events, draw illustrations, and rewrite endings of stories.

Specific exercises designed for pair or group work are indicated with a pair icon; however, most other exercises can also be adapted easily for pair work. Similarly, those exercises carrying the pair icon can be modified for individual preparation.

3. *Stronger Emphasis on Vocabulary Acquisition.*

The approach to vocabulary has been modified to encourage more acquisition through prior preparation and guessing in context. All chapters begin with a preliminary list of vocabulary which is practiced and then read in context. Then a number of important words or expressions are highlighted in the *Anticipación* prior to many of the authentic selections. Glossing of words in English has been reduced and important glosses are given in Spanish whenever possible.

4. *Greater Cultural Diversity of Authors.*

In this edition we have placed greater emphasis on the themes and works of native peoples, African-Hispanics, and women authors. Approximately forty percent of the book is new and a great deal of it has been updated to allow for the discussion of recent political and social events.

Flexibility

Each chapter contains more than enough material, so that instructors may skip selections. For example, one instructor might choose from the first chapter on *Nature* the article on ecological problems; another might prefer the Mayan legend about the relationship between people and animals. In the *Arts and Fantasy* chapter, three examples of the Argentine short story are included; one by Borges, one by Cortázar, and one by Denevi. This permits an instructor to select in each case the piece best suited to the level and interests of a particular class or to alternate so as to maintain his or her own interest.

Instructors new to this book often begin by choosing several chapters and teaching most of the selections in each one. The students then progress according to the difficulty and sophistication of the materials and develop a multifaceted viewpoint on each chapter theme. They also practice some of the same core vocabulary over a period of several class sessions. However, chapter organization is flexible enough to allow instructors who so desire to skip around from topic to topic and even from chapter to chapter, since no selection requires knowledge of any previous material.

There is sufficient material in *Perspectivas* for a complete one-semester course that concentrates on conversation and/or reading skills or for a year-long intermediate course that also uses a review grammar.

Acknowledgments

We would like to express our deep appreciation to Jeff Gilbreath and Jim Harmon of Holt, Rinehart and Winston for their tolerant, creative guidance and supervision of the manuscript through its various stages of production; to Naldo Lombardi of Mount Royal College and María Paz Staulo of Boston College for sharing with us their linguistic and stylistic expertise; to Katherine Isbell, who spoke at the 1992 TESOL Conference, for helpful practical ideas regarding prereadings; to Gina Siddhu of the University of Alberta Language Laboratories for help in obtaining materials, and to Llanca Letelier for her expert technical assistance and imaginative suggestions concerning the Art and Fantasy chapter. We also thank Carlos Mana and *Ciudad nueva editorial* for allowing us to use the *Comillas* cartoons by Roberto Escudero, whose subtle and inspiring humor lives on in the memory of many who mourn his absence. We are grateful to Miguel Novak, for his endless supply of jokes and cartoons, to Hildebrando Villarreal of California State University at Los Angeles, for his help in obtaining bilingual educational materials, and to Carroll Young and Marvin A. Lewis of Indiana University of Pennsylvania and the University of Missouri at Columbia, respectively, for their generous and much-appreciated help in gathering materials by African-Hispanic writers.

Special thanks are also due to those instructors who personally gave us suggestions and to those who provided us with constructive criticism in the questionnaires distributed by our publisher. We have tried our best to incorporate their insights and recommendations into this edition. Our gratitude also goes to the following reviewers whose perceptive comments formed the basis of our plan for this fifth edition: José M. López-Marrion, Muhlenberg College; Timothy Murad, University of Vermont; Paul Padilla, Western Kentucky University; Alvin L. Prince, Furman University; Irwin Stern, Columbia University.

B.W.   M.E.K.

Índice

···················· **Los hispanos en los Estados Unidos 6**

Perspectivas

QUINTA EDICIÓN

Temas de hoy
y de siempre

La
naturaleza

Nuestro planeta en peligro

Una perspectiva hispana

La selva amazónica, con sus dos millones de millas cuadradas de plantas y árboles, está en peligro.

El último repositorio

Según estadísticas recientes, en Latinoamérica la deforestación prosigue a una velocidad mucho más alta que en cualquier otro continente. La razón es simple: en Asia y Africa ya se talaron (cortaron) los árboles. Latinoamérica queda, entonces, como el último repositorio de los grandes bosques húmedos tropicales 5 que producen el oxígeno tan necesario para el equilibrio del planeta. Esta alarmante tasa (índice) de destrucción es más alta en Costa Rica donde, cada año, se pierde el 6,9% (por ciento) de los árboles; luego viene Ecuador con el 2,3%; Brasil con 1,8%; Colombia con 1,7%; Paraguay con 1,1%; y Venezuela y Chile con 0,7%.*

10   Como consecuencia directa de la deforestación, junto con el uso de pesticidas y otros factores, Latinoamérica está perdiendo su gran variedad de plantas y animales. Como ejemplo se puede mencionar Colombia, el país que tiene la biodiversidad más densa del mundo. Allí se han clasificado 45.000 especies de plantas y 1.820 especies de aves (de las 8.000 conocidas mundialmente). 15   Desgraciadamente, Colombia es también el país que tiene el índice más alto en el mundo de extinción de especies.

---

* Estos datos son de una publicación del *World Resources Institute (WRI)*, reproducidos por la revista *Visión*. Es de notar que en español se usa la coma (y no el punto) para indicar un decimal. En cambio, se usa el punto para señalar los miles; por ejemplo, dos mil se expresa como 2.000.

.... Comprensión

1. ¿Por qué se talan más árboles en Latinoamérica cada año que en Africa o en Asia?
2. ¿Por qué son importantes los bosques húmedos tropicales?
3. ¿Qué pasa ahora con las plantas y los animales de Colombia?

.... Interpretación

Si Ud. fuera ministro(a) de ecología, ¿a cuál de los países latinoamericanos ayudaría primero con su problema de deforestación? ¿Por qué?

Un vocabulario sobre la ecología

Aprenda estas palabras importantes. Si no comprende el significado de alguna palabra, búsquela en el Vocabulario Final.

atmósfera (la)		deterioro (el)	
aumentar	*increase*	disminuir(reducir)	
aumento (el)		escasez (la)	*scarcity*
basura (la)	*garbage*	especie (la) (tipo de	
biodegradable		animal, planta)	
bosque (el)	*forest*	explosión demográfica	
central nuclear (la)		(la) (de la población)	
circulación (la),	*traffic*	medio ambiente (el)	*environment*
tránsito (el)		nivel (el) de vida	*standard*
combustible (el)	*fuel*		*of living*
contaminación (la)		proteger	
contaminar		reciclaje (el)	
deforestación (la)		reciclar	
desperdiciar	*to waste*	sobrevivir	
desperdicios,		supervivencia (la)	
desechos (los)		talar (cortar, con	
desperdicios		referencia a árboles)	
tóxicos (los)		tomar medidas	*to take*
deteriorarse			*measures*

.... Expansión de vocabulario

Antónimos

Dé antónimos para estas palabras, refiriéndose al vocabulario sobre la ecología.

1. limpiar, purificar
2. botar, tirar en la basura
3. conservar
4. disminuir
5. atacar
6. plantar (árboles)
7. mejorar
8. la abundancia
9. la extinción
10. la protección de los bosques

Sinónimos

Dé sinónimos para estas palabras o expresiones.

1. el tránsito
2. un conjunto de árboles
3. volver a usar
4. crecimiento de la población
5. clase, tipo (de planta o animal)
6. los desperdicios
7. incremento, extensión
8. la insuficiencia, la falta
9. la condición de los medios de existencia de un grupo
10. planta eléctrica que usa energía atómica

El verbo exacto

Dé el verbo que corresponde a cada palabra.

1. reciclaje
2. desperdicio
3. reducción
4. contaminación
5. aumento
6. disminución
7. circulación
8. deterioro

Seis problemas ecológicos

1. La extinción de muchas especies de plantas y animales
2. La lluvia ácida
3. La destrucción de los grandes bosques húmedos tropicales
4. La acumulación de la basura y de los desechos tóxicos
5. La explosión demográfica
6. La escasez del agua potable

Este enorme basurero (*garbage dump*) está lleno de toda clase de desperdicios.

Mirando la foto del basurero, ¿en qué problemas piensa Ud.? Trabajando con otra persona, explique qué problema le parece el más urgente y por qué, luego comparta sus respuestas con la clase.

Una mirada hacia el futuro

Algunas predicciones:

1. Si sigue el ritmo actual de crecimiento demográfico, para el año 2025 la Tierra tendrá 8.500 millones (*8 1/2 billion*) de habitantes.
2. Dentro de cincuenta años, el motor impulsado por gasolina existirá solamente en los museos; los autos usarán electricidad, energía solar u otros tipos de combustibles.
3. El nivel de vida subirá en los países del Tercer Mundo y bajará en los países avanzados.
4. ¿ _____ ?

En su opinión, ¿cuáles de las predicciones se refieren a cambios positivos y cuáles a cambios negativos? ¿Por qué? ¿Qué piensa Ud. de estas predicciones? Trabajando con otra persona, invente su propia predicción para el punto 4 de la sección anterior, luego compártala con la clase.

¿Y las buenas noticias...?

No todas las noticias son alarmantes. En muchas partes del mundo hispano se han formado organizaciones de acción ecológica que están empezando a tomar medidas contra el deterioro del medio ambiente. Ahora que la democracia se ha establecido en España y en casi todos los países latinoamericanos, la opinión
5   pública tiene más peso.

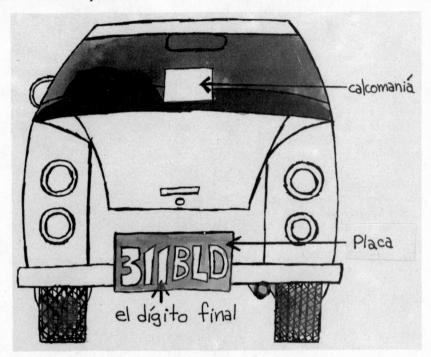

calcomanía

Placa

el dígito final

Un claro ejemplo de esta tendencia es el plan para la restauración de la ciudad de México (la ciudad más grande y contaminada del mundo.) Recientemente se inició el programa «Hoy no circula» para restringir la circulación diaria (de lunes a viernes) de 500 mil vehículos. Cada persona tiene un día en
10 que está prohibido manejar su auto, de acuerdo con el color de la calcomanía y los dígitos finales de su placa. Además, se plantaron cuatro millones de árboles en el área metropolitana. También, las autoridades impusieron por ley la utilización de convertidores catalíticos en todos los taxis, autobuses y camiones, y cerraron una inmensa y muy contaminada refinería que se tendrá que volver
15 a construir fuera de la capital. Muchos creen que esto muestra que el gobierno sí está en serio y que la ciudad de México no se resigna a morir.

En Chile también hay algunas buenas noticias con respecto al medio ambiente. Varias minas que antes contaminaban sin restricciones ahora están bajando sus emisiones dañinas. Presionadas por el *lobby* ecológico y la opinión
20 pública, las compañías multinacionales que son dueñas de las minas han tenido que gastar millones de dólares en estudios ambientales, modificaciones y programas de reforestación.

1. ¿Qué se hizo recientemente en México para mejorar la calidad del aire?
2. ¿Cree Ud. que es más probable que un gobierno democrático proteja el medio ambiente, o una dictadura militar? Explique.
3. ¿Por qué, ahora, contaminan menos algunas minas en Chile?

¿Qué piensa Ud. del programa «Hoy no circula»? ¿Sería bueno para la ciudad donde Ud. vive? ¿Deben ser voluntarios estos programas, o no? ¿Por qué?

Un desafío para la humanidad

Aunque algunas de las noticias son buenas, el estado general del medio ambiente en el mundo hispano es grave. Muchas ciudades en España y Latinoamérica padecen de un alto nivel de contaminación. El problema de qué hacer con los desechos tóxicos está todavía sin solución adecuada. Mientras tanto, los árboles

5 se talan, el aire se contamina, la basura se acumula, muchos recursos (como el agua) escasean y la población aumenta sin medida. Quizás la mejor noticia sea que, por lo menos, ahora la gente habla de esto, busca soluciones, y desperdicia menos que antes. Se está formando una nueva conciencia de la responsabilidad del ser humano frente a la naturaleza.

Comprensión

1. ¿Cómo está actualmente el medio ambiente en los países hispanos?
2. ¿Por qué hay más esperanza ahora que antes?

Interpretación

En su opinión, ¿es necesario que mucha gente de los países avanzados cambie sus hábitos? ¿Por qué?

Comentario sobre el dibujo

Comillas

¿En qué piensa Comillas cuando contempla la naturaleza? ¿y Ud.?

Actividades

Explicaciones sencillas

Imagine que un niño hispano le pregunta a Ud. qué quieren decir los siguientes términos. Explíqueselos en palabras sencillas.

1. la deforestación
2. un material biodegradable
3. la explosión demográfica
4. el reciclaje

¡Miren este objeto!

Traiga Ud. un objeto a la clase y explique su importancia para el medio ambiente. Puede ser un objeto positivo o negativo con respecto a la ecología.

MODELO 1 Miren esta hoja. La hoja representa un árbol. Los árboles son importantes porque producen el oxígeno que respiramos. Debemos plantar más árboles.

MODELO 2 Miren esta bolsa de plástico. El plástico es malo para el medio ambiente porque no es biodegradable. No debemos usar bolsas de plástico. Es mejor usar bolsas de papel.

Juego imaginativo: Un mensaje desde el año 2020

Imaginemos que ya es el año 2020. Prepare uno de los siguientes proyectos por escrito, o para presentarlo oralmente a la clase:

1. Un noticiario *(newscast)* de la radio, con acontecimientos que muestran el estado actual del medio ambiente.
2. Una o dos páginas del diario de alguien que vive en el campo o en las montañas.
3. Una breve escena dramática que muestra la vida de los habitantes de una gran ciudad.

Opiniones

Hable Ud. con otra persona sobre dos de las siguientes opiniones. Decidan Uds. si están de acuerdo o no con ellas y por qué. Luego, compartan sus ideas con la clase.

1. Se debe prohibir la construcción de centrales eléctricas nucleares porque generan desechos radioactivos.
2. Es necesario limitar el número de hijos a dos por pareja; las personas que tengan más, pagarán un impuesto especial.
3. Hay que suspender la licencia de cualquier barco que cause un derrame de petróleo en el océano o en un lago.
4. El precio de la gasolina debe ser mucho más alto.

Refranes relacionados con la naturaleza

> - Después de la lluvia sale el sol.
> - Los pájaros de la misma pluma vuelan juntos.
> - El árbol se conoce por sus frutos.
> - En boca cerrada no entran moscas.
>
>   ¿Cómo interpreta Ud. estos refranes? ¿Corresponden a algunos proverbios en inglés?

El efecto invernadero y sus consecuencias

Muchos científicos advierten con alarma que la Tierra está calentándose. Explican que esto podría significar un gran peligro debido al *efecto invernadero*. Un invernadero es un edificio donde se cultivan plantas usando un techo de vidrio (cristal) que permite la entrada de los rayos del sol pero no deja que salga todo el calor reflejado. Según esta comparación, la atmósfera de nuestro planeta funciona como el techo de vidrio.

5

En realidad, el efecto invernadero, en proporciones moderadas, es positivo y aún necesario. Si no tuviera esta función nuestra atmósfera, la Tierra sufriría los radicales cambios de temperatura que ocurren en la luna, con un frío espantoso de noche (−155°C, −247°F) y un calor insoportable de día (99° C,

10

210°F). Mirándolo así, debemos darle gracias al efecto invernadero. Sin embargo, algunos expertos temen que la acumulación del bióxido de carbono, del metano, y de otros gases, producidos por las actividades humanas, aumente la eficiencia de nuestro «techo de vidrio» a tal punto que atrape demasiado calor.

15   Muchos factores, como los terremotos y las erupciones de volcanes, influyen momentáneamente en el clima, pero el gradual calentamiento de la Tierra parece casi inevitable. De acuerdo con sus cálculos, los científicos afirman que desde el año 1850, el aumento de la temperatura global ha sido de uno a cinco grados centígrados y que, hacia el año 2030, podría llegar a aumentar entre 1,5 a 4,5
20 grados más. Junto con esta subida, se pronostican consecuencias drásticas en las economías de muchas regiones debido a fluctuaciones en la producción agrícola, pérdida o ganancia en el negocio del turismo, y otros cambios.

     Frente a esta amenaza global, ¿por qué no toman medidas serias los gobiernos? Parece que los intereses económicos y políticos predominan sobre
25 el bienestar humano. Luis Balalrón,* un experto español de metereología, lo explica así: «lo que más hace dudar a los gobiernos a la hora de ponerse manos a la obra es precisamente el no saber con certeza a qué países perjudicarán más las medidas y qué otros saldrán beneficiados con ellas». En otras palabras, habrá *ganadores y perdedores* del calentamiento de la Tierra, por lo menos a corto
30 plazo. Además, los países productores de petróleo no muestran mucho interés en que se adopten controles ambientales porque éstos probablemente limitarían el consumo de combustibles fósiles, su mayor fuente de ingresos. Algunos líderes hablan a favor del medio ambiente pero en el momento de la acción no hacen nada, con el pretexto de que todavía hay dudas científicas. Tal vez lo que más
35 temen es una recesión económica provocada por las restricciones ambientales, una recesión que les podría quitar votos.

     En resumidas cuentas, los intereses políticos y económicos parecen bloquear, por el momento, el comienzo de la lucha definitiva contra el grave peligro del efecto invernadero. A largo plazo, el gran perdedor de esta demora puede
40 ser toda la humanidad.

··· Comprensión

Explicaciones

Explique Ud. los siguientes puntos del artículo.

1. el uso de un *invernadero* para cultivar plantas
2. el *efecto invernadero* como algo positivo
3. el *efecto invernadero* como algo peligroso
4. la actitud de los países productores de petróleo
5. la falta de acción a favor del medio ambiente por parte de los gobiernos

---

* Luis Balalrón es jefe de Estudios Climatológicos del Instituto Nacional de Meteorología de España. Sus palabras son citadas en *Blanco y negro,* una revista española.

······································· **Expansión de vocabulario**

Modismos

Invente Ud. una frase apropiada (sobre algún aspecto de la ecología) utilizando los siguientes modismos del artículo.

1. a corto plazo
2. ponerse manos a la obra
3. a largo plazo

4. en resumidas cuentas
5. dar gracias a
6. con certeza

··•····················· **Actividades**

 ### Análisis de un gráfico

Trabaje con otra persona. Lean Uds. la lista de predicciones sobre el efecto invernadero y miren con atención el gráfico tomado de la revista *Visión*, en la página 13. Luego, contesten las preguntas que siguen.

> Predicciones: *¿Cómo podrían ser las condiciones mundiales dentro de cincuenta años a causa del efecto invernadero?**
>
> 1. El aumento de la temperatura mundial supondría una subida del nivel del mar por el deshielo que causaría inundaciones *(floods)* y la desaparición de algunas ciudades.
> 2. El futuro de la India sería dudoso porque el aumento de las lluvias ayudaría a la agricultura pero también incrementaría el riesgo de inundaciones.
> 3. El norte de Canadá se vería muy beneficiado, pero el sur sufriría de una gran escasez de agua.
> 4. Noruega sustituiría a Valencia, España, en la producción de cítricos.
> 5. El norte de Europa tendría un clima templado y se convertiría en un gran centro turístico.
> 6. El sur de Europa tendría un clima casi desértico, prácticamente inhabitable.

Preguntas

1. En su opinión, ¿cuáles serían algunas ciudades que probablemente desaparecerían?
2. ¿Qué países o regiones serían ganadores del efecto invernadero? ¿Por qué?
3. ¿Qué países o regiones serían perdedores? ¿Por qué?
4. ¿De qué manera sería afectado el lugar donde Ud. vive ahora?

---

* Estas predicciones son del artículo «¿A quién favorece el efecto invernadero?» de *Blanco y negro*.

LAS PREDICCIONES SOBRE EL EFECTO INVERNADERO

ARTICO

Cambios en zonas frías podrían causar roturas en caminos, línea férrea, edificios y oleoductos.

Para el año 2030, Nueva York tendría un 42% menos de agua disponible.

El Reino Unido podría registrar veranos muy secos, seguidos de una intensa lluvia invernal, lo que erosionaría la tierra.

Incapaces de adaptarse a más altas temperaturas y menos lluvias, vastas áreas de bosques del norte podrían desaparecer.

El nivel del agua en el Gran Lago bajaría en 1,8 metros.

El cinturón de producción de granos de la URSS podría trasladarse al norte.

El área de producción de grano de EE.UU. se trasladaría hacia Canadá.

Los países mediterráneos se convertirían en semidesiertos.

Enfermedades parasitarias y la malaria se desplazarían al norte, provocando epidemias en Europa.

Área de posibles sequías

OCEANO PACIFICO

Área de posibles sequías

OCEANO ATLANTICO

El desierto del Sahara seguirá avanzando.

EL ECUADOR   EL ECUADOR

Areas en peligro de inundaciones por el aumento del nivel del mar, habría masivos desplazamientos de población y pérdida de tierra agrícola.

OCEANO INDICO

ANTARTIDA

Fuente: World Resources Institute

Opiniones

1. ¿Qué piensa Ud. del efecto invernadero? ¿Qué medidas debemos tomar ahora para evitarlo?
2. Honestamente, si Ud. fuera representante en la ONU (Organización de las Naciones Unidas) de un país que beneficiaría mucho del calentamiento de la Tierra, ¿votaría por leyes para controlar esto, o no? ¿Por qué?

Juego imaginativo: Titulares del año 2030

Invente Ud. cinco titulares (*headlines*) para los periódicos españoles y latinoamericanos del año 2030. (Para darse una idea del estilo empleado en los titulares, vaya primero a la biblioteca y mire los periódicos hispanos disponibles.)

Quico

† Este gráfico está reproducido del artículo «La tierra se pone caliente» de la revista interamericana *Visión*.

Ecología de Bolsillo*

Mariana Merino

Anticipación

Estrategia: El título como punto de partida

La siguiente reseña *(book review)* describe un libro chileno de gran venta.
Su título es *De cómo Margarita Flores puede cuidar su salud y ayudar a
salvar el planeta.* Antes de leer la reseña, conteste Ud. estas preguntas:

1. En su opinión, ¿por qué inventaron los autores un título tan largo?
2. ¿Por qué se usará el nombre de una mujer en el título de un libro sobre
   la ecología?
3. ¿Qué tipo de información habrá en el libro?

Ahora, busque en la reseña la sección donde se menciona el título. ¿Qué
explicación encuentra Ud. allí? _____

Vocabulario: Adivinar el sentido de verbos en contexto

En este ejercicio Ud. puede aprender seis verbos y practicar una importante
estrategia para la buena lectura. Las siguientes frases son de la reseña. Use
Ud. el contexto, su intuición, y el proceso de eliminación, y adivine *(guess)*
qué definición le corresponde a cada verbo en negrilla. (Dos verbos son
antónimos; ¿sabe Ud. cuáles?)

1. La importancia de reciclar materiales ... no sólo se debe a **rebajar** la
   cantidad de desechos.
2. Son cosas tan básicas como **apagar** las luces y no **derrochar**.
3. Pero faltan soluciones y las pocas existentes son programas caros que
   aislan al ciudadano común...
4. Pensando en...la importancia de la contribución individual a **mejorar** el
   ambiente....
5. Ahora, si se opta por un sistema solar activo de calefacción y agua
   caliente, se **ahorra** entre 5% a 40% de la energía que utiliza una casa ...

Definiciones (en forma del infinitivo)

extinguir, hacer cesar   perfeccionar, hacer (algo) mejor
separar, apartar   desperdiciar, consumir con exceso
economizar, guardar   reducir, hacer (algo) más bajo

Lea la reseña para aprender más sobre un punto de vista chileno sobre la
ecología.

---

* De la revista chilena, *Qué pasa.*

Dejar la manguera° corriendo mientras se lava el auto consume entre 100 y 300 litros de agua potable. Cepillarse° los
dientes dejando la llave° abierta durante todo el proceso
significa siete litros perdidos.

5   Hasta hace poco, el agua era considerada por muchos
como un recurso° ilimitado. Pero las repetidas sequías en la
zona central del país la están convirtiendo en un lujo. Y su
carencia° es el tema de moda, porque entre sus consecuencias
están el alza° del precio de las frutas y verduras y la crítica
10   situación de algunos balnearios° del litoral° central, cuyos
estanques están casi secos.

       Con estos y otros hechos la «onda ecológica» continúa
en boga.° La ecología ha entrado en el lenguaje diario casi a
la fuerza y principalmente a través de continuas denuncias
15   sobre problemas ambientales. Esto especialmente en la Región
Metropolitana,° la zona del país que presenta el panorama
más negativo por la contaminación del aire y de las aguas, el
ruido y la congestión vehicular. Las críticas abundan. Pero
faltan soluciones y las pocas existentes son programas caros
20   que aislan al ciudadano común, que piensa que sólo grandes
medidas darán resultado.

       Pensando en esa carencia y en la importancia de la
contribución individual a mejorar el ambiente, Ximena Abogabir decidió que era hora de presentar acciones prácticas y
25   concretas. Con la ayuda de La Casa de la Paz—una corporación sin fines de lucro° que da apoyo a grupos pacifistas y
ecológicos—llevó a la práctica su idea. En mayo se acercó al
periodista Marcelo Mendoza, y a la botánica Adriana Hoffman,
para que escribieran un libro.

30   Así nació *De cómo Margarita Flores puede cuidar su
salud y ayudar a salvar el planeta* ($2.400°). Una guía que
contiene toda la información existente sobre los problemas
ambientales en Chile, más un recetario° de conductas «ecológicas» y simples.

35   El título fue creación de los autores y de Ximena Abogabir.
Ellos decidieron que Margarita Flores era un nombre con el
cual toda mujer chilena se identificaría. «El título no es
gratuito.° Implica la concepción ecológica como una cosa
cotidiana° para salvar el planeta y cuidar la salud», explican.
40   Marcelo Mendoza comenta que su objetivo fue enseñar
a limitar el uso de los recursos naturales en el hogar.° Algo
importante porque cerca de un 25% de la energía utilizada
en el país se va en el consumo doméstico. «Son cosas tan

hose
limpiar con cepillo
faucet

elemento natural

escasez
subida
lugares de recreo /
   costa

en...de moda

de la capital (Santiago)

sin...que no funciona
   para ganar dinero

en pesos chilenos

lista descriptiva

sin significado
de todos los días

casa de una familia

básicas como apagar las luces y no derrochar. Y es fácil crearse
45 el hábito porque repercute en el bolsillo», comenta Hoffman.

Los autores señalan que al aprovechar° la energía solar   hacer uso de
pasiva, se reduce en 75% las cuentas de combustible, y—
como no depende del carbón o petróleo—no contamina.
Ahora, si se opta por un sistema solar activo de calefacción y
50 agua caliente se ahorra entre 5% a 40% de la energía que
utiliza una casa y se evita° en un año la emisión de casi   previene
tres cuartas partes de una tonelada de bióxido de carbono
atmosférico, el principal agente del efecto invernadero.

El libro incluye en cada capítulo una sección que se
55 llama «Podemos». En ella nombran a personas que realizan
una tarea o han hecho modificaciones para no contaminar,
como reciclar papel, vidrio° y aluminio y usar la basura   glass / basura...
orgánica° como abono° en el jardín.   compost / fertili-
zante

¿Qué piensa Ud. de este método de reciclaje?

Hasta hace poco, la basura parecía un problema de
60 países desarrollados,° pero en este momento Chile produce   avanzados
7.000 toneladas al año y el porcentaje de reciclaje es muy bajo
en comparación con otros países. Japón es el país ejemplo
en la materia porque recicla el 60% de sus desechos.

La importancia de reciclar materiales como papel, vidrio
65 y aluminio no sólo se debe a rebajar la cantidad de desechos.
También constituye un importante ahorro° de energía y de   economía
sustancias contaminantes. Por ejemplo, producir papel de
papel disminuye en 60% el gasto energético. El vidrio producido por botellas ahorra 20% de contaminación atmosférica y
70 50% de contaminación de las aguas. Y si sólo 250 personas

reciclaran un tarro° de aluminio al día, se ahorraría en un | lata
año la energía producida por 7.000 a 14.000 litros de bencina.° | gasolina
«Hay que pensar que nada es basura. Que todo puede ser
reusado», comenta Mendoza.

75　　Los autores y Ximena Abogabir creen que si al consumi-
dor se le entrega° la información, se comportará en forma | da
compatible con el medio ambiente. Por esto tienen otro
proyecto en marcha: un sello° de reconocimiento ambiental | estampilla
a productos que no contaminen o que utilicen materiales
80　reciclados. Ya existe un consenso entre el gobierno, las
universidades y los empresarios° y se está formando una | negociantes
comisión para sacarlo adelante.

　　Los tres coinciden en que cambiar los hábitos de la
gente es una larga cruzada,° pero el libro es el primer paso. | lucha prolongada

Comprensión

1. ¿Por qué está de moda ahora en Chile el tema de la escasez del agua potable?
2. ¿Es importante también este tema en el lugar donde Ud. vive, o no? ¿Por qué?
3. ¿Cómo es la situación de Santiago, la capital chilena?
4. ¿Por qué los autores del libro decidieron hablar mucho sobre el hogar?
5. ¿Qué piensa Ud. de la parte del libro que se llama «Podemos»?
6. ¿Qué materiales debemos reciclar? Dé por lo menos dos razones de la importancia del reciclaje.
7. ¿Qué tipo de sello piensan producir la editora y los autores? ¿Qué le parece esta idea a Ud.?

Expansión de vocabulario

Explique Ud. los siguientes términos y haga un comentario, usando cada término en una oración original.

1. la congestión vehicular
2. una corporación sin fines de lucro
3. una conducta «ecológica»
4. el tema de moda (o que está en boga)
5. la energía solar

Discusión

1. En su opinión, ¿por qué es Japón el «país ejemplo» en el reciclaje?
2. ¿Es buena o mala la moda ecológica para los negocios? ¿Por qué? ¿Cree Ud. que hay compañías que engañen al público con publicidad y productos que sólo aparentan ser ecológicos? Explique.
3. Para Ud., ¿qué diferencia hay entre los países desarrollados y los países en desarrollo (como Chile) con respecto a la ecología?

.... Actividades

Las malas costumbres

Trabaje con otra persona. Haga una lista de acciones, relacionadas con las siguientes palabras, que tienen un impacto negativo sobre el medio ambiente. Luego, conteste esta pregunta: *¿Qué podemos hacer para que la gente no se comporte así?*

las luces	la basura orgánica	la calefacción
el auto	las latas y botellas	el agua
el papel	los periódicos	el cartón *(cardboard)*

¡CÓMO PASA EL TIEMPO, QUICO...!

Y Ud., ¿sabe qué es biodegradable?

Mire esta tabla que muestra los resultados de un sondeo de opinión *(opinion poll)* mexicano sobre la «biodegradabilidad». Se le preguntó a la gente cuánto tiempo se necesita para la destrucción completa de ciertos desechos típicos. Aquí se muestra el tiempo que muchos de los entrevistados imaginaban que era necesario. Adivine Ud. cuál podría ser el *tiempo real* para cada material. Las respuestas están en la página 311.

DESTRUCCION COMPLETA

MATERIAL	ENTREVISTADOS	TIEMPO PERCIBIDO	TIEMPO REAL
Papel	89%	Meses o menos	60 años o más
Latas	80%	Años o menos	siglos
Plástico	73%	Años o menos	no degradable
Vidrio	68%	Años o menos	no degradable

Los turistas y la contaminación: tres ejemplos

La paradoja del turismo es que los turistas suelen destruir las mismas características de un lugar que los atrae allí. Esta tendencia es evidente en el mundo
hispánico, que le ofrece un tesoro de belleza natural a un gran número de
viajeros, que aumenta cada año. El turismo trae consigo beneficios: desarrollo
5 económico, más empleos, amistades entre personas de diferentes países.
También trae la contaminación del medio ambiente y lo que algunos sociólogos
llaman «contaminación cultural». Esto se manifiesta en el aumento de crímenes
como el robo o la violación, bruscos cambios de costumbres, y efectos psicológicos, como cierto complejo de inferioridad producido, a veces, en la gente nativa
10 por su proximidad con grupos privilegiados de extranjeros. La contaminación
cultural afecta mucho a los jóvenes y contribuye a los conflictos entre las
generaciones.

El buceo con tanques.

Cancún: Un paraíso mexicano

Cancún es un lugar de excepcional hermosura natural, situado en la costa del
Mar Caribe de la península de Yucatán. Las aguas cristalinas aquí son cálidas y
15 de color turquesa. Las playas son extensas y tienen una arena muy fina y blanca.
Muchos turistas llegan para pasar sus vacaciones bañándose en la playa y
visitando las ruinas de antiguas ciudades de la cultura Maya. Encuentran muy
cerca sitios ideales para practicar la natación con tubo (snórquel), el buceo con
tanques (*scuba*), el esquí acuático, el *windsurf* y otros deportes. También pasean
20 en auto, disfrutando del paisaje con sus pintorescas chozas rodeadas de flores,

sus mercados al aire libre y las iguanas que toman el sol en medio del camino. Pero, ¿cuánto tiempo va a durar este paraíso? Recientemente, la CE (Comunidad Europea) invirtió una gran cantidad de dinero para el desarrollo de Cancún como un centro de gran turismo. Cada día se construyen nuevas instalaciones:
25   campos de golf, canchas de tenis, tiendas de lujo. Muchos temen que se repita aquí el trágico deterioro que ha experimentado Acapulco—otro paraíso natural que era pristino en los años sesenta. ¿Es posible evitar esta destrucción, o es una evolución natural del turismo? Los buceadores de la foto contemplan los lindos peces multicolores, y quizás se pregunten si aún éstos estarán a salvo
30   durante mucho tiempo.

Las islas Galápagos: La lucha por la sobrevivencia

El ambiente es extraño. Sobre la arena negra caminan enormes iguanas de varios colores que parecen dragones prehistóricos. Hay tortugas gigantescas que viven por siglos, flamencos, muchas aves raras, y—¿cómo puede ser?—aquí, lejos de Antártida—¡pingüinos! Estas islas se llaman las Galápagos* y se encuentran en
35   el Pacífico a 970 kilómetros de la costa de Latinoamérica. Son famosas en la historia natural como fuente de inspiración de Charles Darwin, quien desarrolló la teoría de la evolución. Cuando Darwin llegó allí en 1835, encontró animales que ya no vivían en ninguna otra parte del mundo. Con el tiempo, el contacto con el ser humano ha sido casi fatal para algunos de ellos. Los barcos trajeron
40   ratas y cabras que se multiplicaron rápidamente y comieron la vegetación. Poco

---

* En español, el territorio formado por estas islas se llama el Archipiélago de Colón.

a poco el número de animales originarios empezó a reducirse porque éstos no podían competir. Algunas especies desaparecieron para siempre. En 1959 la república de Ecuador, que es dueña de las islas, convirtió el sitio en Parque Nacional y empleó a científicos para matar las ratas y cabras en un esfuerzo por
45 restablecer el delicado equilibrio natural. Actualmente, Ecuador sólo permite un turismo muy controlado: pequeñas expediciones dirigidas por biólogos. Pero mucha gente quiere visitar las islas. Ecuador es un país pobre y algunos creen que se debe construir un hotel allí para atraer el turismo mundial.

La Alhambra: Armonía entre arquitectura y naturaleza

En los siglos X a XIV, cuando Europa estaba en la Edad Oscura, los musulmanes
50 tenían una cultura muy alta y desarrollada en el sur de España. El gran palacio rojo que se llama la Alhambra se construyó en Granada en esa época. Su magnífica arquitectura está combinada con lindos jardines y patios que demuestran la idea de la armonía entre el ser humano y la naturaleza bajo el control de Alá, el dios del Islám. Como la representación de personas o animales está prohibida
55 en el Corán, los artistas musulmanes pusieron todo su talento en la perfección

de diseños geométricos y abstractos. La repetición de estos diseños se une a la repetición de columnas por dentro y a las filas de árboles que se ven por las grandes ventanas para simbolizar el poder infinito de Alá. El color y perfume de las flores, el sonido musical de las fuentes y los intrincados mosaicos muestran

60 su poder creador. El palacio, con su conjunto de edificios y jardines, es como un poema religioso arquitectónico. Todo esto estaba en ruinas hasta el siglo pasado cuando varias personas se interesaron en su restauración. Hoy, restaurada y bien mantenida, la Alhambra es uno de los lugares históricos más populares del mundo. Cada año cientos de miles de turistas la visitan. ¿Pero es posible

65 sentir y ver la armonía espiritual del lugar cuando hay enormes autobuses y grandes grupos turísticos?

Comprensión

1. ¿Qué beneficios trae el turismo?
2. ¿Qué problemas trae para la naturaleza? ¿para la gente?
3. ¿Por qué van muchos turistas a Cancún, y qué hacen allí?
4. ¿Qué teme mucha gente ahora?
5. ¿Dónde están las islas Galápagos? ¿Por qué van los turistas allí?
6. ¿Qué problemas ha causado la llegada de tantos viajeros?
7. ¿Qué es la Alhambra?
8. ¿De qué manera representa la Alhambra el concepto musulmán de la armonía entre el ser humano y la naturaleza?

Opiniones

Con otra persona, conteste las siguientes preguntas, luego comparta sus respuestas con la clase.

1. ¿Cuál de estos lugares te interesaría más visitar? ¿Qué harías allí?
2. ¿Crees que el turismo siempre destruye la belleza natural de un lugar, o no? Explica. ¿Qué otros ejemplos hay de esta destrucción, además de Acapulco?

Actividades

Minidebates

Trabaje solo(a) o con otra persona. En una o dos frases, explique por qué Ud. está de acuerdo o no con las siguientes opiniones.

1. Como el combustible de los aviones es una de las sustancias que más contamina el medio ambiente, se debe restringir el número de viajes permitidos para cada individuo.
2. Es malo dar dinero a los mendigos (las personas que piden dinero en la calle) aún cuando parecen tener hambre.

Conflictos en Chicolindia

El pequeño pueblo (ficticio) de Chicolindia está situado en una isla de gran belleza natural. Un grupo de negociantes quiere invertir mucho dinero en Chicolindia para transformarlo en un centro turístico. Trabaje Ud. con dos compañeros. Uds. viven en Chicolindia y son los representantes que van a tomar la decisión. Decidan si quieren aceptar la oferta o no y escriban tres razones en defensa de su posición para leérselas más tarde a la clase.

Composición

Invente cinco reglas para un(a) turista que no quiera hacer daños ni en la naturaleza ni en la cultura.

Introducción: *José Martí y la vida natural*

José Martí (1853–1895) es el héroe nacional de Cuba, admirado como poeta, profeta y libertador de la patria tanto por los castristas (los que están a favor de Fidel Castro) como por los anticastristas. Fue uno de los grandes pensadores hispanos del siglo XIX, y supo combinar la actividad intelectual y literaria con la acción política. En sus ensayos, cuentos y poesías, aparecen muchas referencias a la vida natural: sencilla y espontánea. La influencia de la naturaleza

5

José Martí: poeta, escritor y héroe nacional de Cuba. Murió el 19 de mayo de 1895.

empezó cuando Martí, siendo muy pequeño, pasó unos meses en el campo
debido al trabajo de su padre. También desde muy niño se comprometió a la
liberación de Cuba, que por entonces era una colonia de España. A los 17 años
10   fue condenado como subversivo a seis meses de prisión en trabajos forzosos
que dañaron para siempre su salud; luego fue deportado. Así empezó el largo
exilio que pasó en España, Francia, México, Estados Unidos y otros países,
trabajando como periodista y profesor, y batallando con la pluma para influir
sobre la opinión pública a favor de la liberación de su patria. También escribió
15   en contra de la esclavitud del negro, una institución que todavía existía en Cuba
a pesar de su abolición a principios del siglo en la mayoría de los países latinos.
Regresó allí en 1895 y murió luchando contra las tropas españolas. Nunca vio la
tan deseada libertad que Cuba iba a obtener tres años después.

·· Comprensión

1. ¿Quién era José Martí?
2. ¿Qué dificultades tuvo en su adolescencia? ¿Y, despues?
3. ¿Cuáles eran las grandes pasiones de su vida?
4. ¿Cuándo y cómo murió?

Versos sencillos (selecciones)

José Martí

Anticipación

Estrategia: Cómo leer un poema

A continuación se presentan unas selecciones del poema más famoso de
José Martí. Antes de leer esto, piense un momento en algunas diferencias
entre la poesía y la prosa:

1. La poesía está dividida en *estrofas* (en vez de párrafos). Cada línea se
   llama un *verso*.
2. Generalmente, en un poema las emociones son tan importantes como
   las ideas. El poeta o la poetisa trata de influirnos emotivamente por
   medio de sonidos, ritmos e imágenes. Por eso es necesario *oír*, *ver* y
   sentir la poesía.
3. Para poder oír, ver y sentir la poesía hay que leerla *despacio* y *en voz
   alta*. Se debe leerla *varias veces* porque la poesía, como la música,
   necesita la repetición para ser apreciada.

Ahora lea el poema en voz alta simplemente para oír los sonidos y captar
algunas de las emociones.

La canción «Guantanamera» está basada en este poema de Martí. En los años 60, unos cubanos exiliados en Estados Unidos les pusieron música a ciertas estrofas de *Versos sencillos*, un largo y popular poema del héroe cubano. Luego, agregaron un estribillo *(refrain)* que era de un viejo programa de la radio cubana llamado «Guantanamera», y así nació esta bella canción que ha entrado en la tradición folklórica mundial. ¿Qué impresión tiene Ud. de Martí, después de leer este poema? Las selecciones que se reproducen aquí son del poema original.

Vocabulario
Adivinar el sentido de palabras: Antónimos

Verifique su conocimiento de las siguientes palabras del poema, escogiendo un antónimo, o palabra opuesta, para cada una. Si no reconoce una palabra, use su intuición o el proceso de eliminación para adivinar el sentido. (También la puede buscar en el Vocabulario Final.)

Antónimos

amo	_____ libertad, emancipación
bullicio	_____ verdad, realidad
dolor (pena, pesar)	_____ llanura, pampa
engaño	_____ país de exilio
esclavitud	_____ silencio
patria	_____ placer, goce
sierra	_____ esclavo, sirviente, criado

Yo soy un hombre sincero
de donde crece la palma
y antes de morirme quiero
echar° mis versos del alma.°   expresar / *soul*

5   Yo vengo de todas partes,
y hacia todas partes voy:
arte soy entre las artes,
en los montes,° monte soy.   bosques, montañas

Yo sé los nombres extraños
10   de las yerbas° y las flores,   plantas
y de mortales engaños,
y de sublimes dolores.

Todo es hermoso y constante,
todo es música y razón,
15   y todo, como el diamante,
antes que luz es carbón.

Odio la máscara° y vicio   *mask* (hipocresía)
del corredor de mi hotel:
me vuelvo al manso bullicio
20   de mi monte de laurel.

Con los pobres de la tierra
quiero yo mi suerte echar:°   mi...*throw in my lot*
el arroyo de la sierra
me complace° más que el mar.   gusta

25   Busca el obispo° de España   alto oficial de la igle-
pilares para su altar;   sia católica
¡en mi templo, en la montaña,
el álamo° es el pilar!   *poplar tree*

Y la alfombra es puro helecho,°   *fern*
30   y los muros abedul,°   *birch*
y la luz viene del techo°   *roof*
del techo de cielo azul.

Estimo a quien de un revés°   de...con un solo golpe
echa por tierra° a un tirano: echa...triunfa sobre
35   lo estimo, si es un cubano;
lo estimo, si aragonés.°   persona de Aragón,
                                                       España

Yo sé de un pesar profundo
entre las penas sin nombres:
¡La esclavitud de los hombres
40   es la gran pena del mundo!

Yo quiero salir del mundo
por la puerta natural:
en un carro° de hojas verdes   vehículo para el trans-
a morir me han de llevar.   porte

45   Yo quiero, cuando me muera,
sin patria, pero sin amo,
tener en mi losa° un ramo   piedra de la tumba
de flores—¡y una bandera!

Comprensión

1. ¿Por qué prefiere el poeta la vida de los montes a la vida urbana?
2. Describa el templo de Martí. ¿Por qué cree Ud. que ese lugar le parece un templo?
3. Según el poeta, ¿qué es la gran pena del mundo? ¿Qué experiencia tuvo de esta pena?

4. ¿En qué partes de *Versos sencillos* ve Ud. las siguientes características de Martí: (a) su pasión por la libertad, (b) su amor por la naturaleza, (c) su optimismo?

Interpretaciones

¿Puede Ud. explicar los siguientes versos del poema?

1. «Arte soy entre las artes y en los montes, monte soy.»
2. «El arroyo de la sierra me complace más que el mar.»
3. «Sin patria, pero sin amo....»

Actividad

 Entrevista con José Martí

Trabaje con otra persona. Una persona hará el papel de José Martí, que ha llegado a nuestro mundo en una máquina que viaja por el tiempo, y la otra persona lo entrevistará sobre algunos de los temas que aparecen abajo (u otros), usando la forma de *tú*. Después, los entrevistadores le informarán a la clase sobre las impresiones de Martí.

TEMAS nuestra sociedad   nuestra actitud hacia la naturaleza
las cuidades de hoy   las computadoras y los juegos de video
la esclavitud   la situación actual de Cuba

MODELO —José, ¿qué piensas de nuestra sociedad y de su actitud hacia la naturaleza?

—Pues francamente no me gusta. Uds. no respetan la naturaleza y utilizan muchos productos malos.

(a la clase) —José cree que no tenemos respeto por la naturaleza y que usamos muchos productos malos.

Composición

Apreciación personal

Todos tenemos reacciones y preferencias particulares con respecto a la poesía. Escoja Ud. la estrofa del poema que más le gusta y escriba una breve composición de tres párrafos sobre ella, siguiendo este esquema:

a. *primero:* copiar la estrofa entera
b. *primer párrafo:* explicar en prosa la idea central
c. *segundo párrafo:* describir los sonidos, las imágenes o las emociones que la estrofa le comunica a Ud.
d. *tercer párrafo:* expresar el significado universal, o, simplemente, por qué le gusta
e. *finalmente:* inventar un buen título para su composición y escribirlo a la cabeza de la página

El indio y los animales

*Una leyenda maya**

Luis Rosado Vega

Anticipación

Estrategia: Prepararse para leer una leyenda

En 1992 se celebró el quinto centenario del «descubrimiento» de las Américas por Cristóbal Colón. Para muchos indios, no era un motivo de celebración. Más bien, la figura de Colón simbolizaba para ellos el comienzo de la opresión y el fin de su modo de vida tradicional.

Una manera de acercarnos un poco a la cultura precolombina es a través de las leyendas de los pueblos indígenas de aquellos tiempos. Antes de leer esta leyenda maya, piense un momento en lo que Ud. ya sabe de los mayas y de los indios en general, y conteste estas preguntas:

1. ¿Cómo ven los indios la Tierra, las montañas, los ríos y los árboles?
2. ¿Qué simbolizan para ellos los animales? ¿Puede Ud. pensar en ejemplos específicos?
3. En su opinión, ¿cómo serán las relaciones entre el hombre y los animales presentadas en las leyendas mayas?

Vocabulario: Sinónimos

Practique algunas palabras usadas en la leyenda, escogiendo el sinónimo apropiado para cada una. Use su conocimiento de cognados, su intuición o el Vocabulario Final para las que no reconoce.

consejo	insecto/ promesa/ recomendación/ camino
choza	río/ cabaña/ niña/ desdén
daño	orgullo/ compañero/ rincón/ detrimento
espanto	banco/ fascinación/ terror/ chaqueta
provecho	comida/ mente/ piedra/ beneficio

Lea la leyenda para ver el punto de vista de una cultura precolombina.

Antigua es esta tradición, tanto como la más antigua en esta tierra de indios. Acaso° sea la más antigua. Fue allá en los más lejanos° tiempos, en los más lejanos. Fue en el principio de los principios, cuando apenas la vida comenzaba en estas
5 tierras.

Tal vez, Quizás

remotos

---

* De *El alma misteriosa del Mayab*, colección de leyendas de los indios mayas, antiguo pueblo de México y Centroamérica. El período clásico de los mayas fue de 300 d.C.–900 d.C. (d.C. = después de Cristo).

Los turistas visitan las ruinas de Palenque, una de las antiguas ciudades construidas por los mayas en la selva de México hace más de 1.000 años.

El Dios del *Mayab*,° que es como decir, el más grande | civilización maya
de los dioses, había creado al indio. Formó su cuerpo del
barro° rojo de la tierra, y por eso su piel° es del color de la | clay / skin
tierra. Formado estaba el hombre, pero aún carecía de aliento.° | carecía...no podía respirar
10 Tomó entonces Dios aquel cuerpo y lo condujo a la boca de
una cueva,° allí donde se siente salir de vez en vez una ráfaga° | caverna / viento fuerte
refrescante y pura. Esa ráfaga penetró en el cuerpo del hombre
y así se le formó el alma. Por eso el indio ama las cavernas
de sus bosques, porque sabe que en ellas está el Buen Espíritu.
15 Entonces vivía el indio maya familiarmente con todos
los animales, con todos, desde la más recia° de las bestias | fuerte
hasta el insecto más humilde.° Desde entonces también sabe | modesto
el lenguaje de los animales de sus selvas y éstos saben
igualmente el lenguaje del indio. Fue en aquel tiempo en que
20 a las puertas de su choza, cuando el sol no sale aún, o a la
hora del crepúsculo,° para charlar sobre las cosas de la | twilight
jornada° diaria, el indio se rodeaba de todos los animales | trabajo
como si formaran una familia sola. Entonces todos los animales
lo ayudaban en sus faenas,° y él los atendía a todos y cuidaba | labores
25 de todos.
El conejo con sus pequeños dientes desgarraba° los | abría
granos del maíz. Los pájaros bajaban los frutos que habrían

de alimentar a todos. El pájaro carpintero trozaba° las ramas   rompía
de los árboles para hacer las cercas.° El venado° era el   *fences / deer*
30   mensajero que corría rápido de un lugar a otro para comunicar
a los indios entre sí. La luciérnaga° era la encargada° de   insecto que emite una
iluminar de noche los caminos. El ave *Xkokolché* que es la   luz / responsable
más canora° cantaba para adormecer a los polluelos° de las   *musical / pajaritos*
demás aves y el indio también se adormecía escuchándola.

35   Así todos y cada uno de los animales, en compañía del
hombre que era el Señor de todos ellos, se dedicaban al
oficio° que su Dios les había dado para hacerlos felices y para   ocupación
hacer feliz al hombre.

Entonces el indio se alimentaba de° granos y frutos   se...comía
40   solamente. El maíz, el frijol,° la calabaza° y el chile lo   *kidney bean / squash*
llenaban regiamente° y no sentía necesidad de otras cosas   espléndidamente
para satisfacerse.

Por eso los animales tenían confianza en él, conversaban
con él y dormían cerca de su choza y en los árboles más
45   próximos. Porque el Gran Dios hizo a los hombres y a los
animales para vivir juntos y ayudarse mutuamente, pero el
Genio del Mal° hizo la separación que hasta hoy subsiste.   Genio...Espíritu malo

Y fue así como llegó la hora inicua° según recuerda la   mala
vieja Tradición. Una noche el indio no dormía. Sin explicarse
50   la razón se sentía inquieto.° Por primera vez en su vida sentía   intranquilo
aquel malestar inexplicable. Se levantó de la cama, salió a la
puerta de su cabaña para distraer° su inquietud y su ansia.°   olvidar / agitación
Todo estaba bañado en aquellos momentos por la claridad
lunar. Vio a los animales que dormían cerca de su choza, oyó
55   el leve° palpitar de sus corazones, vio las ramas de los árboles delicado
inclinadas sobre la tierra como si también durmieran. Sintió
el airecillo° fresco de la noche, se creyó más tranquilo y   viento pequeño
entonces trató de penetrar° nuevamente a la cabaña. Pero en   entrar
ese momento sintió que algo como una fuerza extraña le
60   detenía los pies.

Miró hacia el bosque lívido de luna, y vio como saliendo
de la espesura° una sombra° que se adelantaba hacia él. Una   bosque denso / silueta
sombra extraña y horrible, deforme de cuerpo y llena de
pelos. Tenía órganos de distintos animales y distribuidos en
65   forma tal que la hacían incomprensible. Sus ojos enormes y
desorbitados° brillaban tan siniestramente que helaban° de   salidos de sus órbi-
espanto. Sintió miedo el indio y llamó a los animales que   tas / paralizaban
dormían más cerca, pero ninguno despertó como si por un
maleficio° hubiesen quedado paralizados.   influencia mágica

70   La sombra llegó hasta él y entonces le habló con una
voz horrible y ronca.° Y fue para decirle: *hoarse*

—Es en vano que trates de despertar a tus compañeros. Esos animales no volverán a la vida hasta que yo me vaya. Tú eres un hombre cándido° y puro porque estás lleno del
75 espíritu de aquél que es mi Enemigo. Pero es fuerza° que también conozcas al Espíritu del Mal, porque has de saber que de Bien y de Mal ha de vivir el hombre. Yo soy el *Kakazbal* o sea la Cosa Mala que reina° en la noche. Yo soy el que se alimenta de la carne del hombre igualmente que de la de los
80 animales. Yo soy el que bebe la sangre de los niños. Yo soy el

inocente

necesario

predomina

que da la mala savia a las plantas que envenenan.° Yo soy el que tuerce° las cosas y las rompe o las destruye. Yo soy el que detiene a las nubes para que no llueva y se pierdan las cosechas.° Yo soy el que da las enfermedades y da la muerte.
85 —¿Y por qué haces tanto daño? le dijo el indio tembloroso y con el espanto en el alma.
—Ya te lo he dicho porque es necesario que no sólo el Bien sino también el Mal reine sobre la Tierra. Además quiero enseñarte a ser menos cándido. Esos animales que ves y que
90 están a tu alcance° pueden satisfacer tus gustos. Mátalos para devorar sus carnes y sentirás lo sabrosas° que son. Tú no sabías esto y vine a decírtelo en provecho tuyo. Prueba° y verás...
Comenzaba a amanecer° y el *Kakazbal* se fue como
95 había venido, por miedo al día que se avecinaba.° De pronto el indio maya quedó perplejo. No sabía cómo explicarse aquella visita inesperada y menos entender los consejos que había oído. ¿Matar a los animales para devorarlos? ¿Y por qué si ellos no le hacían daño alguno, sino antes al contrario lo
100 ayudaban en su vida? Sin embargo una como maligna curiosidad picó° su alma...¿Por qué no probar? A punto de que el alba asomaba° se oyó el primer canto de algunas aves. Fue entonces cuando los animales despertaron volviendo a la vida, se aproximaron° al hombre para hablarle como era su
105 costumbre, pero lo hallaron tan cambiado, vieron en su cara

matan con veneno

deforma

plantas cultivadas

a...en tu poder

deliciosas

Hazlo una vez

llegar la luz del día

se...llegaba

estimuló

alba...el comienzo del
día se mostraba

se...llegaban

señales° de violencia y tuvieron miedo e instintivamente se fueron alejando° de él.　　　　　　　　　　　indicaciones / apartando

El hombre había perdido su pureza primitiva, había cambiado. El *Kakazbal* había infundido° en él el espíritu del　　inspirado

110　Mal. Y se dice que desde entonces aprendió el indio la gula°　　exceso en la comida
y comenzó a comer carne, aunque siguió y sigue haciendo de los granos su alimento básico. Aprendió la crueldad y comenzó a matar a los animales. Aprendió la astucia y comenzó a ponerles trampas para atraparlos. Los animales le

115　tuvieron miedo y comenzaron a retirarse de su lado y a ocultarse cada uno en su guarida.°　　　　　　　refugio de animales

Fue en aquella noche nefasta° cuando por primera vez　　mala
apareció el *Kakazbal* en la tierra maya, y desde entonces la sigue recorriendo, especialmente en las noches de luna en

120　conjunción.°　　　　　　　　　　　en...cerca de otros planetas

Fue desde entonces cuando algunos pájaros comenzaron a imitar el gemido° en sus cantos, porque en efecto lloran.　　lamento

Fue desde entonces cuando algunos animales gritan como con gritos lastimeros.°　　　　　　　　　dolorosos

125　Lloran y se lastiman de la separación del hombre para cuya compañía habían nacido todos.

Pero no importa. La Tradición concluye diciendo que todo esto es transitorio, porque el Espíritu maligno habrá de ser vencido en forma absoluta por el Espíritu del Bien, y que

130　día vendrá en que todo vuelva a ser como fue en los principios.

.... **Comprensión**

Resumen de la acción

Trabajando solo(a) o con otra persona, haga Ud. un resumen de la leyenda, explicando estos puntos:

1. La creación del indio: el color de su piel y su amor por las cuevas
2. Las reuniones que había todas las tardes delante de su choza
3. La distribución del trabajo
4. La comida del indio
5. El *Kakazbal* y su mensaje
6. Los cambios que ocurrieron después

.... **Discusión**

1. ¿Qué piensa Ud. de la caza? En su opinión, ¿hay diferencia entre la caza de un animal para comer su carne o usar su piel, y la caza para obtener un trofeo? Explique.

2. Algunas personas insisten en que la única manera de salvar los elefantes africanos de la extinción es establecer un negocio legal del marfil (obtenido de los colmillos del elefante). Así, la gente tendrá interés y dinero para conservar el ambiente necesario para sostener el animal. Según este argumento, para salvar un animal hay que convertirlo en un «recurso sostenible». ¿Qué opina Ud.?

3. ¿Cree Ud. que el Buen Espíritu reina ahora en nuestro mundo, o el *Kakazbal*? ¿Por qué?

·· **Actividades**

Minidebates

Trabaje solo(a) o con otra persona. En una o dos frases, explique por qué Ud. está de acuerdo o no con las siguientes opiniones.

1. En nuestro planeta, el ser humano es el único animal inteligente.
2. En general nuestra sociedad trata mejor a los animales que a muchas personas.
3. Es ridículo tratar de salvar todas las especies de plantas y animales porque la extinción es una parte natural de la evolución.
4. Debemos celebrar el 12 de octubre porque indica el comienzo de una nueva cultura y porque muchos indígenas de las Américas vivían en esclavitud y malas condiciones antes de la llegada de Cristóbal Colón.

Juego imaginativo: Un cambio de perspectiva

Escriba una composición o prepare una presentación oral sobre la leyenda, contada en primera persona (en forma de *yo*) desde el punto de vista del conejo, del venado o de otro animal, o del *Kakazbal*.

Aguila Imperial. Sólo quedan 100 parejas.

Cambios
sociales

Un puente colgante en los Andes.

Vocabulario preliminar

Estudie estas palabras y haga los ejercicios antes de leer el artículo sobre la sociedad de los incas. Luego, utilice este vocabulario como medio de consulta durante su estudio del capítulo.

1. **cambiar** variar, modificar, alterar
2. **cárcel (la)** prisión, edificio para encerrar prisioneros
3. **censura (la)** control por las autoridades sobre cartas, películas y escritos, por razones políticas o morales
4. **condenar** declarar culpable (a alguien); sentenciar
5. **droga (la)** sustancia medicinal de efecto estimulante, deprimente o narcótico
6. **estereotipo** imagen o idea muy simplificada, adoptada para representar un grupo
7. **gobierno (el)** mando, administración, control de una nación
8. **guerra (la)** conflicto armado entre dos o más países o grupos

9. **libertad (la)** condición de ser libre; independencia
10. **lograr** llegar a obtener lo que se desea; realizar (un objetivo)
11. **mayoría (la)** la parte más grande, más del 50%
12. **minoría (la)** la parte más pequeña, menos del 50%
13. **paz (la)** situación de un país o región sin guerra
14. **pobreza (la)** condición de ser pobre, falta de lo necesario
15. **poder (el)** autoridad, dominio, fuerza, capacidad
16. **riqueza (la)** condición de ser rico, posesión de dinero y bienes
17. **seguridad (la)** condición de estar sin peligro o riesgo; confianza

Antónimos

Dé un antónimo de la lista para cada palabra o frase.

1. paz
2. peligro, riesgo
3. minoría

4. pobreza
5. esclavitud
6. perder

7. anarquía

8. libertad de prensa

9. salvar

10. permanecer igual

Palabras relacionadas

El ver las relaciones entre las palabras de la lista y otras puede ampliar nuestro vocabulario. Escoja la palabra relacionada para reemplazar en el párrafo cada sección en bastardilla.

segura	minoritario	estereotipar	censores
poderoso	el logro	encarceladas	cambio
pacíficos	guerreros	condenadas	libre

El doble ideal: libertad y seguridad

Las sociedades humanas pasan por un proceso continuo de *transformación*. Hay pueblos que durante un largo período son *aficionados a la guerra*, y luego se vuelven más *aficionados a la paz*. A veces un gobierno *fuerte* se preocupa mucho por mantener el orden y limita demasiado la libertad del individuo. Por lo tanto, emplea a *personas que trabajan para la censura* y, en algunos casos, ciertas personas inocentes son *declaradas culpables* y luego *metidas en prisión*. En cambio, a veces un gobierno permite mucha libertad pero sin los controles necesarios, y entonces la mayoría puede sentirse insegura y escoger a un grupo *de una minoría* para *representar como estereotipo* y perseguir. El ideal es lograr un perfecto equilibrio entre la libertad y la seguridad, pues la gente quiere ser *independiente* y sin riesgo al mismo tiempo, pero *la realización* de este ideal es difícil.

Vida y costumbres en el imperio « socialista » de los incas

El colapso de la Unión Soviética y del comunismo en los países de la Europa Oriental ha sido una de las grandes sorpresas de la historia reciente. Mucha gente se pregunta por qué se
5 cayó tan bruscamente este sistema a principios de los 90. Por lo tanto, es interesante examinar una antigua sociedad que practicaba una forma de socialismo que en algunos aspectos se parecía al sistema comunista: el imperio de
10 los incas (1100–1533 d.C.). Este imperio logró extenderse 2.500 millas de norte a sur, ocupando gran parte de lo que hoy es Colombia, Ecuador, Perú, Bolivia, Argentina y Chile.

Lea la siguiente descripción de la socie-
15 dad incaica para poder compararla después con las sociedades comunistas y con la nuestra.

Organización

El gobierno de los incas era muy centralizado y autoritario. Se situaba en la capital de Cuzco, que en su idioma, el quechua, quería decir *ombligo del mundo.*
20   Todo se administraba desde allí. La propiedad no era privada. Cada parcela de tierra era cultivada por un *ayllu,* un grupo de familias que compartían el trabajo y los animales domésticos (llamas, alpacas y vicuñas). Al final del año, un tercio de los cultivos le correspondía al *ayllu,* un tercio a los sacerdotes y un tercio al Estado. El Estado usaba su parte para ayudar a las personas viejas o enfermas
25   y para mantener a los artesanos y soldados. También guardaba una parte para dársela al pueblo en tiempos de escasez o emergencia. Por eso había una gran seguridad. Todo el mundo tenía dónde vivir y casi no había hambre. Pero por supuesto la gente tenía que pagar un impuesto, aunque no en moneda, como el dinero no existía en aquella sociedad, sino en trabajo. Cada hombre tomaba
30   su turno en la *mita,* el servicio del estado, luchando como soldado en las guerras o trabajando en las minas o en la construcción de obras públicas. Se ha calculado que el gobierno de los incas disponía anualmente de más de un billón de horas de mano de obra.

Comprensión

¿Dónde y cuándo existió el imperio de los incas? ¿Cómo era el gobierno? ¿Por qué podemos decir que el sistema de los incas se parece al sistema socialista o comunista?

Logros

Los indios de estas regiones eran excelentes ingenieros y constructores. No
35 conocían la rueda. Sin embargo, construyeron magníficos templos, fortalezas,
acueductos y muros, usando piedras inmensas cortadas con precisión por
métodos que aun hoy no comprendemos. Disfrutaban de un eficaz sistema de
correos, usando a los *chasquis*, mensajeros rápidos que recorrían las 10.000
millas de caminos. Como no conocían la palabra escrita, el mensaje era oral o
40 en forma de un *quipu*, un grupo de cordones con nudos, que representaban
números y conceptos para ciertas personas instruidas.

Se practicaba la agricultura con gran éxito, empleando terrazas, fertilizante
y la irrigación artificial por medio de canales. Se cultivaban alimentos (cosas
para comer) que no se conocían en la Europa de esos tiempos: maíz, camotes,
45 cacahuates, calabazas, tomates, papayas, piñas, aguacates y, principalmente,
papas—una multitud de diferentes especies de papas.

En los campos de la medicina y de la artesanía, sus conocimientos eran
también avanzados para aquella época. Practicaban la cirugía del cerebro y
curaban con drogas no conocidas en otras partes del mundo. Por ejemplo, la
50 coca (de la cual se deriva la cocaína) se utilizaba como anestesia en las
operaciones, un uso que sigue ahora en muchos hospitales del mundo. Artesanos
tejían ropa y adornos de algodón y lana y fabricaban objetos metálicos con gran
habilidad. El oro, que se llamaba «el sudor del sol», era especialmente apreciado.

Comprensión
¿Qué construyeron los incas? ¿Cómo era su agricultura? ¿Qué hacían sus médicos y artesanos?

Ventajas (Beneficios)

55 Debido a la abundancia y a la eficiencia del imperio, no existía generalmente ni el hambre ni la pobreza ni la falta de vivienda ni el desempleo. El crimen era infrecuente quizás porque el castigo a los actos criminales era rápido y severo. Tampoco había muchas gue-
60 rras, pues los militares usualmente mantenían la paz, excepto cuando conquistaban nuevos territorios. Aunque el trabajo era duro, de vez en cuando se rompía la rutina con fiestas que duraban dos o tres días. Entonces la gente
65 bailaba, tocaba música, celebraba ritos religiosos, comía, y bebía libremente la chicha, un tipo de cerveza nativa hecha del maíz. Sin embargo, el alcoholismo y el abuso de drogas eran casi desconocidos.

Desventajas (Puntos negativos)

70 «Mucha seguridad, poca libertad». Esta frase describe brevemente la situación de la gente común. El individuo tenía que obedecer reglas (instrucciones obligatorias) sobre casi todos los aspectos de la vida: hasta sobre su manera
75 de vestirse. No podía viajar sin permiso, ni escoger su residencia, ni cambiar de trabajo. Ni siquiera tenía derecho a vivir sin esposo(a), porque los que no estaban casados a la edad de 25 años tenían que casarse, a veces en
80 ceremonias colectivas. El estado no toleraba a los desobedientes. Los perezosos (los que no querían trabajar) eran considerados criminales; los ponían en la cárcel o los condenaban a muerte.

Comprensión
¿Qué ventajas había para la gente común en la sociedad incaica? ¿Qué desventajas había? ¿Cuál le molestaría más a Ud.?

La clase noble

85   En el imperio de los incas había una minoría de nobles, un pequeño grupo, que no vivía como la mayoría. Según la religión oficial, el dios supremo era el sol, y el gran jefe, que se llamaba el «Inca», era su descendiente. El

90   Inca se casaba con sus hermanas y era adorado por el pueblo como un ser divino. Él, su familia y los otros nobles vivían en medio de una gran opulencia y riqueza material. Tenían privilegios exclusivos, casas elegantes, escuelas especia-

95   les, y sirvientes. Los hombres de esta clase tenían el derecho a vivir con muchas mujeres. Naturalmente, la gran desigualdad de oportunidades entre la clase noble y la clase común aparta mucho a esta sociedad del ideal de la

100   teoría socialista.

Comprensión

Preguntas
1. ¿Cómo era la vida del Inca y de los otros nobles?
2. Y el sistema comunista, ¿es diferente del sistema incaico en este aspecto, o parecido? Explique.
3. ¿Cree Ud. que hay también en nuestra sociedad una clase «noble» con privilegios especiales?

Explicación de términos
Explique Ud. en español los siguientes términos y su importancia para los incas.

1. la mita
2. el quipu
3. Cuzco
4. los chasquis
5. la vicuña
6. El ayllu
7. «el sudor del sol»

·· **Discusión**

Trabajando solo(a) o en pequeños grupos, comente las siguientes preguntas, luego comparta sus respuestas con la clase.
1. ¿Podríamos nosotros, como los incas, vivir sin el dinero? Explique.
2. En su opinión, ¿son importantes todavía los ideales socialistas, o no? ¿Por qué?
3. ¿Qué piensa Ud. de la situación actual de Cuba?
4. ¿Qué opina de los políticos de hoy? Para Ud., ¿cuál tiene las mejores ideas? ¿Por qué?

·· **Actividades**

Romper mitos y estereotipos falsos

Rompa Ud. los siguientes «mitos» y estereotipos falsos. Explique con detalles por qué cada frase es falsa. (Si, por el contrario, Ud. cree que alguna de las frases es verdadera, explique por qué.)
1. Los indios de las Américas eran primitivos y no tenían grandes conocimientos.
2. Los indios de las Américas llevaban una vida mucho más libre que la nuestra.
3. Históricamente, la primera sociedad que se podría llamar «socialista» fue la Unión Soviética después de 1917.

 ### Juego imaginativo: Los incas y nosotros

¿Qué sociedad produciría mayor felicidad para la gente, la antigua sociedad de los incas o la nuestra? La clase se divide en grupos pequeños. Cada grupo toma una o dos de las siguientes identidades e inventa una breve respuesta a esta pregunta desde el punto de vista de ese grupo.
1. los adolescentes
2. los viejos
3. los artistas y artesanos
4. los agricultores
5. las personas ambiciosas
6. los criminales
7. los alcohólicos
8. los pobres

·· **Composición**

Escriba una página sobre *Un día en la vida de un(a) inca,* imaginando que Ud. es un(a) inca que vive en el siglo XVI.

¿Quiénes son los culpables del narcotráfico?

A. Rodríguez*

Anticipación

Piense un momento en el estereotipo del *colombiano* que se presenta ahora en la televisión, los periódicos, y las películas de Hollywood. ¿Cómo es? ¿Tranquilo o violento? ¿Honesto o criminal? ¿Qué hace generalmente en la película o en el programa de TV?

Los estereotipos negativos ofenden. Tal fue el caso de un abogado colombiano que fue a estudiar a Canadá. Se sintió ofendido por el estereotipo que tenía mucha gente de Colombia como un pueblo de narcotraficantes. Escribió el siguiente artículo para corregir esta falsa impresión.

Estrategia: Hacer predicciones antes de leer

Ahora, podemos preguntarnos ¿por qué existe este estereotipo del colombiano? ¿No hay también narcotraficantes franceses, norteamericanos, mexicanos, cubanos, y de otras nacionalidades? Sin embargo, mucha droga pasa por Colombia. ¿Por qué? Mire por dos o tres minutos el artículo, la foto, la ilustración, y los subtítulos. Luego, trate de predecir qué razones el autor da para explicar la participación de su país en el narcotráfico. Ponga una x delante de las que le parecen importantes. El autor da razones...

_____ históricas	_____ morales	_____ políticas
_____ económicas	_____ de influencias externas	_____ geográficas

Lea el artículo para ver si Ud. ha predicho bien.

Vocabulario: Búsqueda rápida de palabras

Antes de leer el artículo, piense un momento en el narcotráfico, una actividad que significa una ganancia de millones de dólares para unos y la adicción o la muerte para otros. Ahora, trabajando solo(a) o con otra persona, busque rápidamente en el artículo seis palabras claves relacionadas con este tema y escríbalas aquí.

1_____ 2_____ 3_____ 4_____ 5_____ 6_____

Compare su lista con la de sus compañeros de clase.

Al llegar a Norteamérica, armado con mi orgullo° de ser colombiano, encontré la fama° que tenemos en el exterior° por causa de la droga. En más de una ocasión, me ocurrió

orgullo° *pride*
fama° *reputación* / el...otros° *otros países*

* El autor es un abogado colombiano.

que al presentarme° como colombiano, me preguntaron si
5 tenía droga. Parece que la gente creía que en Colombia
producimos y exportamos marihuana y cocaína como lo
hacemos con el café. Una vez alguien me dijo que en Norteamérica se consumía droga *por culpa*° de nosotros, que la
producíamos. Creo que vale la pena° explicar la situación
10 desde el punto de vista colombiano.

Los comienzos

Con la guerra de Vietnam y el movimiento hippie de los años
60, el bajo mundo° internacional comenzó a explotar° el
narcotráfico como gran negocio. En Colombia en esos años
escasamente° se oía hablar de la droga. Colombia es la
15 esquina° de Suramérica, cerca del Canal de Panamá y a tres
horas en avión de Miami. Allí la mafia encontró el paraíso
apto para su negocio de marihuana: la península de la Guajira,
y la Sierra Nevada de Santa Marta.

Estas zonas eran bastante subdesarrolladas° y una parte
20 de sus habitantes vivía del contrabando° de cigarrillos y otras
mercancías° traídas del Japón o de Estados Unidos, una
actividad ilegal, pero difícil de controlar.

En 1968, la mafia internacional mandó a expertos que
entraron como simples turistas y reclutaron campesinos y
25 hacendados° para que se dedicaran al cultivo de la marihuana
en vez de los cultivos° tradicionales, como el maíz o la yuca.
La marihuana representó algo seguro para esta gente pobre,
aunque iba en contra de las leyes. Además, se pagaba en
dólares en lugar de pesos.

Los nuevos ricos de la marihuana

30 Pronto la mafia colombiana, los contrabandistas, y algunos
desempleados y delincuentes se organizaron para apoyar a
la mafia internacional, y este grupo comenzó a formar una
clase de nuevos ricos. Compraban caserones° y autos lujosos.
Sobornaban° a las autoridades, y asesinaban a gente en las
35 calles. La ciudad más afectada fue Barranquilla, que de ser
una ciudad tranquila pasó a ser como el Chicago de los años
30.

Y la corrupción no se detuvo° allí. Los mafiosos construyeron aeropuertos para el transporte de la marihuana. Por
40 mar alquilaron botes y buques pesqueros° o a veces los
robaban en el Caribe. Miami se convirtió en el centro receptor
de drogas de Estados Unidos.

al...*when I introduced myself*

por...a causa
vale...es beneficioso

bajo...mundo criminal / *exploit*
muy poco
corner

sin progreso
smuggling
cosas para vender

personas que tienen haciendas
crops

casas enormes
They bribed

no...*did not stop*

buques...barcos de pesca

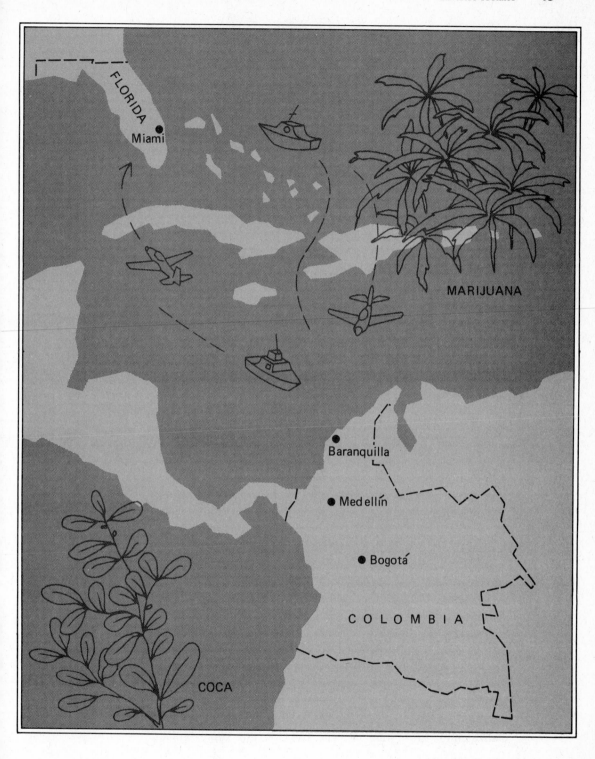

FLORIDA

Miami

MARIJUANA

Baranquilla

Medellín

Bogotá

COLOMBIA

COCA

El contagio llegó también al sistema bancario. Los bancos
en Panamá y Estados Unidos vieron abrir cuentas° de colom-
45 bianos con sumas inimaginables. Así comenzó otro negocio:
demostrar ante cualquier autoridad que este dinero no tenía
nada que ver° con el narcotráfico. La mafia internacional
empezó a comprar bancos en Estados Unidos o a comprar
gerentes° de bancos.
50   También, por primera vez, a fines de los años 70, un
número bastante alto de la juventud colombiana empezó a
consumir drogas.

bank accounts

nada...ninguna re-
lación

directores

La reacción de las autoridades

Al finalizar la década, vino la reacción. En 1979, el gobierno
colombiano firmó un contrato con la compañía Exon de
55 Estados Unidos para la explotación de unas minas de carbón
en la Guajira. Así se crearon empleos° en la región y el negocio
de la marihuana ya no era la única opción. Al mismo tiempo,
el ejército y la policía intensificaron sus campañas contra la
droga. En Estados Unidos, el gobierno impuso un mayor
60 control sobre las cuentas bancarias. Así, mucha gente se alejó°
del negocio de la marihuana, pero el problema pasó a otro
lado.

trabajos

apartó

El negocio de la cocaína

El nuevo negocio, en los años 80 y 90, es el de la cocaína.
Vino otra mafia, la de la cocaína, que se concentró en la Costa
65 del Pacífico y en la ciudad de Medellín. Allí los llamaban «los
mafiosos de Robin Hood» porque compraron extensiones de
tierras en las afueras° de la ciudad y construyeron barrios
enteros con todos los servicios públicos para la gente pobre.
Así se hicieron populares y uno de estos mafiosos llegó a ser
70 congresista° de la república.
        El negocio de la cocaína es internacional. Su cultivo se
hace en Perú, Venezuela y Ecuador, pero principalmente en
Bolivia, un país donde el consumo de la coca es una antigua
tradición.* Mi país se ha vuelto° procesador de ella en la
75 selva° amazónica, donde las guerrillas° que luchan contra el
gobierno por razones políticas han entrado en una extraña
alianza con la mafia internacional. Las guerrillas protegen las

partes exteriores

representante en el
congreso

se...has become

bosque tropical /
bands of guerrilla
fighters

---

* Véase la página 39 donde se describe su uso en el imperio de los incas.

zonas de procesamiento de la coca y la mafia les entrega°   *da*
armas y dinero. El ejército colombiano ha encontrado en la
80   selva laboratorios valuados en millones de dólares, protegidos
por las «narcoguerrillas».

Un paso adelante° y su precio
                                          paso...step forward

En 1981 el gobierno colombiano firmó° un tratado° de extradi-   *signed* / pacto
ción con Estados Unidos para poder juzgar° ciudadanos   *bring to trial*
85   colombianos en las cortes estadounidenses por delito° de   crimen
drogas; y recíprocamente para que ciudadanos norteamericanos puedan ser juzgados en Colombia. Uno de los autores de
este tratado fue Jorge Edgardo González, un joven jurista,°   experto en leyes
amigo mío y compañero de la universidad. En 1984, después
90   de defender el tratado en los canales de la televisión, Jorge
fue asesinado en una calle de Bogotá.
     En el año 85 el gobierno venía ejecutando° el tratado   poniendo en práctica
de extradición, y muchos colombianos comenzaron a ser
juzgados por la justicia de EE.UU. En ese mismo año el edificio
95   de la Corte Suprema de Colombia fue tomado por la guerrilla,
siendo asesinados varios magistrados y quemados° todos   destruidos por fuego
los archivos que había. Existen indicios que en eso hubo
colaboración de los narcotraficantes con los guerrilleros. Entre
los años 86 y 90, hubo más bombas y ataques y muchos
100   jueces,° un procurador general° y líderes políticos fueron   *judges* / procurador...
perseguidos y asesinados.   *Attorney General*

La era de los 90: unos cambios y un nuevo peligro

Hemos entrado en la era de los 90 y la situación ha cambiado.
Varios de los grandes jefes de la droga se encuentran en
prisión a raíz° de unas nuevas normas que expidió el gobierno   causa
105   para que se rindieran.° Varios críticos opinaban que el go-   *para...so they'd give*
bierno era el que se había rendido, poniendo la justicia al   *themselves up*
servicio del narcotráfico. Como puntos de controversia, estos
críticos señalan 1) la cárcel de lujo que se les diseñó y
construyó especialmente para estos narcotraficantes y 2) la
110   nueva decisión por la Corte Suprema que prohibía la extradición de nacionales colombianos y declaraba inconstitucional
el tratado de extradición. Lo que sí es cierto, es que ha existido
más tranquilidad en las áreas urbanas, pero ahora se asoma°   aparece
otro peligro.
115   Desgraciadamente, para estos años 90 parece que co-

Esta prisión de lujo, equipada con televisores y máquinas de fax, fue construida en Medellín en 1991 para recibir a los jefes del narcotráfico. Muy pronto, algunos de ellos se escaparon.

mienza la era de una nueva droga, el opio, en Colombia ya que se encuentran las primeras plantaciones de amapola° y la oficina de inmigración detecta la llegada a Colombia de algunos asiáticos que tienen contacto con los narcotraficantes.   *poppy*

120   Hoy se está armando otra guerra para combatir esta producción. Para nosotros los colombianos existe la pregunta constante, ¿qué consecuencias vamos a tener que sufrir de este nuevo negocio?

En fin, ¿quiénes son los culpables? Por la droga han
125   muerto miles: unos por producirla, otros por venderla, otros por consumirla, otros por luchar contra ella. Quizás la respuesta la haya dado este amigo mío, Jorge Edgardo González, cuando decía un poco antes de su muerte, «El narcotráfico es un problema de la humanidad.»

Comprensión

Explicaciones

Basándose en lo que ha leído, explique Ud. por qué...

   1. ...los campesinos colombianos de la Guajira empezaron a cultivar la marihuana en los años 60.

2. ...Barranquilla pronto dejó de ser una ciudad tranquila y pasó a ser como el Chicago de los años 30.
3. ...muchos banqueros en Panamá y Estados Unidos de repente se enriquecieron.
4. ...a fines de los 70 mucha gente se alejó del negocio de la marihuana.
5. ...se hicieron populares los nuevos mafiosos de la cocaína en Medellín.

Preguntas

1. ¿Quiénes son las «narcoguerrillas» y qué hacen?
2. En su opinión, ¿por qué estaban ellos en contra del tratado de extradición entre Colombia y EE.UU.?
3. ¿Qué construyó el gobierno para lograr que se rindieran algunos jefes de la droga? ¿Qué opina Ud. de esto?
4. ¿Qué hizo la Corte Suprema? En su opinión, ¿era buena esta decisión, o no?
5. ¿Cuál es el nuevo peligro para Colombia ahora?

Discusión

1. Algunos colombianos dicen que si no fuera por el gran número de consumidores norteamericanos que pagan bien por la droga, el narcotráfico colombiano no existiría. ¿Qué piensa Ud. de esta idea?
2. Para Ud., ¿quiénes tienen la culpa del narcotráfico?
3. ¿Cree Ud. que la droga es un problema serio en el lugar donde Ud. vive, o no? ¿Por qué?

Actividades

 ### Opiniones

Comente Ud., con una o más personas, dos de las siguientes opiniones y decidan si Uds. están de acuerdo o no, y por qué. También, inventen otra frase polémica sobre la droga para comentar. Luego, expliquen sus reacciones a la clase.

1. La geografía de Colombia ha determinado su destino como un centro del narcotráfico.
2. Es posible tomar la marihuana y la cocaína con moderación.
3. En el momento actual, la droga es principalmente un problema de la clase baja.
4. Los pilotos y conductores de trenes deben someterse a pruebas obligatorias para demostrar que no toman drogas.

5. ¿ _____ ?

Crucigrama de palabras claves

Llene los blancos con las letras de palabras del artículo, según las indicaciones, para completar el crucigrama. ¡Cuidado! Recuerde que en español, *rr* (y también *ll*) es **una sola letra**.

Horizontales

1. Uno de los cultivos tradicionales de Colombia.
4. La actividad ilegal de comprar y vender drogas.
7. Una sustancia de efectos estimulantes, deprimentes o narcóticos.
8. Establecimientos financieros que, en algunos casos, fueron comprados por la mafia en los años 60 y 70.
9. Matar sin causa justificada.
10. Ciudad colombiana muy afectada por la violencia y corrupción de la mafia de la marihuana durante los años 60 y 70.
11. País donde el cultivo y consumo de la coca es una antigua tradición.

Verticales

2. Un producto narcótico que contribuyó en los años 80 y 90 a la creación de una nueva mafia en Colombia.
3. Lo que se ha vuelto Colombia porque allí en laboratorios se convierten ciertas plantas en drogas.
4. Ocupación o trabajo comercial que se hace para ganar dinero.
5. Representante en el congreso: oficio electivo ganado por uno de los mafiosos populares de Medellín.
6. Grupos armados que viven en la selva y luchan contra el gobierno.

Poesía negra de la República Dominicana (Selecciones)

Blas R. Jiménez

Anticipación

En los últimos cincuenta años, uno de los grandes cambios sociales ha sido la parcial integración en la cultura dominante de grupos minoritarios que antes estaban excluidos o marginados. Esto ha ocurrido y está ocurriendo no sólo en Estados Unidos y Canadá, sino en muchos otros países también. Naturalmente, este cambio ha tenido repercusiones de tipo psicológico, político, económico y artístico.

Blas R. Jiménez es un poeta dominicano cuyo tema principal es la negritud. Expresa las experiencias de alguien que ha vivido una profunda evolución espiritual con respecto a su identidad en una tierra donde participan tres razas en la vida cotidiana: negros, indios y españoles. A continuación Ud. leerá cuatro poemas tomados de sus libros *Aquí otro español* y *Exigencias de un cimarrón (en sueños)*.

Estrategias: Leer a fondo un poema

La poesía, como la música, transmite su mensaje en parte por medio del sonido, usando el ritmo, la repetición y la rima. Por eso es preferible leer un poema en voz alta. Es importante recordar que las emociones expresadas en un poema son tan importantes como las ideas. Escoja uno de los poemas de Jiménez y léalo varias veces hasta hacerse experto en él. Escriba respuestas completas a las preguntas de comprensión. Luego, lea el poema en voz alta a uno o dos compañeros y explíqueles sus respuestas.

Vocabulario: Adivinar los antónimos

Antes de leer los poemas, aprenda estas palabras claves. Use sus conocimientos de cognados, su intuición o el proceso de eliminación para escoger un antónimo para cada uno.

Antónimos

1. **claro**   _____ adelante

2. **fuera**   _____ esperanzado

3. **atrás**   _____ dentro

4. **servil**   _____ oscuro

5. **desesperado**   _____ orgulloso

En este desfile el pueblo dominicano celebra su triple herencia: de africanos, de indios, y de españoles.

Tengo

Tengo que sentirme negro
por las tantas veces° que fui blanco   ocasiones
tengo que sentirme negro
por las tantas veces que fui indio
5   tengo que sentirme negro
porque soy negro
Soy la contradicción de mi historia
soy el llamado a re-escribirla
re-escribir la historia de esta tierra
10   y si me llaman racista
le diré que soy racista
le diré que no soy.
Tengo que sentirme negro
aunque sea por un tiempo
15   tengo que sentirme negro

porque soy negro
ahora que soy hombre
tengo que sentirme negro
ahora que conozco la verdad
20 la verdad de la historia presente
presente en la presencia de mi ser
presente en un diario padecer.°   *sufrir*
Entre cañas°   *sugar cane (fields)*
en el café
25 en las calderas°   *boilers* (industria)
en cárceles
encarcelado dentro de una realidad que
hay que echar° fuera   echar...*throw out*
para ser.
30 Tengo que sentirme negro
porque soy el trabajo
    soy el sudor°   *sweat*
    soy la esperanza
    soy el amor
35 tengo que sentirme negro
porque soy negro-humano
        que siente
        que crea
        que crece.

40 Tengo que sentirme negro
vivir la negritud
vivir, vivir, vivir
hasta dejar atrás el ser negro
y ser
45 para ello, tengo que sentirme negro
por las tantas veces que fui blanco
por las tantas veces que fui indio
por las tantas veces que dejé de ser°   dejé...*I stopped being*

Comprensión

1. Según los cuatro primeros versos, ¿cómo ha escondido su negritud el poeta?
2. ¿Qué quiere hacer con la historia de su tierra? ¿Por qué?
3. ¿Cuáles son los cuatro lugares que menciona el poeta con relación al «diario padecer» de su raza? ¿Qué representan?
4. ¿Cuándo podrá dejar atrás su negritud? ¿Cómo interpreta Ud. esta idea?

Lamentos

Negra rubia
negra rubia
desfigurada de mi tierra
te crearon
5   te obligaron
negra rubia
negra rubia
con Lafier
con tenazas°   *curling irons*
10 con Silueta*
robándote la belleza
negra rubia
negra rubia
sufro por lo que refleja tu espejo°   *mirror*
15 sufro porque tienes que soportarte°   tolerarte
sufro por ti

··· Comprensión

1. En este poema, el poeta le habla a una mujer negra que se ha teñido y relajado el pelo. ¿Qué opina él de la negra rubia?
2. ¿Quiénes le robaron la belleza? ¿Por qué?
3. ¿Cree Ud. que Jiménez la critica demasiado, o no? Explique.

Indio claro

¿Por qué quieres ser negro?
eres indio
indio claro
eres indio
5   ¿por qué quieres ser negro?
eres dominicano
indio claro
dominicano
¿por qué quieres ser negro?
10 eres español
indio claro
español
¿por qué quieres ser negro?

---

* Lafier y Silueta son productos que se usan para cambiar el color y la textura del pelo.

eres indio
15 indio claro
dominicano
indio claro
¿por qué quieres ser negro?
no puedo dejarte serlo°   dejarte...*let you be it*
20 porque si eres negro
ellos serán negros
porque si eres negro
yo seré negro
porque si eres negro
25 eso soy°   eso...*that's (what) I am*
negro

·· Comprensión

1. En este poema, el poeta le habla a un hombre de piel clara. ¿Cree Ud. que este hombre es indio, español o negro? ¿Es dominicano?
2. ¿Por qué no quiere el poeta que el hombre sea negro?
3. Leyendo entre líneas, ¿qué aprendemos aquí de las relaciones entre los tres grupos de dominicanos?

Letanía No. 1

Por los hijos de quienes tenían miedo
hijos que no tienen miedo.
Por los hijos de quienes fueron esclavos°   *slaves*
hijos que no son esclavos.
5   *Por los hijos de mujeres que fueron violadas°*   *raped*
hijas que no son violadas.
Por los hijos de negros serviles
negros que no son serviles.
Por los hijos de quienes tenían complejos de inferioridad
10 *hijos sin complejos.*
Por los hijos de los desesperados
hijos que esperan trabajar.
por los hijos de quienes no tenían historia
hijos que hacen historia.
15 *Por los hijos de quienes no tenían patria*
hijos que son la patria.
Por los hijos de quienes no tenían orgullo
hijos orgullosos.

                              AMEN.

.... Comprensión

1. ¿Qué problemas del pasado se mencionan en el poema?
2. Tradicionalmente, una letanía es una forma de oración repetitiva en la cual se le hacen a Dios peticiones. En «Letanía», ¿qué se le pide a Dios, básicamente?
3. ¿Cuál de las peticiones le parece a Ud. la más importante para el futuro? ¿Por qué?

 .... Discusión general

Discuta las siguientes preguntas con otra persona o en grupos pequeños. Luego, compartan sus ideas con la clase.

1. ¿De qué secciones de la sociedad estaban excluidos los negros en el pasado? ¿Por qué? ¿Y ahora?
2. ¿Qué otros grupos han sufrido discriminación y exclusión? ¿Y ahora?
3. En su opinión, ¿es fácil o difícil formar buenas amistades con gente de otras razas y nacionalidades? ¿Es posible? Explique.

.... Actividad

Interpretaciones

Dé Ud. su propia interpretación o comentario sobre *dos* de estas selecciones de Jiménez.

1. «Soy la contradicción de mi historia
   soy el llamado a re-escribirla
   re-escribir la historia de esta tierra
   y si me llaman racista
5 le diré que soy racista
   le diré que no soy».

2. «negra rubia
   sufro por lo que refleja tu espejo
   sufro porque tienes que soportarte
10 sufro por ti».

3. «¿por qué quieres ser negro?
   no puedo dejarte serlo».

4. *«Por los hijos de quienes no tenían patria
   hijos que son la patria».*

.... Composición

Temas para la investigación

Prepare Ud. un informe oral o escrito sobre la situación de uno de estos grupos: a) los gitanos en España, b) los niños pobres en Colombia, c) los mulatos en el Caribe, d) los indios en Latinoamérica. Para obtener información, puede consultar en la sección de referencia de la biblioteca.

« Guernica » de Pablo Picasso: una pintura de protesta

Guernica del pintor español Pablo Picasso es uno de los cuadros más famosos del arte moderno. Muestra un momento dramático de la Guerra Civil española (1936 – 1939), una guerra que resultó en cambios sociales muy profundos. Miles de personas llegan todos los años a Madrid para verlo. Casi todas se llevan un
5 choque rudo, pues el cuadro es violento y perturbador. Para comprenderlo, hay que saber un poco sobre la historia de este siglo.

La España actual

La España actual es una nación democrática y moderna que, desde 1986, pertenece a la CE (Comunidad Europea). Su gobierno es una monarquía constitucional con un rey popular y un primer ministro socialista. Todo esto
10 representa un enorme progreso, pues durante los años 40 y 50 de este siglo España era un país pobre y atrasado; ahora su economía es número nueve en cuanto a potencia. Por lo tanto, mucha gente no se da cuenta de la pobreza y represión en que vivieron los españoles por muchos años, una situación que tuvo sus raíces en tres años horrorosos de guerra civil.

La España actual es un país moderno y próspero.

La guerra civil española

15   La Guerra Civil española fue un preludio militar y político a la Segunda Guerra Mundial. También fue un conflicto extremadamente cruel que dividió a familias cuando hermano luchaba contra hermano y padre contra hijo. Irónicamente la guerra tuvo sus orígenes inmediatos en la fundación en 1931 de un gobierno liberal y avanzado para sus tiempos: la Segunda República. Este gobierno
20   reformista pronto fue atacado por conservadores y radicales, y durante cinco años España pasó por una época de terrorismo y caos. En 1936 se levantó un grupo de militares que querían restablecer el orden, la seguridad y las tradiciones. Su bando se llamaba «los nacionales», e incluía los militares, la iglesia católica, los monárquicos y un número pequeño de seguidores de la Falange, el partido
25   fascista español. El otro grupo, «los republicanos», estaba compuesto de personas que, por diversas razones, deseaban mantener una república: liberales, socialistas, anarquistas, y un número pequeño de comunistas. Muchos vascos (un grupo étnico del norte de idioma y costumbres propios) lucharon al lado republicano, a pesar de ser muy católicos, porque la República les había prometido la
30   independencia de su región.

Las influencias externas

Trágicamente, la intervención de Hitler y de Stalin produjo una gran polarización e hizo que el conflicto se convirtiera en una lucha entre el fascismo y el comunismo, a pesar de que pocos españoles profesaban esas ideologías. El resultado fue un aumento astronómico en la potencia destructiva, pues los
35   nacionales obtuvieron armas y ayuda técnica de Alemania, y los republicanos recibieron apoyo moral y técnico de Rusia. Voluntarios de todas partes del mundo acudieron a combatir, sumándose al número de las víctimas.
Durante la guerra, los dos bandos cometieron atrocidades. Una de las más horrorosas fue el bombardeo por los nacionales en 1937 de Guernica, un pequeño
40   pueblo sin ninguna importancia militar en el norte de España. Por tres horas los aviones alemanes de la *Luftwaffe* bombardearon Guernica, destruyendo gran parte del pueblo más antiguo de los vascos y el centro de su tradición cultural. Este bombardeo, el primero contra una población civil indefensa que utilizara métodos de guerra moderna, produjo gran consternación en el mundo entero.
45   Ese mismo año Picasso pintó en París su cuadro *Guernica*, el cual se convirtió en seguida en un símbolo de protesta contra los métodos de la guerra moderna y un homenaje a las víctimas inocentes.

Del franquismo a la democracia

En 1939, la guerra terminó con el triunfo de los nacionales y se estableció en España una dictadura militar bajo el general Francisco Franco que iba a durar
50   casi cuarenta años. Había un solo partido, La Falange, y una sola religión oficial: el catolicismo. Durante y después de la Segunda Guerra Mundial, el

«generalísimo» controló una sociedad profundamente herida por la guerra civil, con represión y censura. Sin embargo, a partir de los 60, se logró cierto nivel de industrialización y un notable progreso económico.

55   Después de la muerte de Franco en 1975, empezó la transición a la democracia y monarquía parlamentaria que existe hoy. Se promulgó una nueva constitución que concedió la autonomía a la región vasca y a cualquier otra región que la quisiera. Esto calmó la mayoría de los problemas regionalistas, pero el grupo vasco ETA sigue pidiendo la independencia completa, y comete

60 actos de violencia con el fin de obtenerla. Muchos otros cambios han ocurrido, y la España de hoy es una sociedad liberal que permite el divorcio, el aborto, la existencia de partidos políticos de diversas tendencias, y la libertad de palabra y de prensa.

El cuadro y su mensaje universal

Durante los años de Franco, *Guernica* estuvo en Nueva York en el Museo de

65 Arte Moderno. Luego, en septiembre de 1981, se la envió a España, donde ahora se exhibe en un edificio especial al lado del Museo del Prado de Madrid. Así, los EE.UU. cumplió con los deseos del gran pintor ya difunto, quien había pedido que se enviara la pintura a su patria en cuanto se volviera a establecer allí la democracia.

70   Hay muchas interpretaciones posibles al cuadro, sobre todo con respecto al simbolismo que tienen las varias figuras, pero no cabe duda de que Picasso ha captado para siempre la agonía y el terror de una familia rural y de todo pueblo que haya sufrido la guerra.

Comprensión

Identificación
Explique brevemente los siguientes términos.

1. la CE
2. los vascos
3. La Falange

4. Franco
5. ETA
6. El Museo del Prado

Preguntas
1. ¿Cómo es la España de hoy?
2. ¿Qué problemas tuvo el gobierno de la Segunda República española (1931–36)?
3. ¿Cómo se llamaban los dos bandos durante la Guerra Civil?
4. ¿Qué grupos estaban incluidos en cada bando?
5. ¿Quiénes intervinieron de afuera? ¿Cómo?
6. ¿Qué malas consecuencias tuvo esta intervención?
7. ¿Qué pasó en el pueblo de Guernica en 1937?
8. ¿Quiénes triunfaron en 1939?
9. ¿Cómo era el régimen que se estableció después de la guerra?
10. ¿Dónde estuvo el cuadro durante muchos años? ¿Dónde está ahora?

Pablo Picasso. *Guernica* (mayo—junio, 1937) El cuadro mide 7.82 metros (25'5¾″) de ancho por 3.50 metros (11'5½″) de alto. En 1981 fue enviado a España por el Museo de Arte Moderno de Nueva York. Ahora está en un edificio separado, cerca del Museo del Prado, Madrid.

·· Discusión

¿Qué otras pinturas de protesta conoce Ud.? ¿Qué otras obras de arte, piezas de música, literatura, o películas conoce Ud. que se hayan creado como protesta social? ¿Qué opina Ud. de este método de protestar?

·· Actividad

Interpretación de un cuadro

Trabajando solo(a) o con otra persona, mire Ud. el cuadro en la página 60 y trate de interpretarlo. Recuerde que no hay una sola interpretación definitiva.

1. ¿Cuáles son sus primeras impresiones del cuadro? ¿Qué emociones le comunica a Ud.?
2. ¿Por qué cree Ud. que Picasso pintó el cuadro en colores oscuros?
3. ¿Qué evidencias de guerra hay?
4. ¿Dónde ocurre la escena, dentro de una casa o fuera? ¿Cómo sabemos que es un ambiente rural?
5. Para Ud. ¿qué representa la figura que entra desde afuera? ¿la mujer con el niño? ¿la figura en pedazos *(pieces)* sobre el suelo?
6. La figura más enigmática y la única no herida es la del toro. Picasso mismo ha dicho, «El toro es un toro...El público puede ver (en el toro) lo que quiera ver». ¿Qué ve Ud.?
7. Brevemente, ¿qué cree Ud. que es el mensaje *(message)* del cuadro?

Vocabulario auxiliar

las armas	*weapons*	**la invencibilidad**	
el bien y el mal	*good and evil*	**la luz**	
		las llamas	*flames*
el caos		**la maternidad**	
los civiles	*civilians*	**el miedo, el terror**	
los colores oscuros, sombríos	*somber, dark colors*	**el mundo externo**	
		el soldado	*soldier*
destruir, la destrucción		**sufrir, el sufrimiento**	
la espada	*sword*	**el susto**	*scare, shock*
el fascismo		**la tragedia (*adj.* trágico)**	
la fuerza	*strength*		
la gallina	*hen*	**la tristeza (*adj.* triste)**	
gritar, los gritos	*to scream, screams*	**la vida familiar, doméstica**	
la guerra mecanizada		**la vulnerabilidad (*adj.* vulnerable)**	
indefenso	*defenseless*		
la inutilidad (*adj.* inútil)	*futility*		

Los censores

Luisa Valenzuela*

Anticipación

En tiempos modernos, los países comunistas no han sido los únicos en usar el terror y la intimidación para controlar a sus ciudadanos. Por ejemplo, en los años 70 Argentina, Uruguay, y Chile oficialmente eran democracias, pero bajo las apariencias oficiales sus gobiernos militares ejercían un poder casi absoluto. Muchos individuos (nadie sabe exactamente cuántos), que por alguna razón se consideraban «sospechosos», desaparecieron. Por la mañana salieron para el trabajo o para la escuela, pero nunca más volvieron. La policía decía no saber nada de ellos, que eran simplemente «desaparecidos». ¿Ha visto Ud. alguna película o leído algún libro sobre estos problemas? ¿Cree Ud. que gobiernos de este tipo existen ahora?

Estrategia: Leer entre líneas

La literatura, como el arte, puede ser una forma de protesta, a veces sutil. En el siguiente cuento, la conocida autora argentina Luisa Valenzuela representa un ambiente represivo pero no menciona ningún país ni tiempo. Aunque no hay crítica directa contra ningún sistema, muchas insinuaciones aparecen **entre líneas**.

Para facilitar su comprensión, unos recuadros (*boxes*) interrumpen la lectura con preguntas claves. Se debe leer el cuento dos veces: la primera vez en secciones, contestando estas preguntas; la segunda vez en totalidad para hacer los ejercicios al final.†

---

* Luisa Valenzuela (1938–), renombrada periodista, novelista y cuentista de la Argentina actual. Su prosa es satírica, revolucionaria y trascendente. Su cuento *Los censores* está reproducido aquí en su forma original excepto por la omisión de dos Frases.

† Una manera de implementar esta estrategia es dedicar una porción de la clase a la primera lectura del cuento y enseñar el método de búsqueda rápida (*scanning*). Trabajando con toda la clase o en pequeños grupos, los estudiantes leen primero las preguntas de comprensión y luego buscan juntos las respuestas en la sección anterior y comparten la información. Después, tienen como tarea la segunda lectura, más a fondo, del cuento y los ejercicios al final.

Vocabulario: Palabras y definiciones

Escoja la definición apta para cada palabra, usando sus conocimientos sobre los cognados, su intuición o el proceso de eliminación.

Sustantivos	*Definiciones*
remitente	_____ mejora de posición en el trabajo
ascenso	_____ persona a quien se envía una carta
propósito	_____ número y calle donde alguien vive, señas
dirección	_____ intención, objetivo
destinatario/a	_____ persona que envía una carta
Verbos	
descuidarse	_____ tomar, atrapar, capturar
secuestrar	_____ informar a la autoridad que alguien ha cometido un delito
impedir	_____ no tener la precaución o vigilancia necesarias
denunciar	_____ llevar a una persona contra su voluntad
agarrar	_____ hacer difícil o imposible, obstruír

Luisa Valenzuela (1938–) la conocida escritora y periodista argentina, es autora de cuatro novelas y cinco colecciones de cuentos. Fotographia Layle Silbert.

¡Pobre Juan! Aquel día lo agarraron con la guardia baja.° Esas cosas pasan en cuanto uno se descuida. Juancito dejó que se le viera encima la alegría° cuando por un conducto° inconfesable le llegó la nueva dirección de Mariana, ahora en
5 París, y pudo creer así que ella no lo había olvidado. Entonces se sentó ante la mesa sin pensarlo dos veces y escribió una carta. *La* carta. Esa misma que ahora le impide concentrarse en su trabajo durante el día y no lo deja dormir cuando llega la noche (¿qué habrá puesto° en esa carta, qué habrá quedado
10 adherido° a esa hoja de papel que le envió a Mariana?).
    Juan sabe que no va a haber problema con el texto, que el texto es irreprochable, inocuo.° Pero ¿y lo otro°? Sabe también que a las cartas las auscultan,° las huelen,° las palpan, las leen entre líneas y en sus menores signos de
15 puntuación, hasta en las manchitas° involuntarias. Sabe que las cartas pasan de mano en mano por las vastas oficinas de censura, que son sometidas a° todo tipo de pruebas y pocas son por fin las que pasan los exámenes y pueden continuar camino. Es por lo general cuestión de meses, de años si la
20 cosa se complica, largo tiempo durante el cual está en suspenso la libertad y hasta quizá la vida no sólo del remitente sino también del destinatario. Y eso es lo que lo tiene sumido° a nuestro Juan en la más profunda de las desolaciones: la idea de que a Mariana, en París, llegue a sucederle° algo por
25 culpa de él. Nada menos que a Mariana que debe de sentirse tan segura, tan tranquila allí donde siempre soñó° vivir. Pero él sabe que los Comandos Secretos de Censura actúan en todas partes del mundo y gozan de un importante descuento° en el transporte aéreo; por lo tanto nada les impide llegarse
30 hasta el oscuro barrio de París, secuestrar a Mariana y volver a casita convencidos de su noble misión en esta tierra.

con...por sorpresa

dejó...*allowed his joy to be seen* / modo

habrá...*might he have put*

unido (implicado)

inocente / lo...*everything else*
escuchan / examinan con la nariz

small stains

pasadas por

hundido

pasarle

deseaba

reducción del precio

Comprensión

¿Qué tipo de persona es Juan? ¿A quién envió una carta? ¿Por qué tenía miedo después? ¿Cómo examinan las cartas los censores?

Entre Líneas

¿Qué indica esto sobre el ambiente político y social del país?

Entonces hay que ganarles de mano,° entonces hay que hacer lo que hacen todos: tratar de sabotear° el mecanismo, de ponerle en los engranajes° unos granos de arena, es decir
35 ir a las fuentes° del problema para tratar de contenerlo.

Fue con ese sano propósito con que Juan, como tantos, se postuló° para censor. No por vocación como unos pocos ni por carencia° de trabajo como otros, no. Se postuló simplemente para tratar de interceptar su propia carta, idea
40 para nada novedosa° pero consoladora. Y lo incorporaron de inmediato porque cada día hacen falta más censores y no es cuestión de andarse con melindres° pidiendo antecedentes.°

En los altos mandos de la Censura no podían ignorar el motivo secreto que tendría más de uno para querer ingresar°
45 a la repartición, pero tampoco estaban en condiciones de ponerse demasiado estrictos y total° ¿para qué? Sabían lo difícil que les iba a resultar a esos pobres incautos° detectar la carta que buscaban y, en el supuesto caso de lograrlo, ¿qué importancia podían tener una o dos cartas que pasan la
50 barrera frente a todas las otras que el nuevo censor frenaría° en pleno vuelo? Fue así como no sin ciertas esperanzas nuestro Juan pudo ingresar en el Departamento de Censura del Ministerio de Comunicaciones.

El edificio, visto desde fuera,° tenía un aire festivo a
55 causa de los vidrios ahumados° que reflejaban el cielo, aire en total discordancia con el ambiente austero que imperaba° dentro. Y poco a poco Juan fue habituándose al clima de concentración que el nuevo trabajo requería, y el saber que estaba haciendo todo lo posible por su carta —es decir por
60 Mariana— le evitaba ansiedades.° Ni siquiera se preocupó cuando, el primer mes, lo destinaron a la sección K, donde con infinitas precauciones se abren los sobres° para comprobar° que no encierran° explosivo alguno.

Cierto es que a un compañero, al tercer día, una carta
65 le voló° la mano derecha y le desfiguró la cara, pero el jefe

Glosses (right margin):

ganarles...actuar antes que ellos
hacer sabotaje en /
mecanismos / orígenes

presentó
falta

para...no muy original

exigencias excesivas / recomendaciones

entrar a trabajar

realmente
inocentes

impediría

la parte exterior
oscuros
predominaba

intranquilidades

envelopes
confirmar / contienen

quitó por completo

de sección alegó que había sido mera imprudencia por parte
del damnificado° y Juan y los demás empleados pudieron   hombre dañado
seguir trabajando como antes aunque bastante más inquietos.
Otro compañero intentó a la hora de salida organizar una
70   huelga° para pedir aumento de sueldo° por trabajo insalubre   interrupción del tra-
pero Juan no se adhirió° y después de pensar un rato fue a   bajo / salario
denunciarlo ante la autoridad para intentar así ganarse un   participó
ascenso.

      Una vez no crea hábito,° se dijo al salir del despacho°   Una...*One time doesn't*
75   del jefe, y cuando lo pasaron a la sección J donde se   *make a habit* /
despliegan° las cartas con infinitas precauciones para compro-   oficina
bar si encierran polvillos venenosos,° sintió que había escalado   abren
un peldaño° y que por lo tanto podía volver a su sana   polvillos...*poisonous*
costumbre de no inmiscuirse° en asuntos ajenos.°   *powders* / step
                                                                    meterse / de otras per-
                                                                    sonas

Comprensión

¿Por qué entró a trabajar Juan en el Departamento de la Censura? ¿Qué
trabajo hacen en la sección K? ¿Cómo perdió la mano derecha un
compañero de Juan?

Entre líneas

¿Cómo ganó un ascenso Juan a la sección J? ¿Qué piensa Ud. de esto?

80   De la J, gracias a sus méritos, escaló° rápidamente   subió
posiciones hasta la sección E donde ya el trabajo se hacía
más interesante pues se iniciaba la lectura y el análisis del

contenido de las cartas. En dicha° sección hasta podía abrigar la ya mencionada
esperanzas de echarle mano a su propia misiva dirigida a
85 Mariana que, a juzgar por el tiempo transcurrido, debería de
andar° más o menos a esta altura° después de una larguísima debería...probable-
mente estaría / a...
en esta sección /
oficinas
procesión por otras dependencias.°

    Poco a poco empezaron a llegar días cuando su trabajo
se fue tornando de tal modo absorbente que por momentos
90 se le borraba° la noble misión que lo había llevado hasta las desaparecía
oficinas. Días de pasarle tinta° roja a largos párrafos, de echar *ink*
sin piedad muchas cartas al canasto° de las condenadas. Días *waste basket*
de horror ante las formas sutiles y sibilinas° que encontraba ambiguas
la gente para transmitirse mensajes subversivos, días de una
95 intuición tan aguzada° que tras un simple «el tiempo se mejorada por el entre-
namiento
ha vuelto inestable» o «los precios siguen por las nubes»
detectaba la mano algo vacilante de aquel cuya intención
secreta era derrocar° al Gobierno. destruir

    Tanto celo° de su parte le valió un rápido ascenso. No aplicación
100 sabemos si lo hizo muy feliz. En la sección B la cantidad de
cartas que le llegaba a diario era mínima—muy contadas° pocas
franqueaban° las anteriores barreras—pero en compensación pasaban por
había que leerlas tantas veces, pasarlas bajo la lupa,° buscar *magnifying glass*
micropuntos con el microscopio electrónico y afinar° tanto perfeccionar / uso de
la nariz / muy can-
105 el olfato° que al volver a su casa por las noches se sentía sado / lograba
agotado.° Sólo atinaba° a recalentarse una sopita, comer
alguna fruta y ya se echaba a dormir con la satisfacción del
deber cumplido°. La que se inquietaba, eso sí, era su santa deber...obligación ter-
minada
madre que trataba sin éxito de reencauzarlo° por el buen ponerlo otra vez
110 camino. Le decía, aunque no fuera° necesariamente cierto: aunque...*although it
might not have been*
Te llamó Lola, dice que está con las chicas en el bar, que te
extrañan, te esperan. Pero Juan no quería saber nada de
excesos: todas las distracciones podían hacerle perder la
acuidad° de sus sentidos° y él los necesitaba alertas, agudos, perfección / *senses*
115 atentos, afinados, para ser un perfecto censor y detectar el
engaño.° La suya era una verdadera labor patria.° Abnegada fraude / labor...trabajo
patriótico
y sublime.

Comprensión

¿Por qué era más interesante el trabajo de la sección E? ¿En qué frases
detectaba Juan la subversión? ¿Cómo era la sección B?

Entre líneas

¿Qué cambios nota Ud. en Juan? ¿Qué aprendemos de su familia? ¿Puede
Ud. predecir cómo va a acabar el cuento?

Su canasto de cartas condenadas pronto pasó a ser el más
nutrido° pero también el más sutil de todo el Departamento de   lleno
120 Censura. Estaba a punto de sentirse orgulloso de sí mismo,
estaba a punto de saber que por fin había encontrado su
verdadera senda,° cuando llegó a sus manos su propia carta   camino (en la vida)
dirigida a Mariana. Como es natural, la condenó sin asco.°   repugnancia
Como también es natural, no pudo impedir que lo fusilaran°   ejecutaran con armas
125 al alba,° una víctima más de su devoción por el trabajo.   de fuego / comienzo
                                                                     del día

···· Comprensión

Identificación

Explique qué sabe Ud., directa o indirectamente, de las siguientes personas.
¿Cuáles le parecen reales, y cuáles vagas? En su opinión, ¿por qué se presentan
así?

1. Mariana
2. los Comandos Secretos de Censura
3. los jefes del alto mando de la Censura
4. La madre de Juan
5. Lola y «las chicas»

Preguntas

1. ¿Qué pasa al final del cuento? ¿Es apropiado o no este fin? ¿Es inevitable?
   ¿Por qué?
2. Para Ud., ¿es Juan una víctima o un criminal? Explique.
3. En su opinión, ¿qué descripción expresa mejor el tema central del cuento?
   ¿Por qué? (¿O puede Ud. comunicarlo mejor?)
   a. La deshumanización de una persona por la política
   b. La transformación de un hombre por su trabajo
   c. La progresiva corrupción de un individuo por un sistema malo
   d. La destrucción de un individuo por su propio miedo
4. En general, ¿qué opina Ud. de la censura? ¿Es siempre mala? ¿O es necesario
   censurar ciertas cosas, como la pornografía, libros con ideas falsas, o
   documentos importantes para la seguridad nacional? Explique.

···· Actividades

 ### *Y Ud., ¿denunciaría?*

Trabajando con dos o tres compañeros, lea los siguientes casos y escoja las
mejores soluciones. Luego, explique por qué el grupo ha escogido así.

1. Ud. sabe que su vecino gana una suma de dinero bastante grande que no
   incluye cuando paga sus impuestos. El Servicio Federal de Impuestos anuncia

que pagará $2.000 por cada denuncia válida de impuestos no pagados y que todo será « en confianza ». ¿Qué haría Ud.?

a. Lo denunciaría.

b. No lo denunciaría.

c. Le explicaría a mi vecino que debe pagar sus impuestos o sufrir las consecuencias.

2. Ud. es el jefe/la jefa de departamento de una compañía grande. Un empleado le informa que otra persona que trabaja allí está usando los teléfonos por la noche para hacer llamadas a larga distancia. ¿Qué haría Ud.?

a. Le daría las gracias al informador y vigilaría a la otra persona.

b. Le diría al informador que no está bien denunciar a los compañeros, pero vigilaría a la otra persona de todas formas.

c. Le diría al informador que no está bien denunciar a los compañeros, y entonces *no* vigilaría a la otra persona.

d. Hablaría con el informador y con la otra persona al mismo tiempo para saber la verdad.

3. Ud. juega en un equipo deportivo y sabe que el capitán está tomando una droga ilegal. ¿Qué haría Ud.?

a. Hablaría en confianza con el director del equipo.

b. No diría nada porque la salud es un asunto personal.

c. Le hablaría al capitán directamente, expresando mis preocupaciones.

Juego imaginativo: Ud. es censor

En el cuento de Valenzuela, los censores encontraban « evidencia » de subversión en casi todas las cartas aun cuando no existía. Trabajando solo(a) o con otro(a), imagine que Ud. es censor y dé su interpretación de la siguiente postal « subversiva »:

Puerto Lindo, 7 de marzo

Queridos amigos,

Aquí estamos, gozando de las maravillosas playas. Hace buen tiempo casi todos los días, aunque el jueves llovió un poco ~~y luego hubo una tormenta bastante fea.~~ Afortunadamente, sólo duró tres horas, y luego volvió a salir el sol. Héctor ha jugado mucho al golf, pero yo prefiero descansar y leer novelas. La comida aquí es sabrosa y la gente simpática. Me gustaría hacer compras, pero los precios están por las nubes. ~~Por eso, me limito a pasear por el mercado al aire libre donde se vende mucha artesanía, muy bonita.~~

¿Cómo están Uds.? ¿y los niños? Espero que todo vaya bien.

¡Ya nos veremos pronto!

Besos y abrazos a todos,

Silvia

.... **Composición**

1. *Una carta de Mariana.* ¿Quién es Mariana realmente? ¿una amiga inocente? ¿una espía del gobierno? ¿una ilusión? Invente Ud. una identidad para ella y escriba una segunda carta de Mariana a Juan, o una carta de Mariana a otra persona, en la cual se hace referencia a sus relaciones con Juan.

2. *Una víctima del sistema.* Invente una explicación o narración sobre alguien que hace un error fatal en nuestra sociedad, un error que lo lleva a consecuencias horribles.

Vocabulario y actitudes

Dos visiones del trabajo y del tiempo

Aunque es importante evitar la presentación de estereotipos, esto no quiere decir que no se pueda hablar de las obvias e interesantes diferencias de costumbres y actitudes. Ser diferente es, simplemente, ser diferente, y no implica forzosamente inferioridad ni superioridad. Uno de los contrastes notables que

5   existe entre culturas es su visión del trabajo y la importancia que tiene en la vida humana.

Las actitudes hacia el trabajo varían según el individuo, pero se pueden señalar tendencias generales entre la mentalidad anglosajona y la hispana. Algunos latinoamericanos se quejan de que en Estados Unidos y Canadá se use

10 el trabajo como la definición de alguien. Por ejemplo, un inmigrante recién llegado dijo que no sabía qué contestar en las fiestas cuando se le preguntaba de buenas a primeras, «*What are you?*» o «*What do you do?*» Al principio, contestaba que era argentino y que leía novelas y se interesaba mucho en la decoración interior de las casas, pero pronto comprendía que ésa no era la

15 respuesta esperada. En su país había conocido a individuos durante años sin tener la más remota idea de cuál era su profesión. Habían hablado del cine, de la política o de otros intereses. Pero en Norte América se habla mucho del trabajo y una persona sin empleo se siente reducida, sin identidad.

La comparación de ciertas palabras en los dos idiomas confirma estas

20   observaciones. Cuando alguien decide dejar el trabajo definitivamente, en inglés
se dice que va a *retire*. La palabra es un poco negativa. Insinúa *to withdraw*, *to give up*, como en el béisbol cuando un equipo *retires the side*, o cuando alguien *retires for the night*. En español, en cambio, se dice que la persona va a «jubilarse». La palabra es afirmativa y antiguamente significaba «alegrarse». En

25   tiempos recientes, algunos hispanos han empezado a usar la palabra «retirarse», quizás por influencia del inglés, o posiblemente porque su actitud está cambiando. Otro ejemplo de la seriedad de la cultura anglosajona con respecto al trabajo es que para indicar que un jefe «despide» (termina el trabajo) a un empleado, se dice *to fire*, una expresión violenta que presenta la imagen de

30   matar con fuego.

Un dicho común en inglés explica que *Time is money*, y no hay duda de que el tiempo es otro elemento muy serio para la cultura anglosajona, sobre todo cuando se combina con el dinero o el trabajo. Se traduce «hipoteca» en inglés como *mortgage* (literalmente *death pledge*) y «plazos» como *deadlines*, y

35   cuando hay un poco de tiempo no productivo se habla a veces de *killing time*. Pero el contraste más famoso entre las dos culturas es el de la puntualidad de los anglosajones y la actitud más informal y desprendida de los hispanos con respecto al reloj. Ciertos hispanos dicen que su actitud es más sana y flexible y que por eso sufren menos de úlceras. Insisten en que, cuando realmente es

40   necesario, ellos también son puntuales. ¿Y cómo le indican a la otra persona que en una situación específica es necesario llegar a tiempo? Dicen simplemente: «Nos vemos mañana a las once, ¡hora inglesa!».

·· **Comprensión**

1. ¿Por qué no sabía qué decir en las fiestas el argentino recién llegado? ¿Qué piensa Ud. de esto?
2. ¿Qué diferencias hay entre la actitud anglosajona y la hispana con respecto al trabajo y al reloj? ¿Cuál prefiere Ud.?
3. ¿Qué contraste parece haber entre el concepto hispano de la jubilación y el anglosajón? Y Ud., ¿qué visión tiene de las personas jubiladas? ¿Están contentas, o no? Explique.

O ERES MODERNO, QUICO

Es que somos muy pobres

*Juan Rulfo**

Anticipación

En todas las sociedades hay pobres. Sin embargo, el concepto de la pobreza es relativo y depende de las circunstancias. Pensando en nuestra cultura, ¿cómo clasificaría Ud. a una persona «pobre»? El siguiente cuento nos muestra una visión particular de la pobreza. Está contado en dialecto rural desde el punto de vista de un niño mexicano que vive en el campo.

 ## Estrategia: *Búsqueda de información*

Buscar información básica en una lectura nos ayuda a comprenderla. Trabajando con otra persona, busque Ud. en las líneas 1–57 del cuento la información necesaria para hacer el ejercicio. ¡Cuidado! Algunas de las frases piden información que *no está presente.* Escriba **F** (falso) **V** (verdadero) o **NP** (no presente). Los dos primeros números sirven como modelo. La primera pareja en terminar gana el premio.

1. __V__ El niño estaba triste porque se murió su tía Jacinta.

2. __NP__ Su tía se murió a la edad de 25 años.

3. _____ Después comenzó a nevar.

4. _____ El papá del niño se enfadó porque se arruinó la cosecha.

5. _____ Tacha, su hermana, tenía catorce años.

6. _____ Durante la noche el niño se despertó porque oyó la vaca.

7. _____ La vaca se llamaba *La Serpentina* y tenía muy bonitos ojos.

8. _____ El niño supo que la vaca había muerto en el río.

9. _____ El hombre que había visto a la vaca se llamaba Roberto.

10. _____ El becerro murió en el río.

Vocabulario: *Análisis de palabras*

A veces comprendemos una nueva palabra si vemos que contiene otra palabra más simple. Mire estas palabras y diga qué palabra simple está dentro de cada una. Luego, diga cuál de las definiciones le corresponde.

---

* Juan Rulfo (1918–1985), famoso novelista y cuentista contemporáneo de México. En sus narraciones presenta el ambiente, el lenguaje y la tragedia de la vida rural de su país con tal maestría que las angustias y temores de sus personajes trascienden el campo mexicano para adquirir una significación universal.

modelos

nublazones	*nub-* de **nube**	masas grandes de nubes oscuras
corredizo/a	*corre-* de **correr**	movible, inestable

palabra	*palabra más simple*	*definición*
el aguacero	_____	cubrir con tierra
asoleándose	_____	una ola que crece
la creciente	_____	una lluvia violenta
enterrar	_____	grupo de cosas que caben en la mano
un manojo	_____	secándose en el sol

Ahora lea el cuento para ver cómo la naturaleza y los animales influyen en la prosperidad de una familia rural en México.

Aquí todo va de mal en peor.° La semana pasada se murió mi tía Jacinta, y el sábado, cuando ya la habíamos enterrado y comenzaba a bajársenos la tristeza, comenzó a llover como nunca. A mi papá eso le dio coraje,° porque toda la cosecha
5 de cebada° estaba asoleándose en el solar. Y el aguacero llegó de repente, en grandes olas de agua, sin darnos tiempo ni siquiera a esconder aunque fuera un manojo; lo único que pudimos hacer, todos los de mi casa, fue estarnos arrimados° debajo del tejabán,° viendo cómo el agua fría que caía del
10 cielo quemaba° aquella cebada amarilla tan recién cortada.

    Y apenas ayer, cuando mi hermana Tacha acababa de cumplir° doce años, supimos que la vaca que mi papá le regaló para el día de su santo se la había llevado el río.

de...from bad to worse

furia
cosecha...barley harvest

muy juntos
roof
destruía

llegar a la edad de

El río comenzó a crecer° hace tres noches, a eso de   subir
15   la madrugada. Yo estaba muy dormido y, sin embargo, el
estruendo° que traía el río al arrastrarse me hizo despertar   ruido fuerte
en seguida y pegar el brinco° de la cama con mi cobija° en   pegar...*jump / blanket*
la mano, comi si hubiera creído que se estaba derrumbando°   cayendo
el techo de mi casa. Pero después me volví a dormir, porque
20   reconocí el sonido del río y porque ese sonido se fue haciendo
igual hasta traerme otra vez el sueño.

Cuando me levanté, la mañana estaba llena de nublazo-
nes y parecía que había seguido lloviendo sin parar. Se notaba
en que el ruido del río era más fuerte y se oía más cerca. A
25   la hora en que me fui a asomar, el río ya había perdido sus
orillas.°   bordes

Mi hermana y yo volvimos a ir por la tarde a mirar aquel
amontonadero° de agua que cada vez se hace más espesa° y   acumulación / densa
oscura y que pasa ya muy por encima de donde debe estar
30   el puente. Allí nos estuvimos horas y horas sin cansarnos
viendo la cosa aquella. Después nos subimos por la barranca,°   *ravine*
porque queríamos oír bien lo que decía la gente. Allí fue
donde supimos que el río se había llevado a *la Serpentina*, la
vaca esa que era de mi hermana Tacha y que tenía una oreja°   *ear*
35   blanca y otra colorada° y muy bonitos ojos.   roja

No acabo de saber° por qué se le ocurriría a *la Serpentina*   acabo...puedo com-
pasar el río este, cuando sabía que no era el mismo río   prender
que ella conocía de a diario. *La Serpentina* nunca fue tan
atarantada.° Lo más seguro es que ha de haber venido°   inquieta / ha...proba-
40   dormida para dejarse matar así nomás por nomás°. Tal vez   blemente estaba /
se le ocurrió despertar al sentir que el agua pesada le golpeaba   nomás...sin razón
las costillas.° Tal vez entonces se asustó y trató de regresar;   (dialecto)
pero al volverse se encontró entreverada° y acalambrada°   le...*was hitting her ribs*
entre aquella agua negra y dura como tierra correctiza. Tal   confundida / incapaz
45   vez bramó° pidiendo que le ayudaran. Bramó como sólo Dios   de moverse
sabe cómo.   *she bellowed*

Yo le pregunté a un señor que vio cuando la arrastraba° | llevaba
el río si no había visto también al becerrito° que andaba con | pequeño hijo de una
ella. Pero el hombre dijo que no sabía si lo había visto. Sólo | vaca
50 dijo que la vaca manchada° pasó patas arriba° muy cerquita | *with spots* / patas...
de donde él estaba. Por el río rodaban muchos troncos de | *with her feet up*
árboles con todo y raíces y él estaba muy ocupado en sacar
leña,° de modo que no podía fijarse si eran animales o troncos | madera para el fuego
los que arrastraba.
55 Nomás° por eso, no sabemos si el becerro está vivo, o si | Solamente
se fue detrás de su madre río abajo. Si así fue, que Dios los
ampare a los dos.° | que...*may God protect*
| *them both.*

Predicción

Es posible que Ud. piense que la vaca era simplemente un animal doméstico muy querido por la familia. Pero el resto de la historia nos muestra que la vaca tenía una importancia mucho más grande. En su opinión, ¿por qué será tan importante la vaca? Lea la última parte para ver si Ud. tiene razón.

La apuración° que tienen en mi casa es lo que pueda | preoccupación
suceder° el día de mañana, ahora que mi hermana Tacha se | pasar
60 quedó sin nada. Porque mi papá con muchos trabajos había
conseguido a *la Serpentina*, desde que era una vaquilla, para
dársela a mi hermana, con el fin de que ella tuviera un
capitalito° y no se fuera a ir de piruja° como lo hicieron mis | una pequeña fortuna /
otras dos hermanas las más grandes. | ir...trabajar como
| prostituta
65 Según mi papá, ellas se habían echado a perder° porque | se...*had been ruined* /
éramos muy pobres en mi casa y ellas eran muy retobadas.° | obstinadas
Desde chiquillas ya eran rezongonas.° Y tan luego que crecie- | malhumoradas
ron les dio por andar con hombres de lo peor, que les
enseñaron cosas malas. Ellas aprendieron pronto y entendían
70 muy bien los chiflidos,° cuando las llamaban a altas horas° | *whistles* / a...muy
de la noche. Después salían hasta de día. Iban cada rato° por | tarde / cada...con
agua al río y a veces, cuando uno menos se lo esperaba, | frecuencia / *rolling*
allí estaban en el corral, revolcándose° en el suelo, todas | *around*
encueradas° y cada una con un hombre trepado encima.° | desnudas / trepado...*on*
| *top of her*
75 Entonces mi papá las corrió° a las dos. Primero les | echó / toleró
aguantó° todo lo que pudo; pero más tarde ya no pudo
aguantarlas más y les dio carrera para la calle. Ellas se fueron
para Ayutla o no sé para donde; pero andan de pirujas.

Por eso le entra la mortificación° a mi papá, ahora por
la Tacha, que no quiere vaya a resultar como sus otras dos
hermanas, al sentir que se quedó muy pobre viendo la falta
de su vaca, viendo que ya no va a tener con qué entretenerse°
mientras le da por crecer° y pueda casarse con un hombre
bueno, que la pueda querer para siempre. Y eso ahora va a
estar difícil. Con la vaca era distinto, pues no hubiera faltado
quien se hiciera el ánimo de casarse con ella,° sólo por
llevarse también aquella vaca tan bonita.

La única esperanza que nos queda es que el becerro
esté todavía vivo. Ojalá no se le haya ocurrido pasar el río
detrás de su madre. Porque si así fue, mi hermana Tacha está
tantito así de retirado° de hacerse piruja. Y mamá no quiere.

Mi mamá no sabe por qué Dios la ha castigado tanto al
darle unas hijas de ese modo, cuando en su famiila, desde
su abuela para acá, nunca ha habido gente mala. Todos fueron
criados° en el temor de Dios y eran muy obedientes y no le
cometían irreverencias a nadie. Todos fueron por el estilo.
Quién sabe de dónde les vendría a ese par de hijas suyas
aquel mal ejemplo. Ella no se acuerda. Le da vuelta a° todos
sus recuerdos y no ve claro dónde estuvo su mal o el pecado°
de nacerle una hija tras otra con la misma mala costumbre.
No se acuerda. Y cada vez que piensa en ellas, llora y dice:
"Que Dios las ampare a las dos."

Pero mi papá alega que aquello ya no tiene remedio. La
peligrosa es la que queda aquí, la Tacha, que va como palo
de ocote crece y crece° y que ya tiene unos comienzos
de senos° que prometen ser como los de sus hermanas:
puntiagudos° y altos para llamar la atención.

—Sí—dice—, le llenará los ojos a cualquiera donde
quiera que la vean.° Y acabará mal; como que estoy viendo
que acabará mal.

Esa es la mortificación de mi papá.

Y Tacha llora al sentir que su vaca no volverá porque se
la ha matado el río. Está aquí, a mi lado, con su vestido color
de rosa,° mirando el río desde la barranca y sin dejar de
llorar. Por su cara corren chorretes de agua sucia como si el
río se hubiera metido dentro de ella.

Yo la abrazo tratando de consolarla, pero ella no entiende.
Llora con más ganas.° De su boca sale un ruido semejante al
que se arrastra por las orillas del río, que la hace temblar y
sacudirse todita,° y, mientras, la creciente sigue subiendo.

---

aflicción

ocuparse / mien-
tras...*while she
grows up*

no...*there would not
have been lacking
someone to marry
her*

tantito...muy cerca

educados

Le...Piensa mucho en

falta moral

va...crece rápidamente
como una planta /
breasts

pointed

le...*she will attract anyone anywhere*

color...*pink*

fuerza

sacudirse... moverse
por todo el cuerpo

Comprensión

1. ¿Por qué dice el niño que todo va de mal en peor?
2. Según su padre, ¿por qué se hicieron prostitutas las hijas mayores?
3. ¿Qué importancia tenía la vaca para Tacha?
4. ¿Cuál es la única esperanza que le queda a la familia?
5. ¿Cree Ud. que la madre tiene una actitud fatalista con respecto a sus hijas, o no? ¿Por qué?
6. ¿Cómo vemos que la actitud de la madre se está trasmitiendo al niño?
7. En su opinión, ¿qué quiere mostrarnos Rulfo con este cuento?

Discusión

Trabajando con otra persona, discuta Ud. dos de los siguientes temas.

1. La familia del cuento parece ser víctima de los elementos naturales. No tiene poder sobre el futuro a pesar de su trabajo y de sus planes. En su opinión, ¿sufren así solamente los campesinos? ¿Tiene la gente de la ciudad más poder y control sobre su destino, o no? Explique.

2. Mire un mapamundi y diga qué regiones o países del mundo Ud. cree que son los más pobres ahora. En su opinión, ¿cómo será la vida allí para los niños? ¿para las niñas?

3. Séneca, un filósofo nacido en Córdoba, España, en el primer siglo d.C. (después de Cristo), escribió en latín y proponía la filosofía del estoicismo. Una de sus ideas más famosas es la siguiente: «Una persona no es pobre porque tiene poco, sino porque desea más.» Para Ud., ¿qué quiere decir esto? ¿Qué le parece a Ud. esta idea?

Actividad

Minidebates

En una o dos frases, explique por qué Ud. está de acuerdo o no con las siguientes opiniones.

1. No hay gente realmente pobre en Estados Unidos o Canadá, en comparación con otros países.
2. La mejor manera de ayudar a las prostitutas y proteger la sociedad sería legalizar la prostitución.
3. Los países pobres necesitan educación sobre el control de la natalidad más que ayuda económica.

Composición

Escriba un breve comentario sobre uno de estos temas.

1. **El papel de la naturaleza en el cuento**

    Para Ud., ¿qué simbolizan en el cuento los elementos naturales como la lluvia, el río, las nubes, etcétera? ¿Qué identificación hay entre las personas y los animales?

2. **Una mirada hacia el futuro**

    En su opinión, ¿qué le pasa a Tacha y a su familia? Describa su situación diez años después del final del cuento.

Mafalda

capítulo

3

El hombre
y la
mujer

.... **Vocabulario preliminar**

Estudie estas palabras y haga el ejercicio antes de empezar esta sección sobre las semejanzas y diferencias entre los hombres y las mujeres. Luego utilice este vocabulario como medio de consulta durante su estudio del capítulo.

1. **capacidad (la)** habilidad, aptitud de una persona para hacer algo; *adj.* **capaz**
2. **cerebro (el)** parte superior y anterior de la cabeza que sirve para controlar y coordinar las acciones mentales y físicas
3. **compartir** participar en alguna cosa con otro individuo, colaborar; cambiar mútuamente
4. **competencia (la)** rivalidad entre varias personas que aspiran a obtener la misma cosa; *adj.* **competitivo**
5. **criar(se)** educar, cuidar en la niñez; desarrollarse, hacerse hombres o mujeres, *s.* **crianza (la)**

6. **distinto** diferente, no semejante
7. **escoger** elegir, optar por
8. **hogar (el)** *fig.* casa o domicilio; vida de familia
9. **jerarquía (la)** organización en categorías de personas o cosas; orden, grado
10. **lazo (el)** *fig.* unión, conexión, alianza
11. **papel (el)** *fig.* función, empleo, rol; **hacer el papel** ¿Qué papel hace la mujer en la sociedad moderna?
12. **semejanza (la)** similitud, analogía, afinidad; *adj.* **semejante**
13. **tarea (la)** obra, trabajo; deber

Sinónimos

Busque Ud. un sinónimo para las palabras en bastardilla.

Los científicos han encontrado muchas *similitudes* entre el hombre y la mujer, pero al mismo tiempo han observado que somos *diferentes* desde muy jóvenes. Por ejemplo, en algunos estudios se ha confirmado que muchas niñas prefieren jugar con muñecas o artículos de *casa*, mientras que los niños *optan por* juegos o actividades en que hay más *rivalidad*. En otros estudios, se ha notado que cuando hablan los niños, tratan de mostrar sus *habilidades* para definir y preservar su posición en *el orden* social. Las niñas, por otro lado, *intercambian* secretos con el fin de crear *conexiones*. Además, los niños parecen poseer más aptitud para *trabajos* visuales-espaciales, mientras que las niñas demuestran mayores talentos verbales. Ahora bien, aunque se han notado estas diferencias, nadie ha probado con certeza qué o quién influye más en determinar nuestra *función o rol* en la vida. ¿Es nuestra composición genética o es la sociedad o cultura en que nos *educamos*? ¿O son las dos cosas? Quizás algún día se halle una respuesta definitiva. Por ahora, ¡viva la diferencia!

El hombre y la mujer: ¿semejantes o diferentes?

El hombre y la mujer. ¿Cuáles son las semejanzas entre nosotros y cuáles son las diferencias? Estas preguntas son—y han sido—los temas de investigación y discusión entre psicólogos, biólogos, feministas, lingüistas, poetas...¡incluso nosotros! ¿Se pueden atribuir las diferencias completamente a factores biológicos
5   o también contribuye el ambiente (factores socio-culturales)? No hay ninguna respuesta cierta, pero sí hay muchas opiniones al respecto.

Hasta hace muy poco estaba de moda la teoría socio-cultural, en que se atribuyen las distintas características en parte al papel en que se coloca al niño o a la niña desde que nace. Observa la escritora chilena Mariana Merino, «Si es
10   mujer [el bebé] se le viste de rosado y si es hombre de celeste. Los padres los educan esperando cosas distintas de cado uno.» Sin embargo, los científicos ahora están descubriendo que las diferencias entre los sexos tienen tanto que ver con la biología del cerebro como con la manera en que nos criamos.

Comprensión
¿Qué teoría estaba de moda en tiempos recientes para explicar las diferencias entre los sexos?

Su opinión
1. ¿Qué le parece a Ud. esta teoría? ¿Por qué?
2. ¿Es cierto lo que observa Mariana Merino sobre el tratamiento de los niños o ya no ocurre esto? Explique.

Semejanzas y diferencias biológicas

Algunos nuevos estudios sugieren que los factores biológicos imponen diferencias
15   inevitables entre los sexos, como, por ejemplo, el caso de los juguetes infantiles. ¿Por qué prefieren los niños jugar con coches, camiones y juguetes mecánicos? ¿Y las niñas con muñecas y artículos de hogar? Los investigadores teorizan que la hormona masculina, la testosterona, produce una personalidad agresiva y que por eso los niños optan por juegos activos y competitivos. Es interesante que
20   en un estudio de niñas con niveles anormalmente altos de testosterona

(recuerde que cada sexo produce pequeñas cantidades de la hormona del sexo opuesto), estas niñas también escogieron los coches y camiones como juguetes. Naturalmente otros estudios en el pasado han demostrado una gran influencia social en la selección de juguetes por niñas y niños. Los padres, los amigos, los

25 programas de televisión, los anuncios comerciales—todos influyen en las preferencias del niño y la niña, según esta perspectiva.

Comprensión

Según algunos estudios, ¿por qué prefieren los niños jugar con camiones y juguetes mecánicos?

Su opinión

1. ¿Está Ud. de acuerdo con estos estudios? ¿Por qué? Cuando Ud. era pequeño(a), ¿qué juguetes prefería?
2. Si Ud. fuera padre o madre, ¿le compraría muñecas a su niño o camiones a su niña? Explique.

Otros investigadores han descubierto que la conexión entre los dos hemisferios del cerebro se forma más temprano en la mujer que en el hombre. Por eso, es posible que el hombre tenga un acceso más directo al hemisferio

30 derecho del cerebro, la parte que controla las actividades no verbales—la percepción del espacio y del tiempo. ¿Es por eso que los grandes científicos de la historia han sido hombres en su mayoría? ¿O hay una explicación socio-cultural para la baja participación femenina en estas actividades? En cambio, la mujer exhibe desde muy temprano la comunicación entre este hemisferio

35 derecho y el hemisferio izquierdo, centro del lenguaje y del pensamiento conceptual. Entonces, ¿son las mujeres las mejores escritoras y lingüistas?

Un punto más: algunos científicos teorizan que la capacidad de la mujer de utilizar información de varias regiones del cerebro simultáneamente, incluso las que controlan la visión y los sentimientos, pueda ayudar a la mujer a «leer»

40 o interpretar los motivos y emociones de otras personas, en fin, a «intuir». Por otra parte, los hombres, con su mayor capacidad de usar un sólo hemisferio (sin la distracción del otro), realizan con más éxito tareas visuales-espaciales, como leer un mapa sin necesidad de moverlo según cambios de dirección. ¿Pero no hay mujeres capaces de hacer tareas visuales-espaciales, y hombres

45 comprensivos y sensibles que entiendan los motivos de otros? ¿Cómo influye el proceso de socialización en determinar las diferencias entre los sexos?

Comprensión

Según algunos biólogos, ¿qué diferencias se encuentran en el cerebro del hombre y la mujer y qué efectos producen?

Su opinión

1. ¿Cree Ud. que los factores biológicos explican la predominancia de hombres o mujeres en ciertas actividades o profesiones—la ingeniería, las lenguas, etc.? Explique.
2. En su opinión, ¿quiénes triunfan más en las siguientes profesiones y por qué? astronauta, medicina, física, educación de niños, producción de películas, política, negocios.

Semejanzas y diferencias de interacción

Otra área de investigación es la diferencia en la forma de hablar entre el hombre y la mujer. «No me escuchas,» o «No me comprendes» declara, frustrado, el uno al otro. ¿Son tendencias biológicas o culturales la causa de esta falta de

50 comunicación? No se sabe por cierto, pero según la lingüista norteamericana,
    Deborah Tannen, desde la niñez se observan distintas formas de interacción
    entre los sexos.

        Las niñas, por ejemplo, juegan en pareja o en pequeños grupos. General-
    mente escogen a una «mejor amiga» con quien hablan mucho y comparten sus
55 secretos. Así aprenden a usar las palabras para crear la intimidad y formar
    conexiones. Por otro lado, los niños tienden a jugar en grupos más grandes y
    competitivos, creando una jerarquía. Hablan para dar órdenes, confrontar a otros
    o defenderse, mostrar su conocimiento, negociar su *status*. Al hablar, el niño
    preserva su independencia, al contrario de la niña, que busca un lazo. Mientras
60 la niña *habla* con su mejor amiga, el niño *hace* cosas con su mejor amigo.

        De adultos, los dos sexos mantienen sus diferencias, según algunos
    investigadores. Entre mujeres la conversación se caracteriza por el apoyo mutuo
    y la exploración. Entre hombres es importante demostrar sus habilidades y
    establecer y mantener su lugar en la jerarquía. Si una mujer tiene un problema
65 y consulta con una amiga, ésta le ofrece compasión y comprensión. Si consulta
    con un amigo, él le ofrece una solución. Cuando las mujeres hablan, presentan
    diferentes puntos de vista en forma de sugerencias suaves y preguntas; les
    importa preservar la armonía. El hombre, en cambio, cree que presentar una
    perspectiva de oposición es una contribución más constructiva; goza de los
70 desafíos (provocaciones) directos.

        A través de la nueva investigación ya hemos aprendido mucho sobre las
    similitudes y diferencias biológicas entre el hombre y la mujer, pero no
    se pueden eliminar por completo los estudios socio-culturales del pasado.
    Seguramente en el futuro aprenderemos más. Con este conocimiento, ¿es posible
75 que la comprensión entre los sexos sea mejor?

.... **Comprensión**

1. Según algunos investigadores, ¿cómo juegan y hablan las niñas? ¿Y los niños?
2. De adultos, ¿por qué y cómo hablan las mujeres? ¿Y los hombres?

.... **Su opinión**

1. Basándose en su propia experiencia, ¿qué diferencias en el estilo de hablar
   ha notado Ud. entre hombres y mujeres?
2. ¿Prefiere Ud. hablar de ciertos temas con personas del mismo sexo? ¿Cuáles?
   ¿Por qué?

.... **Comentario sobre el dibujo**

¿Hay un lenguage especial de los ejecutivos? ¿De los estudiantes? ¿Cómo es?

¡CÓMO PASA EL TIEMPO, QUICO...!

·· Actividades

 ¿Semejantes o diferentes?

Trabaje con otra persona para contestar estas preguntas. ¿Es más probable que el hombre o la mujer haga las siguientes cosas? O si los dos lo hacen, ¿cuál lo hace más fácilmente? Por fin, ¿son factores biológicos los responsables de estas diferencias o semejanzas? ¿O es el ambiente? ¿En cuántos puntos están Ud. y su compañero(a) de acuerdo? ¿Y en desacuerdo?

	Hombre	Mujer	Los dos iguales
1. hablar (participar) en clase	————	————	————
2. escuchar en una conversación	————	————	————
3. cometer actos agresivos y anti-sociales	————	————	————
4. dormir en un lugar incómodo	————	————	————
5. ser fiel en una relación amorosa	————	————	————
6. hacer cálculos matemáticos	————	————	————
7. ayudar a un desconocido	————	————	————
8. cumplir con responsabilidades/tareas desagradables	————	————	————
9. defender su patria (nación)	————	————	————
10. someterse a la cirugía cosmética	————	————	————
11. ¿ ———————— ?	————	————	————

··· Comentario sobre el dibujo

¿Cree Ud. que la mujer tiene un «instinto materno»? ¿Y el hombre un «instinto paterno»?

Mafalda

 ### *Entrevistas espontáneas*

Tres o cuatro miembros de la clase trabajan para el canal 5, WESP(añol).
Entrevistan a dos o tres compañeros de clase cada uno, y luego preparan un
informe para presentar a la clase en forma de las noticias del día en la televisión.

¿Cree Ud. que...? ¿Por qué?

1. en realidad, no hay diferencias significativas entre los sexos?
2. los hombres necesitan desarrollar sus cualidades «femeninas» y las mujeres
   sus cualidades «masculinas»?
3. las mujeres deben asistir a escuelas para mujeres para llegar a su máximo
   potencial?
4. se deben prohibir los juguetes infantiles de guerra—pistolas, tanques, etc?
5. ¿ —————— ?

Dramatizaciones: El sexo opuesto

Adoptando la identidad del sexo opuesto, los hombres de la clase presentarán
escenas de la vida de las niñas o las mujeres. Las mujeres, por su parte,
representarán actividades/actitudes de los niños o los hombres.

Chiste

—— ¿Querido?

—— Sí

—— Querido, ¿me amas realmente?

—— ¡Uhm!

—— ¿Con todo el corazón?

—— ¡Uhm!

—— ¿Y soy tu preciosa joya?

—— ¡Uhm!

—— ¿Y crees que estar conmigo es como estar en un nido° caliente,   *nest*
caliente?

—— ¡Uhm!

—— ¿Me querrás siempre?

—— ¡Uhm!

—— ¿No mirarás a ninguna otra mujer? ¿No me abandonarás?

—— ¡Uhm!

—— ¿Tu amor estará siempre tan vivo como ahora?

—— ¡Uhm!

—— ¡Qué hermoso, querido, oír palabras tan bellas!

La mujer de los 90*

Mariana Merino

Anticipación

¿Cree Ud. que hay más o menos igualdad entre los sexos en Latinoamérica que en Norteamérica? ¿Por qué? En el siguiente artículo una periodista chilena describe la situación actual de su país.

Estrategia: Identificación de puntos importantes

La primera oración frecuentemente presenta el punto principal del párrafo. Mire rápidamente la primera oración de cada párrafo de la selección e indique cuáles de los siguientes puntos Ud. cree que serán desarrollados.

☐ la educación de la mujer
☐ el ama de casa
☐ la dificultad de ascender (subir) en el trabajo
☐ los sueldos
☐ la competencia entre la mujer y el hombre
☐ la clase socio-económica de las mujeres

☐ las actitudes tradicionales
☐ el matrimonio
☐ la mujer y la política
☐ la discriminación
☐ la satisfacción
☐ la familia

Lea el artículo para aprender más sobre las mujeres y el trabajo en Chile. También, piense en esta pregunta: ¿es la situación de la mujer norteamericana semejante o diferente?

Vocabulario: Sinónimos en contexto

Adivine Ud. las **tres** palabras o expresiones después de cada oración que son sustitutos apropiados por las palabras en bastardilla. (¡Solamente *una* de las palabras/expresiones no es apropiada!)

1. María Elena Ovalle *señala* que la mujer debe mostrarles a sus jefes que tiene dos veces la capacidad del hombre para ascender.
   a) dice b) comenta c) indica d) lamenta
2. «Se preocupan más del servicio que de la pelea por los votos», *subraya*.
   a) grita b) enfatiza c) señala d) destaca
3. Hoy hay diez mujeres en el Congreso, tres senadoras y siete *diputadas*...
   a) secretarias b) legisladoras c) representantes d) delegadas
4. La nueva mentalidad también produjo *el achicamiento* de la familia.
   a) la disminución b) el aumento c) la reducción d) un número reducido
5. La mayoría del sexo femenino trabaja como oficinista (16%), vendedora

---

* De la revista chilena, *Qué pasa*.

(15.5%) y servicios personales (33.1%), lo que incluye en su mayoría a empleadas domésticas, lavanderas y *peluqueras.*
a) mujeres que trabajan en salones de belleza
b) mujeres que trabajan en peluquerías
c) mujeres que planchan ropa
d) mujeres que cortan y arreglan el pelo

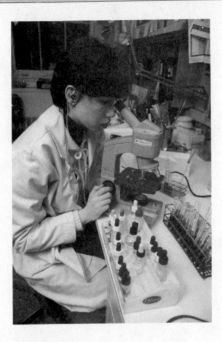

La mujer en el mundo laboral

La década de los 70 presenció° la incorporación en masa de   vio
la mujer chilena a los centros universitarios. En los 80 el
fenómeno continuó mientras las profesionales comenzaban a
hacerse un espacio en el mundo laboral reservado sólo para
5 hombres. En los 90, agobiadas° por el peso° de las responsabi-   cansadas / *weight*
lidades del trabajo y la casa, comienzan a buscar el equilibrio
entre los dos mundos.

　　Porque pese a que° la entrada de la mujer al campo   pese...*despite*
laboral es algo evidente en la sociedad chilena, [la sociedad]
10 aún no se ha dado cuenta del hecho y mantiene la estructura
tradicional en que se responsabiliza absolutamente a la mujer
del hogar y la educación de los hijos. Ha sido largo el proceso
desde las primeras rebeldías de la mujer chilena inspiradas
en el movimiento feminista. Su primer paso fue fumar en
15 público. Luego vinieron las primeras actividades fuera del
hogar hasta que decidieron trabajar. Aunque nadie se escandaliza al oír que una mujer compite con los hombres por una

posición en el mundo laboral, las 6.667.730 chilenas (50.6% de la población) tienen un largo camino por delante°.   *por...ahead*

Comprensión

1. ¿Qué equilibrio busca la mujer chilena en los años 90?
2. ¿Cuál es la estructura tradicional de la sociedad chilena?

Interpretación

¿Es semejante o distinta la situación de la mujer norteamericana?

Profesional, esposa, madre

20   El sicólogo Giorgio Agostini, sicoterapeuta especialista en adolescencia y pareja, enfatiza que su experiencia clínica le demuestra que ser mujer hoy es mucho más difícil que antes porque trabajan la misma cantidad de horas que los hombres, pero sus maridos esperan que asuman las tareas domésticas

25   y la educación de los hijos. «Si los niños tienen problemas siempre es la culpa° de la madre y nunca el se reconocen   *fault* sus méritos y esfuerzo», opina. Para las profesionales el principal costo de su carrera es el menor tiempo disponible para estar con los hijos, lo que produce en la mayoría un

30   constante sentimiento de culpa°. Cada día se enfrentan a la   *guilt* disyuntiva° de si son buenas madres al dejar a sus hijos al   *dilema* cuidado de terceros° durante todo el día. Para otras mujeres   *otras personas* no es tanto el sentimiento de culpa por no estar con sus hijos sino la duda de si están en buenas manos y si están siempre

35   atendidos como ellas lo harían.

La diputada Laura Rodríguez destaca que la mujer se siente sola frente a la montaña de tareas que debe cumplir cada día. «Nadie critica al hombre por pasar poco tiempo con la familia, porque al estar trabajando cumple con su labor

40   de proveedor material,» comenta. «La mujer hoy comparte ese rol, pero ellas no reciben ayuda con las tareas domésticas ni el cuidado de los niños», agrega.

Comprensión

1. ¿Por qué es más difícil ser mujer hoy en Chile?
2. ¿Por qué se siente culpable o sola la mujer chilena?

Interpretación

¿Es una solución perfecta dejar a los niños en una guardería (centro para el cuidado de los niños)? Explique.

Unos niños latinos juegan en una guardería.

Lo que enfrenta° la mujer   confronta

A esto se suma° el alto nivel de exigencias° que la mujer debe   se...*is added* / de-
enfrentar en el trabajo, porque muy pocas suben y las que lo   mandas
45 logran deben probar su capacidad. María Elena Ovalle, direc-
tora del Instituto de Estudios Bancarios y la primera profesional en ingresar al Banco Central, señala que la mujer debe
mostrarles a sus jefes que tiene dos veces la capacidad del
hombre para ascender. «Las exigencias de un puesto en una
50 empresa° o banco son muy difíciles porque en los períodos   compañía
que los niños están chicos se desea un horario más flexible y
la media jornada casi no existe», afirma la ejecutiva.

Una opción a la que pocas mujeres se han sumado es
la política. Patricia Matte señala que las mujeres que lo hacen
55 entregan° su responsabilidad a la tarea y la dulcifican y   traen
dignifican. «Se preocupan más del servicio que de la pelea
por los votos», subraya. Hoy hay diez mujeres en el Congreso,
tres senadoras y siete diputadas, mientras que en 1973 el
Poder Legislativo contaba con dos senadoras y 16 diputadas.

Comprensión
¿Qué tiene que probar o mostrar la mujer profesional en Chile?

Interpretación
¿Por qué cree Ud. que hay tan pocas mujeres en la política en Chile? ¿En
este país?

Contrastes

60 A las elevadas exigencias para la mujer profesional se suma el hecho que la mayoría recibe un sueldo inferior al de un hombre en igual posición. La incursión de la mujer en el trabajo también ha cambiado a la familia chilena. Hace 20 años las mujeres se casaban al salir de colegio y a los 24 años
65 sentían que las había dejado el tren°. Los estudios no eran importantes porque eran preparadas para ser madres y esposas y su formación se centraba en ser buenas dueñas de casa y anfitrionas°. Hoy se casan en promedio° a los 24 años después de terminar su carrera, pero existen numerosas
70 solteras de 30 años que no tienen interés aún en casarse. La mayoría desarrolla° una actividad remunerada y comparten en pareja las tareas domésticas. La nueva mentalidad también produjo el achicamiento de la familia.

las...se quedaban atrás

hostesses / en...on the average

hace

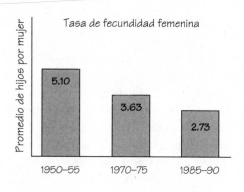

Tasa de fecundidad femenina

Promedio de hijos por mujer

5.10 — 1950–55
3.63 — 1970–75
2.73 — 1985–90

Profesionales y otras

Además, el hecho que la mujer tenga una carrera ha creado
75 una competencia entre los sexos que también se manifiesta en la pareja. La esposa dejó atrás el deber° de obediencia imperante° en los esquemas° tradicionales por un plano de igualdad, lo que aún es difícil de aceptar para muchos representantes del sexo masculino. Por ejemplo, el sicólogo
80 Agostini explica que si la mujer percibe° un sueldo más alto que el del marido se produce generalmente una grave crisis en la pareja.

Esto no ocurría antes porque aunque las mujeres fueran profesionales, estudiaban carreras como educación y enfer-
85 mería, consideradas femeninas y peor remuneradas que las «masculinas». En los últimos años las mujeres han entrado

obligación

dominante / sistemas

recibe

cada vez más fuerte en otras áreas: por ejemplo, como
ingenieros comerciales.

90   Sin embargo, el porcentaje de profesionales alcanza sólo
cerca del 15% del 1.186.300 mujeres que integran la población
económicamente activa del país. La mayoría del sexo femenino
trabaja como oficinista (16%), vendedora (15.5%) y servicios
personales (33.1%), lo que incluye en su mayoría a empleadas
domésticas, lavanderas° y peluqueras.

mujeres que lavan la
ropa

Comprensión
1. ¿Cómo ha cambiado la familia chilena?
2. ¿Qué obstáculos encuentra la mujer profesional en Chile?

Interpretación
¿Hay profesiones o trabajos «masculinos» y «femeninos»? Explique.

Los beneficios del trabajo

95   El aumento de oportunidades para la mujer y la opción de
trabajar y realizarse profesionalmente para aquellas pertene-
cientes° a los estratos socioeconómicos medio y alto se
traduce en un aumento de confianza en sí mismas.

que son miembros

Pero entre todos los cambios y beneficios que ha recibido
100   la mujer sobresale° la satisfacción de tener un mundo propio
fuera del hogar. Además, destaca la diputada Laura Rodríguez,
la mujer tiene algo más interesante que entregarles a los hijos.
Esto no sólo ocurre en Chile. De acuerdo a una encuesta del
New York Times, realizada el año pasado, la mayoría de las
105   mujeres norteamericanas cree que ha sacrificado demasiado
tiempo familiar por su carrera, pero no se arrepiente° de ello.
Las profesionales entrevistadas por *Qué Pasa* concuerdan:
existen algunos costos, pero los beneficios pesan más; especialmente el derecho a optar y escoger la forma en que desean
110   realizarse.

stands out

regret

.... Comprensión

Puntos claves
¿Mencionó el artículo los siguientes puntos? ¿Qué dijo sobre ellos? Trabajando
solo(a) o con otra persona, explique con más detalle los que se mencionaron.

1. la educación de la mujer
2. el ama de casa (la mujer que no trabaja fuera de casa)

3. la discriminación
4. la satisfacción

¿Cree Ud. que la situación de la mujer chilena es peor, mejor o igual a la de la mujer norteamericana? Explique con ejemplos específicos.

·· Expansión de vocabulario

Sinónimos

Encuentre Ud. unos sinónimos para las palabras en bastardilla. (Y si quiere ofrecer una respuesta a la pregunta, ¡ *adelante* !)

1. ¿Está tan bien *remunerada la labor* de la mujer como la del hombre?
2. ¿Todavía hay *empresas* que dan *sueldos* más altos a los hombres aunque las mujeres tienen *empleos* iguales?
3. ¿Tienen las mujeres más *deberes* que los hombres?
4. ¿Es más difícil para el hombre o para la mujer *balancear* la carrera y la familia?

No puedo verte trabajar tanto: cierra la puerta.

··· Actividades

La familia

Trabajando con otra persona o en grupos de tres o cuatro, comenten el siguiente tema, y luego compartan sus respuestas con la clase.

¿Qué es una familia? ¿padre y madre e hijos? ¿madre soltera con hijos naturales o adoptivos? ¿una pareja homosexual con hijos adoptivos o naturales? ¿(otra combinación) _____ ? ¿Qué características tiene una familia que funcione bien? ¿una que funcione mal?

Encuesta

¿Qué opina Ud. sobre la mujer de los 90? ¿sobre el hombre de los 90? ¿sobre la pareja de los 90? Después de participar en la siguiente encuesta, analice los resultados de la clase. Indique aquí si Ud. es ☐ Hombre o ☐ Mujer.

	Estoy de acuerdo	*No estoy de acuerdo*	*No estoy decidido/a*
1. La mujer que tiene hijos pequeños no debe trabajar fuera de casa.	☐	☐	☐
2. El esposo debe compartir las tareas domésticas y el cuidado de los hijos aun cuando su esposa no trabaja fuera de casa.	☐	☐	☐
3. La mujer recibe trato preferencial en el mundo laboral. Los programas de acción afirmativa deben ser eliminados.	☐	☐	☐
4. El acoso *(harassment)* sexual es un problema menor en el mundo laboral.	☐	☐	☐
5. No importa que una mujer gane más dinero que su marido.	☐	☐	☐

Al analizar los resultados de la encuesta, ¿hay una diferencia entre las respuestas de los hombres y las mujeres? ¿Cuáles son?

Mesa redonda

Lea lo que dice Sergio, un ingeniero español, casado, de 33 años. Forme una mesa redonda *(round table)* de cuatro o seis personas. Una persona puede hacer el papel de Sergio, otra el de Silvia, su esposa que no trabaja fuera del hogar. También puede haber uno o dos defensores de Sergio, y uno o dos críticos. Los demás miembros de la clase dirigen preguntas al grupo, y al final todos deciden si es un matrimonio ideal o no.

Cork

«Cuando llego a la casa depués del trabajo, Silvia inmediatamente me entrega a los niños. Desde ese momento son mi responsabilidad. Juego con ellos, los baño, les doy de cenar y los acuesto. Mientras, Silvia acaba lo que tiene pendiente, plancha la ropa, la guarda y prepara la cena para todos. Nosotros cenamos cuando los niños ya están dormidos y así podemos hablar, contarnos lo del día. Después de recoger la cocina descansamos los dos. En mi casa no hay eso de que yo tenga que descansar porque trabajo. Ella también trabaja mucho y debe descansar tanto como yo.»

En su opinión, ¿cómo será la relación entre Sergio y Silvia? ¿entre Sergio y sus hijos? ¿entre Silvia y sus hijos? ¿Cree Ud. que es un matrimonio modelo? ¿Por qué?

*El varón domado**

De la felicidad de los esclavos†

Esther Vilar

Anticipación

Esta historia, que trata de cómo la mujer sabe manipular al varón (hombre) en ciertas situaciones, es de *El varón domado*, un «best-seller» en toda América Latina, que presenta una fuerte defensa de los derechos del hombre. Quizás Ud. imagina que el autor sea un hombre muy «machista», pero no, es una mujer argentina que cree que las verdaderas víctimas de la sociedad moderna no son las mujeres, sino los hombres.

Vocabulario: Una presentación gráfica de la situación

Estudie el vocabulario y haga el ejercicio antes de leer el cuento.

una avería y su causa
la camioneta
la caja de herramientas
la rueda (llanta) pinchada
el gato

---

* dominado

† *slaves*

Cuando uno tiene una rueda pinchada, es casi imposible **conducir (manejar)** el coche, aunque se puede **arrancar (poner en marcha)** el motor. Es mejor **frenar** *(to brake)* y **detenerse** *(to stop)*.

Del vocabulario anterior, escoja un sinónimo para las palabras en bastardilla.

Normalmente es un placer *manejar*, pero cuando el coche sufre una serie de averías o se resiste a *ponerse en marcha*, entonces es una pesadilla *(nightmare)* para el conductor no preparado. Muchos conductores, por ejemplo, no saben qué hacer cuando se les presenta el problema de una llanta *desinflada*. No tienen la menor idea de cómo usar el *aparato para levantar el coche*, ni traen *instrumentos* en una caja, ni siquiera han puesto suficiente aire en la *rueda* de reserva. Desgraciadamente, tienen que esperar hasta que *pare* otro conductor mejor preparado o que venga la policía. ¿Cuál es Ud.—un(a) conductor(a) bien o mal preparado(a)?

Estrategia: El título y otros materiales como puntos de partida

Antes de leer la selección, mire rápidamente el título, el subtítulo, la ilustración y el primer párrafo; luego, conteste estas preguntas:

1. ¿Qué problema tiene el coche de la mujer?
   a. No tiene gasolina   b. Tiene una llanta pinchada   c. No arranca
2. ¿Qué hace la mujer para resolver su problema?
   a. Mira con aire de desamparo los coches que pasan
   b. Busca el gato
   c. Llama a una estación de servicio
3. ¿Quién la ayuda?
   a. el conductor de un autobús   b. un caballero   c. un mecánico
4. ¿Qué hace el hombre?
   a. Le recomienda una estación de servicio
   b. Le ofrece su gato
   c. Le cambia la llanta

¿Cómo cree Ud. que se siente la mujer en esta situación? ¿Y el hombre? Lea la selección para ver cómo la autora usa este problema para mostrar que los hombres son dominados por las mujeres.

El *MG* amarillo limón se inclina y da bandazos.° La mujer— joven—que lo conduce lo frena, baja de él y descubre que la rueda delantera° izquierda está en el suelo.° No pierde un instante en tomar medidas° para la reparación de la llanta: 5 inmediatamente lanza° miradas a los coches que pasan. No tarda en detenerse una camioneta, al percibir su conductor esa señal de desamparo° femenino (*«débil mujer abandonada por la técnica masculina»*). El conductor nota al instante lo que hay que hacer. «En seguida estará»,° dice consoladora-

se... tilts to one side and lurches along
front / ground
measures
she casts
helplessness
*«En...*It'll be fixed right up*

10   mente,° y pide a la mujer que le dé el gato. No le pregunta   comfortingly
siquiera si ella misma sería capaz de cambiar la rueda: ya
sabe que no lo es. Ella no encuentra gato alguno en su *MG*,
razón por la cual el hombre va por el suyo. Le bastan° cinco   son suficientes
minutos para resolver el problema. Ahora tiene las manos
15   manchadas de grasa.° La mujer le ofrece un pañuelito delicado   manchadas..*soiled*
que él rechaza° cortésmente. Siempre tiene a mano en la caja   *with grease*
                                                                      no acepta / *rag*
de herramientas un trapo° y gasolina, precisamente para
casos así. Ella le da las gracias exuberantemente y pide perdón
por su torpeza° «típicamente femenina». Si él no hubiera   ignorancia, inhabi-
20   pasado por allí—declara—se habría tenido que quedar proba-   lidad
blemente hasta la noche. Él no contesta, sino que le cierra
con delicadeza la puerta y le aconseja° que cambie pronto la   da la sugestión
rueda pinchada. Ella contesta que lo hará aquel mismo día
en la estación de servicio a la que acostumbra ir. Y arranca.
25   ir. Y arranca.

     El hombre ordena las herramientas en la caja y se vuelve
hacia la camioneta, lamentando no poder lavarse las manos.
Tampoco lleva tan limpios los zapatos, pues para cambiar la
rueda ha tenido que chapotear° en una zona de barro;° y su   *splash about* / *mud*
30   trabajo—es representante—requiere zapatos limpios. Tendrá
que darse prisa si quiere alcanzar° al cliente que sigue en   llegar a ver
su lista. Pone el motor en marcha. «Estas mujeres—va
pensando—no se sabe nunca cuál es la más tonta»; y se
pregunta qué habría hecho aquélla si él no hubiera pasado
35   por allí. Acelera imprudentemente con objeto de recuperar el
retraso° que lleva. Al cabo de un rato empieza a tararear°   delay / *hum*
algo en voz baja. Se siente feliz de alguna manera.

     La mayoría de los hombres se habría portado° de ese   behaved
modo en la misma situación; y también la mayoría de las
40   mujeres: sobre la sencilla base de que el hombre es hombre
y ella es algo enteramente distinto, la mujer hace sin el menor

escrúpulo que el varón trabaje para ella siempre que se
presenta la ocasión. La mujer de nuestro incidente no habría
podido hacer más de lo que hizo, esperar la ayuda de un

45 hombre; porque lo único que ha aprendido a propósito de
averías automovilísticas es que hay que cargar° la reparación   poner la responsabili-
a un hombre. En cambio, el hombre de nuestra historieta,   dad de
que soluciona velozmente el problema de una persona desco-
nocida, se ensucia el traje, pone en peligro la conclusión de

50 su trabajo del día y, al final, se pone en peligro incluso él
mismo por la necesidad de acelerar exageradamente. ¿Y por
qué se va la mujer a ocupar de reparaciones si la mitad° del   cincuenta por ciento
género humano—los varones—lo sabe hacer tan bien y está
tan deseosa de poner sus capacidades a disposición de la

55 otra mitad?

Las mujeres hacen que los varones trabajen para ellas,
piensen por ellas, carguen en su lugar con todas las responsabilidades. Las mujeres explotan° a los hombres. Y, sin embargo,   *exploit*
los varones son robustos, inteligentes, imaginativos, mientras

60 que las mujeres son débiles, tontas y carecen de° fantasía.   carecen...no tienen
¿Cómo es que, a pesar de ello, son las mujeres las que explotan
a los hombres, y no lo contrario?

¿Será, tal vez, que la fuerza, la inteligencia y la imaginación
no son en absoluto condiciones del poder, sino de la sumisión?

65 ¿Que el mundo esté gobernado por los seres que no sirven
más que para dominar, o sea, por las mujeres? Mas, ¿cómo
consiguen° las mujeres que sus víctimas no se sientan humilla-   *manage*
das y engañadas,° sino como dueños,° como «señores»?   *deceived* / jefes
¿Cómo consiguen las mujeres inspirar a los varones ese

70 sentimiento de felicidad que experimentan° cuando trabajan   sienten
para ellas?

¿Cómo no se desenmascara° nunca a las mujeres?   *unmask, expose*

Comprensión

1. ¿Cuál es la primera reacción de la mujer al descubrir la rueda pinchada de
su coche? Pregúnteles a las mujeres de su clase cómo reaccionarían ellas
en la misma situación.
2. ¿Cómo reacciona el hombre al ver a la mujer y su coche? Pregúnteles a los
hombres de su clase cómo reaccionarían ellos en la misma situación.
3. ¿Qué consecuencias negativas sufre el hombre por haber ayudado a la
mujer? Pero, ¿cómo se siente mentalmente? ¿Cree Ud. que él es un caballero
o un tonto? Explique.
4. En el último párrafo, la autora hace varias preguntas. ¿Cómo contestaría Ud.
las siguientes, después de leer la selección?
   a. ¿Cómo consiguen las mujeres que sus víctimas no se sientan humilladas
   y engañadas, sino como dueños, como «señores»?

b. ¿Cómo consiguen las mujeres inspirar a los varones ese sentimiento de felicidad que experimentan cuando trabajan para ellas?
5. ¿Qué piensa Ud. de este artículo?

Discusión

1. En grupos pequeños decidan cómo debe reaccionar el hombre moderno en las siguientes situaciones. Luego compartan sus respuestas con la clase.
   a. Él ha salido a cenar en un restaurante con una mujer. Llega la cuenta.
   b. Una mujer que no le interesa le invita a salir.
   c. Llega a la puerta cerrada de un edificio al mismo tiempo que una mujer.
   d. ¿ _____ ?
2. El escritor Robert Bly y otros hombres proponen un nuevo movimiento de liberación masculina en que se reconozca la importancia del padre en la formación del hombre joven. ¿Cómo puede un padre participar en la crianza de su hijo? Si Ud. fuera padre, ¿le enseñaría a su hijo los valores masculinos «tradicionales» o haría algunos cambios? Explique.

Actividades

Asociaciones

¿Cuáles de los siguientes adjetivos asocia Ud. generalmente con las mujeres? ¿Y cuáles asocia con los hombres? ¿Cuáles ejemplifican el hombre y la mujer de *El varón domado?* ¿Por qué? Haga dos listas, una para las mujeres y otra para los hombres y compare sus listas con las de otra persona.

1. desamparado(a) *(helpless)*
2. robusto(a)
3. torpe (incapaz)
4. silencioso(a)
5. ordenado(a)
6. capaz
7. explotador(a)
8. manipulador(a)
9. sumiso(a) (obediente)
10. fuerte
11. delicado(a)
12. trabajador(a)
13. tonto(a)
14. débil
15. domado(a)

Juego imaginativo: Un viaje en coche

Vamos a imaginar que varias personas están viajando por la carretera, cuando ven a la mujer con su MG descompuesto y se detienen para ver lo que pasa. ¿Qué dirían? ¿Qué harían? Con otro(a) estudiante escoja una de las siguientes identidades y crea un diálogo entre esta persona y la mujer para presentar a la clase.

1. un machista
2. un hombre «liberado»
3. una feminista
4. otra mujer «típicamente femenina»
5. Ud.

Mesa redonda o Composición

Piense en los programas de televisión que Ud. mira, como las comedias y las telenovelas. ¿Cómo se representa al hombre típico en ellos? Dé ejemplos y descríbalos. ¿Cree Ud. que es una representación auténtica? ¿Qué o cómo contribuyen a nuestro concepto de los papeles de la mujer y el hombre?

Underwood

*Enrique Jaramillo Levi**

Anticipación

Estrategia: Buscando pistas (clues)

Como ya se sabe, a veces mirando el título se puede anticipar el contenido de una selección. ¿Qué será «Underwood»? Pues, «Underwood» era antes a la máquina de escribir lo que hoy es Apple a la computadora. Entonces, ya sabemos que una máquina de escribir figura en este cuento. Y, si Ud. da una mirada rápida a esta selección, verá que contiene un mensaje muy breve en el segundo párrafo. Léalo, y luego use su imaginación para contestar estas preguntas. ¿Cuántas personas figuran en el cuento? ¿Cuál es su relación? ¿Qué cree Ud. que será el tema del cuento?

Vocabulario: Sinónimos en contexto

Estudie la lista, y luego prepare el ejercicio que sigue.

amar	querer
angustiado (a)	en un estado nervioso o preocupado
la hoja	una página, un papel para escribir
el (la) mentiroso(a)	la persona que dice mentiras *(falsedades)*
sonriente	con una sonrisa
teclear	escribir a máquina
la vergüenza	humillación, deshonor
volver a +	hacer algo otra vez, de nuevo
infinitivo	

Recuente la siguiente historia sustituyendo las palabras en bastardilla por sinónimos.

María Luisa tiene un empleo fascinante. Escribe guiones para las telenovelas, guiones de dramas emocionantes. Todos los días ella pone *un papel* en su máquina de escribir y *teclea* furiosamente de niños *con grandes sonrisas*, de mujeres *nerviosas y preocupadas*, de hombres que traen *humillación* a su familia, de amantes que *se quieren*, de gente honrada y de *los que dicen mentiras*. Las historias se repiten día tras día. Mañana María Luisa *escribirá otra vez* un drama con los mismos personajes.

Ahora lea el cuento para ver cómo estas palabras y una máquina de escribir figuran en una historia de amor.

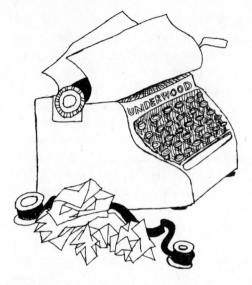

La carta había demorado° en llegar. La tenía ahora frente a los ojos, desdoblada°, convulsa entre sus dedos. No lograba iniciar la lectura. Las letras se desdibujaban° fundiéndose° unas con otras como si el llanto° las hubiese escurrido°. Pero

5 no lloraba. Hacía mucho tiempo que no se daba esa satisfacción. En cambio vacilaba°, temoroso de la respuesta que había guardado° en secreto durante lo que ya parecía una vida. Se concentró, haciendo un esfuerzo enorme, y las letras fueron recuperando sus pequeñas estaturas, la separación breve y

10 nítida° que caracterizaba a la Underwood portátil que él mismo le había comprado poco después de la boda.

Todo el contenido podía resumirse en la última línea:

TE AMO AÚN°. LLEGO EL VIERNES.

Arrugó° la hoja. Casi en seguida volvió a estirarla°. Sus

15 ojos recorrieron ávidos las disculpas, los ruegos°, el esbozo° de planes que habrían de realizar juntos. Ella había tenido la culpa de todo, aseguraba. Pero no volvería a ocurrir. Y luego venía la reafirmación de lo que él había rogado° todas las noches. Y el anuncio escueto° de su llegada. Al buscar la hora

20 en su reloj, notó sorprendido que ya era viernes. Corrió hasta el auto anticipando el abrazo, sintiendo contra su cuerpo el arrepentimiento° de ella, su vergüenza. Amanecía°.

Esperó largas horas en la estación. Sus ideas se perdían en las más enmarañadas° conjeturas. Recordó de pronto que

25 no sabía a qué hora llegaría. Ni cómo viajaría hasta él. Hasta podía llegar en avión, nada tendría de° raro. Entonces, ¿por qué estaba él en la estación, esperando quién sabe qué autobús? Sin darse cuenta manejó hasta allí, guiado quizá por

---

tardado mucho tiempo / *unfolded*

se...blurred / uniéndose

lloro, lágrimas / *dripped on*

he hesitated

retenido

limpia

todavía

He crumpled / smooth it out

peticiones / *outline*

pedido con fervor

conciso

regret / Rompía el día

confusas

nada...no sería

la forma que había tomado tantas veces aquel sueño. Siempre
30 la miraba bajar sonriente, buscándolo con la vista, hasta que
lo veía de pie junto a° la columna que ahora sostenía su peso.   junto...al lado de
Se dijo, angustiado, que era un imbécil.

Por suerte traía la carta. La desdobló presuroso°. No   rápido
había ningún indicio de cómo se transportaría hasta la ciudad.
35 Pasaron los minutos y la incertidumbre se iba espesando° en   se...was thickening
sus jadeos.° ¿Cómo no se le ocurrió explicar claramente la   respiraciones sofo-
hora y el lugar de su arribo? No había cambiado. Sigue siendo   cantes
tan irresponsable como siempre. Tendrá que tomar un taxi
hasta la casa porque él no puede hacer nada más. Allá la
40 esperaría.

La noche se hizo densa y angustiosa. De nada le sirvió°   De...Era inútil
leer durante el día las revistas que lo rodeaban. Tampoco se
distrajo escuchando la radio ni saliendo al balcón a cada rato.
Pronto serían las doce y entonces la llegada del sábado se
45 encargaría° de probar° otra vez lo que él siempre sospechó: se...trataría / demos-
era una mentirosa, la más cruel de las farsantes°.   trar con convic-
                                                          ción / mentirosas
A la una de la mañana confirmó que ya nunca más le
creería una sola palabra. Aunque llegaran mil cartas pidiéndole
perdón o volviera a escuchar su voz suplicante por teléfono.
50 Caminó hasta la pequeña Underwood, insertó un papel, tecleó
a prisa. Las letras salían débiles, destintadas°. Cambió la   faint
cinta°. Escribió: ribbon

Querido Ramiro:
Tienes que perdonarme. Perdí el avión el viernes. Iré
55 *la próxima semana, sin falta°. Ya te avisaré. Te amo.*   fail
Debes creerme...

Comprensión

Recapitulación de la historia
Para resumir la historia, complete las oraciones con sus propias palabras.

1. Ramiro había esperado ansiosamente la carta _____.
2. Él y su esposa habían tenido dificultades en su matrimonio y ella _____.
3. Según la carta, su esposa admite _____.
4. Al recibir la carta, Ramiro fue a la estación de autobús para _____.
5. Ramiro cree que ella no llegó porque _____.
6. Él vuelve a su casa y _____.
7. Pero ella _____.
8. Las dos cartas en el cuento fueron escritas por _____.

.... Actividades

Su opinión

1. ¿Cómo imagina Ud. la relación entre Ramiro y su esposa?
2. Y Ud., ¿qué opina? ¿Por qué habrá escrito Ramiro las cartas?
3. ¿Qué recomienda Ud. que él haga ahora?
4. ¿Es posible que no exista la esposa? Explique.
5. ¿Existen hombres o mujeres como Ramiro? ¿Puede Ud. pensar en algunos ejemplos de películas, libros o la vida real?

 ### *Juego imaginativo: ¡Somos autores!*

Por lo que *no* dice, este cuento deja mucho a la imaginación. Entonces, Uds. también pueden ser autores, creando las partes del cuento que faltan. La clase se dividirá en tres grupos. Cada grupo escogerá uno de los siguientes temas (u otro de su propia creación) y preparará algo para compartir con la clase.

1. Ramiro, el protagonista de este cuento, nos dice mucho sobre su mujer. Según él, ella tiene la culpa de todo, volverá arrepentida, estará contenta de estar otra vez con él porque todavía lo ama, tendrá vergüenza por lo que ha hecho y siempre ha sido una mentirosa. Pero nunca tenemos la perspectiva de ella. ¿Qué diría ella de Ramiro?
2. Es obvio que la esposa de Ramiro lo dejó porque algo había ocurrido o porque había problemas en la relación. ¿Qué habría pasado antes de que comenzara la historia? Invente un párrafo para dar un fondo *(background)*.
3. Cuando termina la historia, Ramiro está escribiendo otra carta. ¿Pero qué le pasa a él después? ¿Repite lo que había hecho antes? ¿Escribe más cartas? Invente un párrafo para terminar el cuento.

·· Composición

Escriba Ud. sus ideas sobre la siguiente pregunta, usando el *Vocabulario auxiliar,* si quiere:

¿Qué tiene que hacer una pareja para que su matrimonio o relación sea feliz y duradera *(lasting)*?

Vocabulario auxiliar

cambiar	*to change*	**la falta de**	*lack of*
la carrera	*career*	**comunicación**	*communication*
casarse	*to get married*	**la fidelidad (adj.**	*faithfulness (adj.*
comprometerse	*to commit*	**fiel)**	*faithful)*
(s. el	*oneself* (n.	**las presiones**	*pressures*
compromiso)	*commitment)*	**las prioridades**	*priorities*
las cualidades	*qualities*	**tolerar (s. la**	*to tolerate*
el egoísmo (adj.	*selfishness* (adj.	**tolerancia)**	
egoísta)	*selfish)*	**los valores**	*values*
esperar (s. la	*to expect; hope*		
esperanza)	(n. *expectation;*		
	hope)		

—*Siempre juntos, hasta que el matrimonio nos separe.*

Vocabulario y actitudes

Aventuras e historias verdes

Es interesante notar que muchas de las palabras inglesas que se refieren al sexo se derivan de términos relacionados con los negocios, las leyes o la suciedad, mientras que esto no ocurre tanto en español. Los amores entre dos personas
5   no casadas se llaman *an affair* en inglés, en español, «una aventura». El niño nacido como resultado de estos amores fuera del matrimonio es *an illegitimate child* en inglés, «un hijo natural» en español.

    Dirty words son «palabrotas» (palabras grandes y feas). *Dirty jokes y dirty*

books son «historias verdes», «libros verdes». *A dirty old man* se traduce como
10 «un viejo verde» en castellano.

En fin, los españoles relacionan el sexo con el color verde (simbólico de la
vida, la naturaleza y la esperanza), con el gozo, con lo natural. Los anglosajones
relacionan el sexo con los negocios, lo jurídico, lo sucio. ¿Es posible que la
tendencia anglosajona sea un reflejo de cierto puritanismo o represión sexual
15 que no está presente en la historia española?

·· **Preguntas**

1. ¿De dónde se derivan muchas palabras inglesas que se refieren al sexo?
   ¿Cómo explica Ud. esto?
2. ¿Cómo se dice *an affair* en español? ¿Cuál de estos dos términos prefiere
   Ud.? ¿Por qué?
3. ¿Con qué color se relaciona el sexo en español? ¿Qué simboliza ese color?

Chiste

—Gracias por su invitación a la fiesta, señor, pero me temo que mi esposa
no podrá asistir porque tiene un niño de días.
—No importa, hombre; que venga Díaz también.

Las diversas caras del amor

Anticipación

Una de las preguntas que ha existido a través de la historia es:
¿Qué es el amor? ¿Es obsesión? ¿pasión? ¿posesión? ¿armonía?
¿celosía°? ¿miedo? ¿desilusión? ¿belleza? ¿tristeza?   *jealousy*
¿adoración? ¿la unión de dos almas°? ¿alegría? O, ¿sigue   *souls*
siendo uno de los grandes misterios de la vida? Sin duda la
poesía es la máxima expresión de las diversas caras de este
sentimiento. Leamos algunas expresiones poéticas de este
fascinante fenómeno.

Estrategia: Predicción

Los poemas que siguen fueron escritos por tres hombres y tres mujeres.
¿Cree Ud. que hay diferencias esenciales entre la visión femenina y la
masculina del amor? Trabajando solo(a) o con otra persona, escriba Ud.
aquí, según su opinión, lo que quieren las mujeres y los hombres del amor:

Las mujeres quieren _____

Los hombres quieren _____

Compare sus respuestas con las de otros estudiantes. ¿Cuántas personas
opinan que las mujeres y los hombres quieren exactamente lo mismo? _____
Ahora, mientras lee los poemas, verifique si el poeta o la poetisa ha
expresado los deseos o esperanzas que Ud. ha anticipado.

RIMA XXIII

Gustavo Adolfo Bécquer*

Por una mirada, un mundo:
por una sonrisa, un cielo;
por un beso...¡yo no sé
qué te diera por un beso!

·· Comprensión

1. En sus propias palabras, ¿qué emociones expresa el poeta hacia la mujer?
2. ¿Cree Ud. que es una visión idealista o realista del amor? Explique.

El amor y el deseo

Judith Guzmán Vea†

5   El amor y el deseo,
son sentimientos hermanos
que no van siempre de la mano,
y causan confusión al humano.
El deseo es una flama,
10   que arrasa° todo a su paso,   arruina, aplasta
obstinado y caprichoso°,   sin razón o lógica
cree que muy dentro ama...

---

* Gustavo Adolfo Bécquer (1836–1870), el más famoso de los poetas románticos de España. En sus *Rimas* evoca con fina sensibilidad el mundo íntimo del hombre, sus amores, sus sueños y su búsqueda del ideal.

† Judith Guzmán Vea, escritora contemporánea que nació en Guadalajara, México. Su afición por la poesía empezó a una edad temprana, pues escribió su primer verso a la edad de diez años.

El amor, que nace dentro,
es apacible° y hermoso,   tranquilo
15   tiene paciencia y su gozo
es hacer feliz al amado...
Cuando estos dos se conjugan,
se oyen sonidos divinos,
y se amalgama el destino
20   de dos almas en una sola.

Comprensión

1. ¿Cómo se diferencian el amor y el deseo, según la poetisa?
2. ¿Por qué cree Ud. que estos dos sentimientos « causan confusión al humano »?
3. ¿Es posible una verdadera relación amorosa entre dos personas con sólo uno de estos sentimientos? Explique.

Viceversa

*Mario Benedetti**

Tengo miedo de verte
necesidad de verte
esperanza de verte
desazones° de verte   ansiedades

25 tengo ganas de hallarte°   encontrarte
preocupación de hallarte
certidumbre° de hallarte   *certainty*
pobres dudas de hallarte

tengo urgencia de oírte
30 alegría de oírte
buena suerte de oírte
y temores de oírte

o sea
resumiendo
35 estoy jodido°   arruinado (expresión
        y radiante   vulgar en algunos
quizá más lo primero   países)
que lo segundo
y también
40   viceversa.

* Mario Benedetti, que nació en el Uruguay en 1920, es uno de los más destacados escritores de
nuestra época. No sólo es poeta, sino también novelista, dramaturgo, ensayista y cuentista.

·· **Comprensión**

1. En cada estrofa *(stanza)* el poeta usa palabras de contraste. Identifíquelas y explique el contraste.
2. ¿Cómo explica estas palabras el título (y el último verso)?
45   3. En su opinión, ¿son palabras que describen el amor? ¿Por qué?

Casi el amor

Magaly Sánchez*

Esto sucede° a veces: unos ojos un perfil°	ocurre / *profile*
alguien a quien no conocemos que sólo vimos una vez	
50 o que vemos de tarde en tarde°.	de...ocasionalmente
Alguien que nos presentaron y fue sólo eso:	
un apretón de manos°	apretón...*handshake*
unas palabras apresuradas°.	rápidas
Pero alguien que se nos metió adentro°	se...nos afectó profundamente
55 y ya no podemos ver ese rostro° sin palidecer°	cara / ponernos pálidos
sin que nos tiemblen las manos	
y es casi el amor.	

·· **Comprensión**

1. «...es casi el amor.» ¿Cómo entiende Ud. la palabra «casi» en este contexto? ¿Será una fascinación? ¿una obsesión? ¿un amor indeciso?
2. ¿Ha tenido Ud. una experiencia semejante? ¿Cómo resultó?

---

* Magaly Sánchez (n. 1940) es poetisa y cuentista cubana. De joven participó en la Revolución Cubana, cuyos ideales todavía defiende. Su poesía se caracteriza por un lenguaje sencillo y una gran variedad temática.

Vienes a mí...

*Enrique González Martínez**

Vienes a mí, te acercas y te anuncias
con tan leve rumor°, que mi reposo°   ruido, sonido / calma
60 no turbas°, y es un canto° milagroso   perturbas / canción
cada una de las frases que pronuncias.

Vienes a mí, no tiemblas, no vacilas°,   *hesitate*
y hay al mirarnos atracción tan fuerte,
que lo olvidamos todo, vida y muerte,
65 suspensos en la luz de tus pupilas.

Y mi vida penetras y te siento
tan cerca de mi propio pensamiento
y hay en la posesión tan honda° calma,   profunda

que interrogo al misterio en que me abismo°   *plunge*
70 si somos dos reflejos de un ser mismo,
la doble encarnación de una sola alma.

··· Comprensión

1. ¿De qué tipo de amor escribe el poeta?
2. ¿Cuál es el « misterio » al que el poeta se refiere?
3. ¿Cree Ud. que es un amor idealizado o real? Explique.

* Enrique González Martínez (1871–1952), poeta mexicano.

Ya no

Idea Vilariño*

65 Ya no será
    ya no
    no viviremos juntos
    no criaré° a tu hijo   *no...I will not raise*
    no coseré° tu ropa   *no...I will not sew*
70 no te tendré de noche
    no te besaré al irme.
    Nunca sabrás quién fui
    por qué me amaron otros.
    No llegaré a saber por qué ni cómo nunca
75 ni si era de verdad
    lo que dijiste que era
    ni quién fuiste
    ni qué fui para ti
    ni cómo hubiera sido
80 vivir juntos
    querernos
    esperarnos
    estar.
    Ya no soy más que yo
85 para siempre y tú ya
    no serás para mí
    más que tú. Ya no estás
    en un día futuro
    no sabré dónde vives
90 con quién
    ni si te acuerdas.
    No me abrazarás nunca
    como esa noche
    nunca.
95 No volveré a tocarte.
    No te veré morir.

·· **Comprensión**

1. ¿Qué es lo que perderá la poetisa?
2. ¿Cree Ud. que el amante del poema se fue o que la amante lo abandonó? Explique.
3. ¿Qué visión del amor presenta el poema?
4. ¿Cómo se siente Ud. después de leer este poema? ¿Por qué?

---

* Idea Vilariño (n. 1920), poetisa uruguaya que ha escrito ocho libros de poemas. Escribe con sencillez y emoción sobre lo efímero de esta vida con sus placeres pasajeros, incluso el amor.

··· Actividades generales

 Sus ideas sobre el amor

Con otra persona, comente las siguiente preguntas, luego comparta sus respuestas con la clase.

1. ¿Cuál de los poemas le gustó más? ¿Y cuál le gustó menos? ¿Por qué?
2. Para Ud., ¿qué es el amor? ¿Hay distintas clases de amor? Explique.

Tema de conversación

¿Cree que es posible el amor romántico hoy día? ¿Es algo positivo? ¿Qué imágenes del amor presentan los videos, poemas y canciones populares?

 Re-creación

Con otra persona o en grupos pequeños, escoja uno de los poemas para hacer una presentación a la clase. Algunas sugerencias:

1. hacer una dramatización o lectura dramática del poema
2. preparar un comentario o interpretación del poema
3. escribir otro poema imitando el estilo o tema del poema original
4. hacer un dibujo original para ilustrar el poema

Estoy enamorada de otro, pero eso no cambia las cosas... Tú puedes seguir saliendo conmigo y haciéndome regalos como antes.

·· Composición

Escriba un poema sobre cualquier aspecto del amor o de la persona amada. Puede inventar su propia forma o seguir la forma a continuación.

Un poema de cinco versos

Verso #1 Presenta el sujeto o tema en una palabra (normalmente un sustantivo)

Verso #2 Describe al sujeto en dos palabras (generalmente sustantivo + adjetivo, o dos adjetivos)

Verso #3 Describe una acción del sujeto en tres palabras (generalmente tres verbos—infinitivos, participios, etc., o una oración de tres palabras)

Verso #4 Expresa una emoción sobre el sujeto en cuatro palabras

Verso #5 Repite el sujeto con otra palabra que refleja lo que ya se ha dicho (generalmente un sustantivo)

Ejemplos	*Corazón*	*Novio*
	Lugar caprichoso	*Muy valiente*
	Abres, cierras, abres...	*Defendiendo, protestando, amando*
	Tus acciones me fascinan	*Yo te respeto profundamente*
	Misterio	*Luchador*

*El machismo en México**

Salvador Reyes Nevares

Anticipación

Todo el mundo ha oído mencionar el *machismo.* Para Ud., ¿qué representa? ¿Cómo afecta las relaciones entre los hombres y las mujeres? ¿Cuál es su causa?

Para muchos sociólogos y psicólogos el machismo no es sólo una actitud sexista del hombre hacia la mujer, sino que representa toda una filosofía de vida. En el siguiente artículo, un escritor mexicano analiza el machismo en su país. Presenta las ideas del famoso poeta y ensayista mexicano, Octavio Paz (Premio Nóbel, 1990), quien cree que el machismo mexicano tiene sus orígenes en la historia, específicamente en la Conquista de México por los españoles en el siglo XVI. Según él, ciertas figuras históricas son símbolos que han formado la psicología nacional. Para los mexicanos, la Conquista fue una violación, tanto de su tierra como de sus mujeres. El símbolo de esta violación es una mujer, La Malinche, la amante indígena (india) del jefe español, Hernán Cortés, que luego de ayudarlo, fue abandonada por él. La contraparte de ella es Cuauhtémoc, el joven y heróico emperador azteca que prefirió morir torturado, antes de cooperar con los españoles.

---

* De *Mundo Nuevo*, revista argentina publicada en París.

Ahora, verifique su comprensión de los datos históricos con el siguiente ejercicio.

1. Según Octavio Paz, el machismo mexicano tiene sus orígenes en:
   a. la sociología de siglos pasados.
   b. la Conquista de México por los españoles.
   c. las dificultades entre La Malinche y Cuauhtémoc.
2. La indígena La Malinche:
   a. cooperó con los españoles.
   b. era amante de Cuauhtémoc.
   c. se quedó con el español Hernán Cortés toda su vida.

Estrategia: Búsqueda de información

Trabajando solo(a) o con otra persona, busque Ud., en las dos primeras subdivisiones del ensayo, la información necesaria para hacer el ejercicio. ¡Cuidado! Algunas de las frases piden información que *no está presente*. Escriba **F** (falso), **V** (verdadero) o **NP** (no presente). Los dos primeros sirven de modelo. Los primeros en terminar ganan el premio.

_F_   1. El machismo existe solamente en México.

_NP_ 2. El machista prefiere tomar cerveza cuando bebe alcohol.

_____ 3. Un machista es un hombre con gran capacidad sexual e intelectual.

_____ 4. El machista tiene la necesidad de autoafirmarse delante de otros hombres y con la mujer.

_____ 5. El deporte preferido del machista es el fútbol.

_____ 6. El machista no duda de sí mismo.

_____ 7. La historia de México refleja la combinación de españoles e indígenas.

_____ 8. El factor indígena representa la actividad o agresividad durante la Conquista.

_____ 9. El machismo está formado de amor, vergüenza y rabia.

_____ 10. El machismo es más prevalente hoy que en el pasado.

Ahora lea para aprender más sobre el machismo mexicano y para ver cómo la historia puede influir en la psicología.

El machismo es una característica de ciertos mexicanos. No vale para definir a toda la población del país. Por otra parte, esta singular obsesión no es privativa° de México. Puede sospecharse que ciertos españoles o griegos, o franceses o italianos están poseídos de ella°.

exclusiva

poseídos...bajo su influencia

¿Qué es el machismo? ¿Cómo es el individuo contami-
nado de machismo?

El machista es un hombre que se da importancia, pero
no de cualquier modo: su importancia proviene° de su   viene
10 poderío° sexual. Puede conceder que intelectualmente no   fuerza
descuella gran cosa°, puede estar de acuerdo en que no tiene   descuella...se distin-
una habilidad en el trabajo, en que es mediocre para todo,   gue mucho
menos en su papel de macho.°
                                                              varón, hombre
El machista es muy hombre con las mujeres, pero
15 también es muy hombre a la hora de ingerir° licores y en el   beber
momento de la pelea. La borrachera° del varón despierta en   estado que resulta de
las mujeres reacciones: las aterroriza, las escandaliza, las   tomar mucho al-
enfada°. Lo que hay en el fondo de la conducta machista es   cohol
una frase: «Para que vean que no me importa lo que ella   molesta, irrita
20 quiera. Yo hago lo que me da la gana°. Hay un propósito°   me...deseo hacer
obsesivo de probar que se es libre respecto a la mujer y que   intención
ésta se encuentra absolutamente sometida°.   dominada

El machista pretende autoafirmarse°. ¿Delante de quién?   confirmarse
Delante de sus prójimos° que lo contemplan. ¿Respecto a   compañeros
25 quién? Respecto a una mujer.

Ahora bien, ¿cuál es el tipo de reacción que se establece
entre el hombre y la mujer, para que aquél se convierta en
un machista? Por debajo de las autoafirmaciones es fácil
distinguir una radical conciencia de debilidad. Ese hombre
30 que bebe para demostrar que es muy macho y que hace lo
que le da la gana, en realidad tiene serias dudas. Sospecha

que es débil y que está a merced° de la mujer. El machista   a...*at the mercy*
se percata° de esa realidad pero no quiere confesarse a sí   se...*está consciente*
mismo que se ha percatado. Él es el fuerte. Es el macho,
35   el jefe, el que manda. Y entonces monta su rudimentario
mecanismo de prueba: hace lo que a la mujer no le gusta que
haga.

El machista puede tener muy mal gusto, pero logra° lo   *obtiene*
que se propone: la derrota° lacrimosa° de la hembra. Se   *defeat / tearful*
40   consuma con esa derrota, una especie de venganza° oscura.   *vengeance*
Voy a explicarme con más rigor.

El papel femenino

La historia de México se inicia con un acto de fecundación.*
La cultura occidental° fue el elemento activo y predominante.   *del oeste*
De la conjunción de indígenas y españoles surgió° un nuevo   *nació*
45   pueblo°. Lo curioso del caso es que nosotros en México   *gente*
hemos elegido a uno de los troncos° de nuestra ascendencia°   *branches / ancestry*
para atribuirle nuestro cariño y nuestro respeto. Nos hemos
declarado indígenas. Lo español aparece como intruso°.   *intruder*
Experimentamos° rencor hacia lo ibérico°; pero lo ibérico   *Sentimos / español*
50   reside también en nosotros.

Debemos insistir en la pasividad del factor indígena
durante la Conquista y en la actividad del ingrediente europeo.
Lo indígena hace la parte femenina en aquel trance° de   *momento crítico*
fecundación, y la parte masculina le corresponde al intruso.
55   ¿Qué es lo que deriva de esta escena inicial de nuestra
historia?

El mexicano siente un temor enfermizo, violento por
todo lo que pueda mancillar° la integridad de sus mujeres: *deshonrar*
su madre, su esposa, su hermana, su hija. Por otra parte, el
60   mexicano se ve compelido a probar su masculinidad, para no
asociarse con la parte femenina de la Conquista.

«...la Conquista – dice Octavio Paz — fue también una
violación°, no solamente en el sentido histórico, sino en la   *rape*
carne misma° de las indias». El mexicano no quiere participar   carne...*very flesh*
65   de cerca en más episodios de esa clase. Si en general para los
pueblos mediterráneos la modestia femenina tiene tan alto
valor, en México esa modestia llega a constituirse en centro
de la vida del hombre.

La Malinche «es el símbolo de la entrega°», según el   *capitulación*
70   mismo Octavio Paz. Dice que el mexicano repudia a la

---

* Aquí se refiere a la Conquista española del siglo XVI. La unión de españoles e indios creó una raza
  nueva: los mestizos.

La conquista de la Cuidad de México por los españoles.

Malinche, pero es un repudio a medias°. El mexicano, al
renegar° de la Malinche, ¿de quién reniega? En verdad la
Malinche representa a la parte india de nuestro ser. Renega-
mos, pues, de esa parte india. Pero, no obstante, en Cuauhté-
75 moc la reverenciamos y la admiramos. El mexicano oscila
entre estos dos sentimientos, siempre que vuelve la cara hacia
su pasado indígena.

Amor contrariado° es, pues, el primer motor° del machismo. Amor y vergüenza y una rabia° de siglos. La Malinche,
80 la madre universal del mexicano, constituye una especie de
pecado° original exclusivo de este pueblo.

El segundo momento del machismo implica un acto de
afirmación de la masculinidad. Dedico todos mis actos a ese
propósito fundamental de no permitir que se dude de mí. El
85 acto erótico constituirá la prueba por antonomasia°. Mi
conducta al volante° de un automóvil, o al frente de un grupo
de subordinados, o en una reunión de condiscípulos°, o en
una fiesta será siempre una conducta machista. Con ese fin
gritaré y reiré más que los otros, y provocaré alguna riña°
90 para que reparen en mí°; y sobre todo, mantendré uncida° a
mi mujer a una disciplina que la preserve a ella y a mí me
reafirme en mi condición de jefe de la casa.

La contrapartida: el hembrismo

El machismo supone el otro lado de la medalla°, el hembrismo.
Los rasgos° de la feminidad son normalmente pasivos: la

a...parcial
negar vigorosamente

frustrado / *motivating
force*
furia
transgresión moral

por...por excelencia
steering wheel
compañeros

pelea
reparen...me obser-
ven / sometida

coin
características

95   paciencia, la fidelidad, la resistencia ante los infortunios°, la
dulzura°...

      Pues bien, la «abnegada° mujer mexicana» es una suma
de tales virtudes, pero llevadas a lo alto° que acaban° por ser
ridículas. El hombre machista necesita una mujer así. Para
100   los alardes° de virilidad insaciable, la mujer que resiste todas
las infidelidades es ideal; para exabruptos°, y demás actos de
tiranía, una mujer inmensamente pasiva, sumisa y resistente
es indispensable.

adversidad
sweetness

sacrificadora

*a...a tal extremo / re-
sultan*

boasts

grandes descortesías

El camino de la curación

      Es posible avizorar una curación°. Se trata de atenerse a° la
105   dualidad que nos preside°. En el momento en que no subsistan
ni la noción del indio ni la del español, sino solamente la del
mexicano, en ese momento México se sentirá de una sola
pieza, y el machismo se habrá quedado entonces sin base.

*avizorar...ver una solu-
ción / atenerse...
aceptar / nos...existe
en nosotros*

.... Comprensión

Preguntas sobre el machismo/hembrismo

1. ¿Qué es un machista?
2. ¿Qué acciones son típicas del machista?
3. ¿Qué dudas tiene?
4. ¿Qué características tiene la mujer hembrista? ¿Cómo se complementan el
machismo y el hembrismo?

5. ¿Conoce Ud. personalmente a personas machistas o hembristas? Describa sus acciones o actitudes típicas.

Comprensión de la historia mexicana

Busque en el artículo palabras o frases que indican actitudes o sentimientos de los mexicanos contemporáneos hacia los dos troncos de su ascendencia: la parte india (lo indígena) y la parte española (lo ibérico). Luego complete el gráfico para entender mejor la ambivalencia que experimenta el mexicano moderno hacia su pasado.

Ascendencia	Actitudes/Emociones	
	Positivas	*Negativas*
la parte india (lo indígena)		
la parte española (lo ibérico)		

1. En palabras sencillas, explique a otro(a) estudiante por qué el mexicano contemporáneo siente emociones contradictorias. ¿Cree Ud. que los norteamericanos sienten ambivalencia hacia su propio pasado? Explique.
2. ¿Qué curación sugiere el autor para el machismo mexicano? ¿Cree Ud. que es posible erradicar el machismo o el hembrismo? ¿Por qué?

Actividades

Su opinión

Con otra persona o un grupo de tres o cuatro, comente las siguientes preguntas. Luego, compare sus respuestas con las de otro grupo.

1. ¿Crees que existe el machismo en los Estados Unidos? ¿Cómo se manifiesta?
2. ¿Está relacionado el machismo con la violencia contra las mujeres, en particular la violencia doméstica (de parte de los novios o esposos)? ¿Por qué? ¿Qué soluciones hay para este problema?
3. ¿Puede una mujer ser hembrista y feminista al mismo tiempo? Explica.

Discusión o Composición

1. ¿Qué evidencia hay del machismo o del hembrismo en los anuncios comerciales de las revistas y los periódicos norteamericanos? Explique cómo son y dé su reacción. Ud. puede usar uno para ilustrar sus puntos.

2. Algunas personas opinan que sin el machismo y el hembrismo, la vida pierde mucho de su emoción y romanticismo. ¿Cree Ud., como consecuencia, que la vida norteamericana es menos interesante y feliz que la de las culturas latinas?

Cuestiones
éticas

Vocabulario preliminar

Estudie el vocabulario antes de empezar esta sección sobre dos cuestiones éticas difíciles. Luego utilice este vocabulario como medio de consulta durante su estudio del capítulo.

1. **acontecimiento** (el) ocurrencia, evento; *v.* **acontecer**
2. **apoyar** favorecer, defender, sostener; *s.* **apoyo** (el)
3. **asesinar** matar intencionalmente a una persona: **asesino(a)** (el, la) persona que asesina; **asesinato** (el) acción de asesinar, homicidio
4. **carga** (la) obligación onerosa o desagradable, imposición
5. **crear** producir, hacer, establecer
6. **derecho** (el) autoridad de actuar o pedir algo; **tener derecho a** *to have a right to*
7. **ética** (la) parte de la filosofía que trata de la moral y de las obligaciones del individuo; *adj.* **ético**
8. **peligro** (el) una dificultad inminente, algo que puede causar consecuencias graves; *adj.* **peligroso**
9. **piadoso** compasivo, caritativo, bondadoso; *s.* **piedad** (la)
10. **probar** experimentar, verificar, investigar; *s.* **prueba** (la)
11. **ser humano** (el) hombre o mujer, persona, individuo
12. **tener la culpa** ser moralmente responsable de algo, ser la causa de una situación, ser culpable

¡Pirámide de $10.000!

El/la profesor(a) le da a cada estudiante 4 tarjetas de tamaño 3″ × 5″. Cada tarjeta tiene una palabra del Vocabulario preliminar (y otros términos útiles). Luego la clase se divide en grupos de dos: Jugador A y Jugador B. El Jugador A empieza con una definición de su palabra, *¡ pero sin mencionar la palabra!* El Jugador B trata de adivinar (*guess*) cuál es la palabra.

Ejemplo Jugador A Es una dificultad inminente, un...
Jugador B ¡ El examen final !
Jugador A No. No. Algo con consecuencias potencialmente graves, como caminar solo a las 3 de la mañana en la ciudad.
Jugador B ¡ Un peligro !
Jugador A Sí. Eres brillante.

Cuando el Jugador A termina con sus 4 palabras, el Jugador B empieza con las suyas. Al terminarse las 8 palabras, se pueden intercambiar las tarjetas con otro grupo.

Dos cuestiones difíciles

Cada día se nos presentan cuestiones éticas, es decir, problemas y situaciones que requieren una decisión moral. Generalmente son decisiones difíciles y polémicas, porque no todos tienen la misma opinión de lo que moralmente es correcto o incorrecto. A continuación examinamos dos de estas cuestiones.

El uso de los animales en los experimentos científicos

¿Es cruel o necesaria la experimentación con animales? Pocos temas provocan tanta controversia estos días. A continuación se encuentra una presentación gráfica de los principales tipos de experimentos.

Lea Ud. el texto* rápida y ligeramente con el fin de *identificar el uso básico de los animales en cada categoría.*

Espacio. *Monos, perros, ratas... se envían al espacio para tratar de resolver las graves enfermedades físicas y trastornos psíquicos que padecen los astronautas durante los viajes muy largos.*

Biotecnología. *Ya se pueden patentar —y comercializar— seres vivos manipulados genéticamente. Esto es una clara muestra del enorme dominio que ejerce el hombre sobre la naturaleza.*

Toxicología. *Las industrias farmacéuticas y de cosmética están obligadas a probar sus productos, una y otra vez, en dos especies distintas de animales como mínimo, antes de lanzarlos al mercado.*

Cirugía. *Perros, cerdos y caballos son elegidos por los científicos para estudiar las nuevas técnicas quirúrgicas, el problema de los trasplantes o para que los médicos nóveles hagan manos.*

Defensa. *Se estima que más del 80 por ciento de los animales de experimentación van a parar a centros militares. ¿Con quién se prueban los nuevos proyectiles, armas convencionales, biológicas...?*

Neurología. *Se va frenando el uso de primates superiores —como el chimpancé y el orangután— para explorar el cerebro. El dolor en estos ensayos puede alcanzar cotas inimaginables.*

---

* El texto y las ilustraciones son de la revista *Muy interesante,* publicada en España.

··· **Comprensión**

Identificación

Ahora, identifique el uso principal de los animales en cada categoría.

Los animales: chimpancés, perros, cerdos (*pigs*), caballos, monos (*monkeys*), ratas, gatos, vacas

Ejemplo: *Categoría*   *El uso básico*

        <u> a </u> Defensa   a. probar armas nuevas

                                                       b. explorar el cerebro

            Categoría   *El uso básico*

_____ 1. Espacio   a. probar proyectiles, armas convencionales
_____ 2. Biotecnología   b. ayudar en el entrenamiento (*training*) de los
                                            médicos: investigar nuevas técnicas
                                            médicas

_____ 3. Toxicología   c. explorar el cerebro
_____ 4. Cirugía (*surgery*)   d. probar productos cosméticos y
                                            farmacéuticos antes de venderlos

_____ 5. Defensa   e. manipular animales genéticamente, e.g. criar
                                            vacas que producen máximas cantidades
                                            de leche

_____ 6. Neurología   f. curar enfermedades de los astronautas

··· **Actividad**

 ## *Su opinión*

Con otra persona, comente las siguientes preguntas, luego comparta sus respuestas con la clase. Consulte el vocabulaio del ejercicio de arriba.

1. ¿Qué usos te parecen necesarios o justificables? ¿Por qué?

2. ¿Qué usos te parecen crueles o injustos? ¿Por qué?

Discusión

¿Tienen derechos los animales?

Algunos argumentos a favor y en contra

PRO	CONTRA
• Hay que probar las vacunas (*vaccines*) primero con los animales. Así se conquistaron la polio y la viruela (*smallpox*). ¿Es preferible experimentar con seres humanos?	• Lo que sucede en los laboratorios es asesinato y nada menos. El animal es un ser vivo que tiene derecho a la vida.
• El ser humano es una especie (*species*) distinta, con capacidades superiores.	• El ser humano es animal también, pero abusa de los animales no-humanos. No es cuestión de superioridad o inferioridad, sino de la co-existencia de las especies.

¿Qué argumentos defiende Ud.? ¿Qué argumentos ataca? Explique sus respuestas a otro(a) estudiante o a la clase.

Comentario sobre el dibujo

Mafalda

¿Está Ud. de acuerdo con el niñito rubio?

abejita	*little bee*
miel	*honey*
sana	*healthy*

.... **Actividad**

Encuesta y discusión

¿Qué usos de los animales o actividades humanas con los animales se deben permitir? ¿Por qué? Indique sus opiniones, luego compártalas con otro(a) estudiante o con la clase.

USO DE LOS ANIMALES	*NUNCA*	*A VECES*	*SIEMPRE*
1. los abrigos de pieles (*fur*)	☐	☐	☐
2. los perros que buscan drogas ilícitas	☐	☐	☐
3. la caza (*hunting*)	☐	☐	☐
4. criar a los animales en cubículos sin luz, aire, o movimiento	☐	☐	☐
5. los animales guías para los ciegos y sordos (*blind, deaf*)	☐	☐	☐
6. comer carne de animal	☐	☐	☐
7. las mascotas (animales domésticos)	☐	☐	☐
8. experimentar con animales de alta inteligencia (cerdos, delfines, simios, ratones)	☐	☐	☐
9. llevar zapatos de piel (*leather*)	☐	☐	☐
10. usos terapéuticos; e.g., ayudar a enfermos mentales y físicos, viejos	☐	☐	☐

La inmigración

Cada día miles y miles de inmigrantes entran en los Estados Unidos, Canadá y otros países industrializados. Los refugiados, en su mayoría jóvenes del Tercer Mundo, se ven forzados a escaparse de la pobreza u opresión política de su país de origen. Sus números han aumentado tanto, sobre todo durante la década de los 80, que hoy día varias naciones intentan detener esta avalancha de personas. Como consecuencia, ha surgido un debate; ¿Tiene un país—por ejemplo, los Estados Unidos—el derecho a cerrar sus fronteras? Aquí hay dos puntos de vista.*

---

* Del artículo, «¿E pluribus unum»? de Bárbara Mujica.

¡ Sí !

«El país no puede absorber un número indefinido de nuevos habitantes, porque no hay suficientes trabajos, viviendas, escuelas, servicios sanitarios u otros recursos. Además, si el influjo de inmigrantes no se frena, dentro de un par de décadas la composición étnica del país habrá cambiado radicalmente — y con ella, el sistema de valores, las costumbres y el idioma. Una nación tiene el derecho y aun el deber de mantener intactas sus instituciones y de preservar sus tradiciones.»

¡ No !

«Este país, con sus inmensos recursos naturales y sus grandes llanuras despobladas, podría sostener a una población aun más grande. Los Estados Unidos siempre les han abierto sus puertas al pobre y al desamparado. El inmigrante, con su energía, optimismo y voluntad de trabajar y de seguir adelante, renueva y enriquece al país. Históricamente la capacidad de transformarse con cada ola de inmigrantes ha sido fundamental al éxito de los EE.UU. Por eso nuestro lema es *E pluribus unum* o *De muchos, uno*.»

Comprensión

En sus propias palabras, exprese los dos puntos de vista.

Actividades

Su punto de vista

¿Qué punto de vista defiende Ud.? Trabajando con otra persona, explique su posición intentando emplear algunas de las siguientes palabras:

apoyar	carga	derecho
ético	peligro	tener la culpa

Comentario sobre el dibujo

A continuación un dibujante español presenta su comentario sobre la inmigración en España.

¿Qué diferencias hay entre los inmigrantes que entran por el norte, cruzando los Pirineos, y los que entran del sur y otras partes del mundo?

¿Cuál es el mensaje del dibujante?

¿Ocurre este fenómeno en los EE.UU.? Explique.

··· Otras cuestiones éticas

El SIDA, la plaga del siglo XX

El SIDA (**S**índrome de **I**nmuno**d**eficiencia **A**dquirida) es una enfermedad mortal que ha llegado a proporciones epidémicas en muchos países del mundo. En los EE.UU. se debate con intensidad el tema de los análisis (*tests*) de sangre para diagnosticar el virus.

En grupos pequeños discutan y contesten las siguientes preguntas. Un(a) secretario(a) tomará apuntes para después informar a los otros de la clase.

1. ¿Para quiénes deben ser obligatorios los análisis?

¿Para los/las

prisioneros de las cárceles?
atletas profesionales?
mujeres encintas (*pregnant*)?
adolescentes?
drogadictos?
extranjeros que entran en los
  EE.UU.?

personas que piensan casarse?
trabajadores de la salud pública?
  (médicos, dentistas, ayudantes
  técnicos)
todo el mundo?
nadie?
_____ ?

2. Si los resultados de los análisis son positivos, ¿a quiénes se debe tener que avisar legalmente?

¿A los/las

esposos (as)?
parejas sexuales (reales y
  potenciales)?
familiares?

compañías de seguros de vida?
jefes del lugar de trabajo?
nadie excepto el individuo que se
  hace el análisis?
_____ ?

Pequeñas entrevistas espontáneas

Imagínese que Ud. es un(a) periodista que solicita opiniones sobre los temas que se dan a continuación u otros de interés actual. La clase debe dividirse en grupos de 5 personas. Una persona hace las preguntas, otra persona toma apuntes y las 2 o 3 otras contestan las preguntas. Luego, el/la secretario(a) de cada grupo compartirá las opiniones con la clase.

«Buenos días. Soy periodista del famoso periódico _____ . ¿Qué piensa Ud. de:»

- los estudiantes que copian o hacen trampas (*cheat*) en los exámenes y los trabajos escritos?
- los conductores borrachos? ¿Se deben mandar a Alcohólicos Anónimos o a la cárcel?
- los medios de comunicación (*the media*)?
- la gente sin hogar? El 33% de ellos sufre de una enfermedad mental. ¿Quién debe ser responsable de ellos?

- ¿ _____ ?

Comentario

¿Cree Ud. que las mujeres deben entrar en combate o sólo realizar labores de apoyo? Explique.

De la revista *Qué Pasa*.

Chiste

—¿Qué es un moralista?

—Una persona que da buenos consejos cuando ya no está en edad de ofrecer malos ejemplos.

Lo amargo de la muerte dulce*

Ernesto Aguilar-Alvarez Bay

Anticipación

En los Estados Unidos, Canadá, partes de Europa y otros países del mundo, el número de ancianos (personas viejas) está aumentando más rápidamente que el resto de la población. Ahora bien, los viejos son los que se enferman con más frecuencia y más utilizan los servicios médicos. Por lo tanto, todos tendremos que enfrentarnos cada vez más con una cuestión problemática: ¿quién decide cuándo debe morir una persona mayor—o gravemente enferma—el médico, la familia, el viejo o el enfermo mismo o Dios (o la naturaleza)? A continuación encontramos un punto de vista sobre esta cuestión ética. ¿Está Ud. de acuerdo con el autor?

Estrategia: Aprovecharse de su conocimiento previo

Antes de leer un artículo sobre la eutanasia, vamos a participar en una «lluvia de ideas» o *brainstorm*. Recuerde que toda respuesta sincera es válida.

1. ¿Qué es la eutanasia?
2. ¿Qué palabras son útiles para hablar de la eutanasia?
3. ¿Ha habido algunos casos en las noticias recientemente?
4. ¿Por qué es un tema polémico?

Estrategia: Mirada rápida

Lea Ud. el título del artículo, los títulos de las subdivisiones, y el primero y el último párrafos. ¿Cuál es el punto de vista del autor sobre la eutanasia?

1. La eutanasia es justificable porque todos tienen derecho a una muerte digna.
2. La eutanasia no es una muerte «buena» o «dulce», sino un homicidio.

> *«No daré veneno° a nadie, aun si me lo pidiesen; ni*   sustancia tóxica
> *tomaré nunca la iniciativa de hacer tal cosa...»*
> *El juramento de Hipócrates*

¿Buena muerte?

En torno a la eutanasia (o *muerte dulce*) rondan el equívoco°   error
y la confusión. De significado etimológico **eu** (bien) y **thanatos**
(muerte), el término ha pasado a significar la operación de

---

* Este ensayo presenta intencionalmente un solo punto de vista, con el fin de provocar discusión sobre el tema. No representa necesariamente el punto de vista de las autoras del texto. El artículo es de *Istmo,* una revista publicada en España.

facilitar la muerte o, con más claridad, provocar la muerte de
5   vidas humanas «sin valor».

Un hombre que *ayuda* a morir a su esposa enferma
durante más de cuarenta años; un joven padre que desconecta
el respirador artificial de su bebé aquejado° del síndrome de   que sufre
Down; un hijo que pide la muerte de su madre desahuciada°;   sin esperanza de cu-
10   y todos ellos con el mismo patético final: «no podía verle   rarse
sufrir». En realidad, quienes piden como solución la eutanasia
son, en una notable mayoría, los familiares que no soportan
más la situación; lo que motiva esta petición no es el bien del
enfermo sino el quitarse el problema de encima. Con la
15   máscara del suicidio *piadoso*, se acorta la vida humana con
el fin de liberarla de una grave enfermedad, de deformaciones
físicas o de una vejez angustiosa. En realidad el criterio es
eliminar aquellas vidas que se consideran *cargas para la
sociedad.*

20   La **eutanasia homicida** ofrece tres formas principales:

- **Homicidio piadoso,** es el omitir o suprimir todo tipo de
  ayuda médica al enfermo sin agotar° todos los medios   utilizar a máximo
  ordinarios.
- **Eutanasia social,** cuyo objetivo es eliminar vidas humanas
25   consideradas inútiles para la sociedad.
- **Eutanasia positiva,** con la que se provoca la muerte por
  medio de una acción deliberada (generalmente el empleo
  de un fármaco°).   droga

Ninguna de las tres formas de la eutanasia homicida es
30   moralmente justificable porque todas llevan implícito un
homicidio—o colaboración suicida—y no hay razón que
valga para legitimar un acto intrínsecamente malo: ni «conmi-
seración», ni «humanitarismo», ni aparente piedad.

La falsedad del «derecho a morir»

El argumento preferido para defender la eutanasia es el mal
35   llamado «derecho a morir», según el cual cada hombre puede
suprimir o abreviar su vida de acuerdo con una situación
apremiante°, como una enfermedad incurable, una penosa   urgente
vejez o una malformación genética. Con ello, el hombre se
autonombra juez° sobre el valor de la vida humana y contra-   *judge*
40   viene el derecho natural.

La ley de Dios otorga° el derecho a la vida y ninguna   da
persona o autoridad puede atentar° contra él sin atentar   *to attempt a crime*
sustancialmente contra el derecho natural y contra el mismo
género humano. El hombre no tiene dominio de propiedad

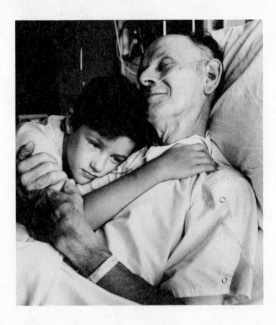

El número de ancianos aumenta
cada año, al mismo tiempo que
crece la polémica sobre la
eutanasia.

45   perfecta sobre su vida, sino dominio útil; no es dueño°,   propietario
sino administrador. La muerte, como acontecimiento natural,
escapa al dominio del hombre. No es algo que el sujeto realice,
sino algo que en él acontece.°   *No es...It (Death) is not*
something which the
La eutanasia es siempre un homicidio deliberado, y por   *subject (man) brings*
50   lo mismo, una violencia radical contra la naturaleza humana.   *about, rather some-*
¿Quién decidirá cuáles vidas son indignas de ser vividas?   *thing that takes*
¿Cómo y con cuál procedimiento deberían ser eliminadas?   *place in him.*

La responsabilidad de decidir

Se calcula que en Holanda, paraíso de la eutanasia, se efectúan
7000 muertes por eutanasia anualmente, la mayoría de ellas
55   realizadas por médicos. La profesión médica nace para aliviar
el dolor, sanar° a los enfermos y preservar la vida. Los valores   curar
que la caracterizan se basan en un principio básico: la dignidad
de la persona, y por tanto, el respeto que cualquier vida
humana merece°. La misión del médico es ayudar a los   *deserves*
60   enfermos y a quienes les rodean a enfrentar una vivencia
humana: el dolor.
El médico no puede arrogarse° el derecho de determinar   asumirse
si una vida puede o no ser vivida. Su responsabilidad se limita
a emplear todos los medios ordinarios a su alcance para
65   salvar a una persona. Una vez agotados°, y ante la inminencia   exhaustos
de la muerte, debe buscar, en cuanto esté en sus manos, el
punto en que el paciente tenga el mínimo dolor, esté consciente y sin angustia. El médico debe mantenerse en su papel

70 de servidor de la vida, y rechazar° la tentación de erigirse°   eliminar / establecerse
en señor de la vida y de la muerte.

Cuando se pide públicamente la legislación de la eutanasia, es porque de hecho se realiza ya a alguna escala. Actualmente se inventan teorías para justificarlo todo. En el caso de
la eutanasia, se palpa° la triste realidad de una filosofía   encuentra
75 materialista y atea que considera al hombre el único dueño
y señor de sí mismo, que puede disponer de su vida como le
dé la gana. Ante estos argumentos no hay otro más contundente que el valor único, personal e irrepetible de cada vida
humana. Todo hombre, sea cual fuere su edad, condición,
80 estado de salud o perspectiva de vida, tiene derecho a vivir,
y nadie, ni él mismo, puede disponer de esa vida.

La mal llamada «muerte dulce» con la que pretende
ocultarse lo que es un homicidio o suicidio, es el amargo°   ácido (lo contrario de
resultado de una sociedad que ha perdido el respeto por la   dulce)
85 vida humana.

··· **Comprensión**

¿Sí o No?

Escriba Ud. «sí» delante de las oraciones que representan opiniones o creencias
expresadas en *Lo amargo de la muerte dulce* y «no» delante de las que se
oponen a sus ideas. Si la respuesta es «no», dé la información correcta.

_____ 1. Los que ayudan a morir a otros son motivados por el bien del
paciente.

_____ 2. El médico no debe decidir la vida o la muerte del enfermo.

_____ 3. De las tres formas de eutanasia, sólo el **homicidio piadoso** es
moralmente justificable.

_____ 4. El hombre no tiene dominio ni sobre su vida ni su muerte; sólo Dios
controla estos derechos.

_____ 5. La sociedad moderna respeta más que nunca la vida humana.

Preguntas

1. ¿Qué significa literalmente «eutanasia»? ¿Está el autor de acuerdo con esta
definición? Explique.
2. Según el autor, ¿quiénes son los que más piden la eutanasia? ¿Cuál es su
verdadero motivo? ¿Está Ud. de acuerdo?
3. ¿Cuáles son las tres formas de «eutanasia homicida» mencionadas en el
artículo? ¿Son justificables o injustificables, en la opinión de Ud.?
4. ¿Qué opina el autor del «derecho a morir»? ¿Qué es el «derecho natural»?
¿Qué piènsa Ud. de esta cuestión?
5. ¿Cuáles son las responsabilidades del médico, según el autor? ¿Qué opina
Ud.?

.... Discusión o Composición

Un caso auténtico

En grupos pequeños, comenten el siguiente caso auténtico*, y luego compartan sus reacciones con la clase. (O si prefieren, escriban una composición explicando su posición.)

Escribe el médico Víktor Frankl:

«En un hospital había un joven en estado de inhibición. Hacía cinco años que no había dicho una sola palabra, no comía por sí solo, sino que había que alimentarle artificialmente por la nariz con ayuda de un tubo, y estaba día tras día tumbado en la cama, por lo que se atrofió la musculatura de sus piernas. Un día un estudiante de medicina me preguntó, ¿No sería mejor acabar con una persona así?»

¿Cómo contestarían Uds. la pregunta del estudiante de medicina?

.... Actividades

Encuesta

A continuación encontrará algunas declaraciones sobre el tratamiento médico de los enfermos y los viejos. ¿Con cuáles está Ud. de acuerdo (o no está de acuerdo) y por qué? Comparta sus respuestas con otro(a) estudiante o con la clase.

---

* En su obra *La psicoterapia al alcance de todos,* el médico Víktor Frankl narra el caso de su propia experiencia.

	Sí	No	No sé
1. Un(a) médico(a) no debe poder legalmente ayudar a suicidarse a un(a) paciente.	☐	☐	☐
2. Un anciano que mata a su esposa que sufre de Alzheimer es un criminal.	☐	☐	☐
3. No se deben dar drogas adictivas, como la morfina, a los que viven en un estado de dolor constante.	☐	☐	☐
4. Sostener al paciente con tubos y agujas (*needles*) es prolongar la muerte, no prolongar la vida.	☐	☐	☐
5. No se deben publicar libros como *Salida final*, que dan instrucciones explícitas para el suicidio.	☐	☐	☐

Debate

Cuatro estudiantes deben preparar una discusión en grupo sobre la eutanasia. Cada estudiante debe hacer el papel de una de las personas mencionadas en la lista. Los otros de la clase deben preparar preguntas para dirigírselas al grupo.

LA EUTANASIA	
PRO	**CONTRA**
un(a) viejo(a) que quiere morir	un(a) médico(a) que defiende el juramento de Hipócrates
un(a) enfermero(a) que ha visto la agonía de niños que tienen enfermedades incurables	una persona religiosa que siente reverencia por la vida

Comentario sobre el dibujo

Comillas

La vida

Describa Ud. lo que ve en el dibujo.
¿Cuál es el mensaje del dibujante?

El fascinante mundo oculto de los mayas*

Helena Rivas López

Anticipación

Desde el comienzo de la historia, el ser humano ha expresado su creencia en un ser superior (o varios seres superiores). Para venerar a esta deidad, cada sociedad o grupo de personas ha organizado un sistema de fe y adoración, es decir, ha creado una religión. Hoy día existen muchas religiones en el mundo, algunas muy antiguas. ¿Cómo se diferencian? ¿Cuáles son sus orígenes? ¿Hay una que sea «más correcta» que las otras o son todas igualmente válidas? Piense en estas preguntas mientras lee el siguiente artículo sobre la vieja religión de los mayas.†

Estrategia: Aprovecharse de su conocimiento previo

Sin preocuparse por una respuesta «perfecta», conteste estas preguntas. En una «lluvia de ideas», toda respuesta sincera es válida.

¿Qué es un dios? ¿Cómo se llama el dios de las religiones principales del mundo? ¿Por qué existen los dioses? ¿Puede Ud. mencionar *una* cosa que sepa de la religión / del dios de los indígenas?

Vocabulario: Invente su propia lista

Con la ayuda de su profesor(a), haga una lista de vocabulario útil para hablar de los siguientes temas religiosos.

- razones para creer en Dios: _____, _____, _____, _____,

  _____, _____, _____.

- elementos de la naturaleza que son deidades en las religiones de los

  indios: _____, _____, _____, _____, _____.

- ocasiones especiales en que se celebran ritos religiosos: _____,

  _____, _____, _____.

Para el ser humano, su existencia y la del propio Universo se presentan todavía como un enigma. Desde tiempos inmemoriales, los dioses surgieron como seres causantes de la vida y de la muerte que regían° el movimiento y el tiempo.   controlaban

5   Egipcios, griegos, hindúes, japoneses, chinos, árabes, judíos, romanos, cada civilización creaba sus propios seres

---

* Del periódico bilingüe publicado en Cancún, México, *Caribbean News*.

† Para más información sobre los mayas, véase *El indio y los animales* en la página 28.

El observatorio maya en Chichén
Itzá, México, donde los hombres
religiosos llevaron a cabo el
estudio y culto de la astronomía.

extraordinarios: Ra, Zeus, Visnú, Buda, Alá, Jehová, Júpiter.
Los mitos, las leyendas y la religión son un reflejo de la
vida cotidiana° de todo pueblo, de sus anhelos°, temores,   diaria / deseos
10   costumbres, estructura social, y ámbito geográfico. Los dioses,
o el Dios, son también una manifestación de esperanza, un
sostén° para comprender la vida.   apoyo

Para los mayas—una de las más extraordinarias culturas
del orbe—los dioses crearon y destruyeron varias veces el
15   mundo, con el fin de encontrar un ser que los venerara y
sustentara; así el hombre es hecho primero de tierra y
destruido por falta de inteligencia, luego de madera y final-
mente elaborado con pasta° de maíz.   mashed kernels

Las deidades no eran seres perfectos como en otras
20   religiones, ni autosuficientes. Para poder seguir existiendo
necesitaban de los hombres y del culto y cuando por alguna
razón no se les invocaba, llegaban a padecer «hambre» y a
traer desgracias. Podían ser a la vez masculinos y femeninos;
jóvenes y viejos; benéficos o maléficos. Se representaban como
25   a seres que compartían las características de los humanos,
de los vegetales y de los animales, y que tenían la facultad de
repartir en el mundo sus regalos o plagas.

Los rayos de sol caen sobre la pirámide en Chichén Itzá, México Entre la luz y la sombra se va formando el cuerpo del dios Kukulkán, la serpiente plumada.

Los principales dioses entre los mayas fueron los siguientes:

30 • *Itzamná,* dios del cielo que tiene forma de serpiente y presidía a los demás dioses. También era dios del fuego y del hogar e inventó la escritura y los libros.

• *Kukulkán,* la serpiente emplumada; es la versión maya del Quetzalcóatl de los mexicas y toltecas. Era el garante° de   persona que garantiza

35 la descendencia real y su imagen en forma de cetro° la   bastón o insignia de mando

ostentaban los soberanos.°   gobernadores

• *Kinich Ahau,* dios del Sol.

• *Ixchel,* o la luna. La tradición cuenta que su esposo, el Sol, le arrancó° un ojo en castigo a una infidelidad y a partir   sacó violentamente

40 de entonces brilla mucho menos que él.

• *Chaac,* dios de la lluvia, tenía una nariz como trompa de elefante. Era muy venerado en las zonas áridas.

• *Ah Puch,* era el señor del Inframundo, señor de los muertos. Lo representaban como un esqueleto.

45 • *Dios del Maíz,* se le representaba en forma juvenil, como un árbol, o en figura de cruz ramificada. Con frecuencia, está en lucha con el dios de los muertos, Ah Puch.

Los ritos religiosos se practicaban principalmente
cuando el nacimiento, con la imposición del nombre conforme
50 al calendario de 260 días; la pubertad (rito llamado *caputzihil*),
a partir de la cual se estaba en posibilidad de contraer nupcias;
el matrimonio; y la muerte. No hay indicios de que hayan
creído en un paraíso feliz después de la muerte, aunque sí
en una supervivencia sin sufrimientos.

55 Junto con los zurvanitas de Irán, los mayas son el único
pueblo que se conoce haya rendido un culto religioso a la
eternidad del tiempo. Creían que era un proceso cíclico
continuo y de carácter divino. Los conocimientos científicos
que se hallan fundidos en su mitología, es la característica
60 distintiva de esta religión. La clase sacerdotal° llevaba a cabo
el estudio y culto de la astronomía, escritura, arquitectura y
detentaba° un gran poder. Estudiaron cuidadosamente el
movimiento de las estrellas y calcularon con precisión el año
solar de 365 días (con la astronomía moderna hay una
65 diferencia de 17,28 segundos), así como la aparición de los
eclipses, el año lunar y la órbita de Venus.

Los palacios eran la residencia de los sacerdotes y
gobernantes y formaban parte de los centros ceremoniales.
Tikal, Uaxactún, Copán, Yaxchilán, Palenque, Bonampak, Chi-
70 chén Itzá, Tulum, Mayapán, Uxmal, son sólo algunos ejemplos
del esplendor y magnificencia alcanzada por esta civilización
para honrar a sus dioses.

de los hombres religiosos

tenía

Comprensión

Identificación de los dioses mayas

_____ 1. Ah Puch, en forma de esqueleto

a. dios del sol

_____ 2. Enemigo del dios de los muertos

b. diosa de la luna

_____ 3. Itzamná, en forma de serpiente

c. dios del maíz

_____ 4. Ixchel, diosa infiel

d. dios de los muertos

_____ 5. Kinich Ahau, esposo de la luna

e. dios de la lluvia

_____ 6. Chaac, con nariz de elefante

f. dios del cielo, del fuego, del hogar

Quico

··· Interpretación

1. ¿Por qué existen los dioses o el Dios? ¿Por qué cree Ud. que los mayas tenían tantos dioses? ¿Qué opina Ud. de esto?
2. ¿Cuál de los dioses mayas le parece el más interesante? ¿El menos interesante? ¿Por qué?
3. ¿Qué importancia tenía la ciencia en la religión de los mayas? ¿Hay un conflicto entre la ciencia y la religión en nuestra cultura? Explique.

··· Actividades

 Semejanzas y contrastes culturales

Escriba la información necesaria para completar el gráfico. Compare sus respuestas con las de otro(a) estudiante.

	los mayas	nuestra cultura
1. número de dioses		
2. número de creaciones		
3. hay vida después de la muerte		
4. características «humanas» de los dioses/el Dios		
5. concepto del tiempo		

Cuestión ética

¿Qué punto de vista defiende Ud.? Explique su opinión a otro(a) estudiante o a la clase.

    a. La religión es el opio de los pueblos (la gente).
    b. La religión es una fuerza positiva para el individuo y la sociedad.

Juego imaginativo: Los dioses se hablan

1. Dramatice una escena entre Kinich Ahau, el dios del Sol, y su esposa Ixchel, la luna.
2. Escriba un diálogo entre Ah Puch (el dios de los muertos) y el Dios del Maíz (que está asociado con la naturaleza y el crecimiento). Podrían hablar de sus actividades y responsabilidades.

Comentario sobre el dibujo

Describa Ud. lo que pasa en el dibujo.
¿Cuál es el mensaje del dibujante?

Vocabulario y actitudes

«¡Jesús, ven acá inmediatamente!»

Si Ud. escucha a los hispanos en sus conversaciones diarias, oirá tanto los nombres de Dios y Jesucristo que Ud. podría concluir o (1) que los hispanos maldicen (*swear*) mucho, o (2) que son gente exageradamente religiosa. Pues,
5 ninguna de estas observaciones es realmente válida, pero sí es cierto que el Dios de los hispanos es más íntimo y personal que el de los anglosajones.

Vemos esta personalización de la religión en los nombres hispanos. Muchos hombres se llaman Jesús, Ángel, Santo o aun María (José María González). Entre los nombres femeninos están Concepción (*the Immaculate Conception of Mary*),
10 Trinidad, María, Ángela, Consuelo y María José. Todos los años el niño celebra dos días especiales: su cumpleaños y el día de su santo, o sea, la fecha del santo de su nombre.

Ciertas expresiones diarias revelan una relación con Dios íntima e informal. Cuando alguien estornuda (*sneezes*), muchos responden con «salud», pero
15 también se oye con frecuencia «Jesús». Si estornuda dos veces, «Jesús y María», y si tres veces, «Jesús, María y José». Para mostrar sorpresa o incredulidad, el hispano dice, «¡Ave María!» o «¡Madre de Dios!» o «¡Dios mío!» Además, es muy común terminar una frase con «si Dios quiere» («Nos vemos el lunes, si Dios quiere»).
20 La diferencia de actitud hacia Dios entre las culturas hispanas y anglosajonas es quizás más notable en el uso de palabrotas (*swear words*). En inglés para insultar a alguien o para expresar enojo, se usan expresiones con «*God*» o «*Jesus Christ!*» o «*Hell*». Éste es el Dios puritano de la ira, un Dios amenazante (*threatening*) que juzga y castiga. En cambio, las palabras más insultantes en
25 español ponen en duda el honor de la madre. Al hacer esto el hispano ofende profundamente. Pero normalmente no usa el nombre de Dios para expresar sentimientos fuertes y negativos, porque su Dios, ante todo, es el Dios personal del amor, del consuelo, un Dios accesible, en fin, el Dios familiar a quien habla el hispano diciéndole «Tú».

.... **Preguntas**

1. Cuando un hispano dice «¡Jesús!», ¿está maldiciendo? Explique.
2. ¿Cómo es el Dios de los hispanos?

Chiste

— ¿Y usted, nunca va a misa?
— No señor. Gracias a Dios, yo soy ateo.

*Walimai**

Isabel Allende

Isabel Allende, con la traducción
inglesa de su novela "De amor y
de sombra".

Anticipación

Isabel Allende es sin duda la novelista latinoamericana más leída del
mundo. Su primera novela, *La casa de los espíritus*, encabezó la lista de
best-sellers en varios países y fue traducida a muchos idiomas. Allende
nació en Perú en 1942, pero es de nacionalidad chilena, sobrina del ex-
presidente socialista Salvador Allende. Empezó su carrera profesional como
periodista, después trabajó en la televisión. En su obra literaria se combinan
elementos reales y mágicos para producir una mezcla de crítica social,
autobiografía y fantasía.

 «Walimai» es de su colección de cuentos, *Los cuentos de Eva Luna*
(1990). Para facilitar la lectura y la discusión de «Walimai» (presentado en
su versión original y completa), se ha dividido el cuento en cuatro
secciones, con algunos ejercicios correspondientes. Se debe leer el cuento
dos veces: la primera vez para seguir la trama (*plot*) y contestar las
preguntas en cada sección; la segunda vez, para hacer los ejercicios al final
y debatir las distintas reacciones y cuestiones éticas que el cuento
seguramente provocará.

---

* Una advertencia: el tema del cuento es fuerte y polémico. Algunos profesores podrían sentirse
  incómodos al leer y discutirlo.

Estrategia: Predicción

Antes de empezar el cuento, trate de adivinar (*guess*) o predecir (*predict*) —libremente, sin restricciones— algo sobre los temas o el contenido del texto.

1. Lea Ud. el título y la primera frase del cuento. ¿Qué tipo de nombre cree Ud. que es «Walimai»? ¿Qué información en la primera frase indica eso?
2. La línea 9 menciona «los extranjeros». ¿Quiénes podrían ser, en la opinión de Ud? ¿Cómo serían diferentes a los indígenas (nativos)? ¿Cómo reaccionarían los indígenas ante la presencia de los extranjeros?
3. En su opinión, ¿cómo tratarían los extranjeros a las mujeres nativas? ¿Cuál sería la reacción de los hombres nativos?

Vocabulario: Palabras en contexto

Trate de adivinar el significado de las palabras en contexto. Escoja la letra del *sinónimo* que corresponde a la palabra en bastardilla.

1. «...luego vinieron los extranjeros hablando contra la *sabiduría* de los ancianos...»
   a. sabor   b. conocimiento   c. ineptitud
2. «...dejar todo y...correr como ratones y no como los grandes *guerreros* que poblaron este territorio en la antigüedad».
   a. hombres tímidos   b. pescadores hábiles   c. soldados valientes
3. «...nosotros viajamos hacia lo profundo del bosque para seguir viviendo como nuestros *antepasados*...»
   a. compatriotas   b. predecesores   c. adversarios
4. «...mi familia es numerosa: hermanos, primos, sobrinos, varias bocas que *alimentar*..»
   a. dar de comer   b. besar   c. lavar

I

Mirada rápida:

Lea Ud. rápidamente la primera sección, sin preocuparse de los detalles. ¿Cuál es el tema central? Escoja uno.
a. la juventud de Walimai y las tradiciones de su tribu
b. las prisiones de los extranjeros
c. la importancia de la agricultura para la tribu de Walimai

El nombre que me dio mi padre es Walimai, que en la lengua de nuestros hermanos del norte quiere decir viento. Puedo contártelo, porque ahora eres como mi propia hija* y tienes mi permiso para nombrarme, aunque sólo cuando
5   estamos en familia. Se debe tener mucho cuidado con los

---

* Walimai le cuenta su historia a una mujer joven, Eva Luna.

nombres de las personas y de los seres vivos, porque al pronunciarlos se toca su corazón y entramos dentro de su fuerza vital. Así nos saludamos como parientes de sangre. No entiendo la facilidad de los extranjeros° para llamarse unos
10 a otros sin asomo° de temor, lo cual no sólo es una falta de respeto, también puede ocasionar graves peligros. He notado que esas personas hablan con la mayor liviandad°, sin tener en cuenta que hablar es también ser. El gesto y la palabra son el pensamiento del hombre. No se debe hablar en vano, eso
15 le he enseñado a mis hijos, pero mis consejos no siempre se escuchan. Antiguamente los tabúes y las tradiciones eran respetados. Mis abuelos y los abuelos de mis abuelos recibieron de sus abuelos los conocimientos necesarios. Nada cambiaba para ellos. Un hombre con buena memoria podía
20 recordar cada una de las enseñanzas recibidas y así sabía cómo actuar en todo momento. Pero luego vinieron los extranjeros hablando contra la sabiduría de los ancianos y empujándonos° fuera de nuestra tierra. Nos internamos cada vez más adentro de la selva°, pero ellos siempre nos alcanzan°,
25 a veces tardan años, pero finalmente llegan de nuevo y entonces nosotros debemos destruir los sembrados°, echarnos a la espalda° a los niños, atar° los animales y partir. Así ha sido desde que me acuerdo: dejar todo y echar a correr como ratones y no como los grandes guerreros y los dioses que
30 poblaron este territorio en la antigüedad. Algunos jóvenes tienen curiosidad por los blancos y mientras nosotros viajamos hacia lo profundo del bosque para seguir viviendo como nuestros antepasados, otros emprenden° el camino contrario. Consideramos a los que se van como si estuvieran muertos,
35 porque muy pocos regresan y quienes lo hacen han cambiado tanto que no podemos reconocerlos como parientes.

---

personas de otro lugar
indicio

frivolidad

forzándonos
bosque denso / llegan
   hasta donde es-
   tamos
tierras cultivadas
echarnos...*throw on
   our backs* / *to tie
   together*

toman

Dicen que en los años anteriores a mi venida al mundo no nacieron suficientes hembras° en nuestro pueblo y por eso mi padre tuvo que recorrer largos caminos para buscar
40 esposa en otra tribu. Viajó por los bosques, siguiendo las indicaciones de otros que recorrieron esa ruta con anterioridad por la misma razón, y que volvieron con mujeres forasteras.° Después de mucho tiempo, cuando mi padre ya comenzaba a perder la esperanza de encontrar compañera, vio a
45 una muchacha al pie de una alta cascada,° un río que caía del cielo. Sin acercarse demasiado, para no espantarla°, le habló en el tono que usan los cazadores° para tranquilizar a su presa°, y le explicó su necesidad de casarse. Ella le hizo señas° para que se aproximara, lo observó sin disimulo° y
50 debe haberle complacido° el aspecto del viajero, porque decidió que la idea del matrimonio no era del todo descabellada°. Mi padre tuvo que trabajar para su suegro hasta pagarle el valor de la mujer. Después de cumplir con los ritos de la boda, los dos hicieron el viaje de regreso a nuestra aldea.°
55 Yo crecí con mis hermanos bajo los árboles, sin ver nunca el sol. A veces caía un árbol herido y quedaba un hueco° en la cúpula profunda del bosque, entonces veíamos el ojo azul del cielo. Mis padres me contaron cuentos, me cantaron canciones y me enseñaron lo que deben saber los
60 hombres para sobrevivir sin ayuda, sólo con su arco° y sus flechas°. De este modo fui libre. Nosotros, los Hijos de la Luna, no podemos vivir sin libertad. Cuando nos encierran entre paredes o barrotes° nos volcamos° hacia adentro, nos ponemos ciegos y sordos° y en pocos días el espíritu se nos
65 despega° de los huesos° del pecho y nos abandona. A veces nos volvemos como animales miserables, pero casi siempre preferimos morir. Por eso nuestras casas no tienen muros, sólo un techo inclinado para detener el viento y desviar° la lluvia, bajo el cual colgamos° nuestras hamacas muy juntas
70 porque nos gusta escuchar los sueños de las mujeres y de los niños y sentir el aliento de los monos°, los perros y las lapas,° que duermen bajo el mismo alero.° Los primeros tiempos viví en la selva sin saber que existía mundo más allá de los acantilados° y los ríos. En algunas ocasiones vinieron
75 amigos visitantes de otras tribus y nos contaron rumores de Boa Vista y de El Platanal, de los extranjeros y sus costumbres, pero creíamos que eran sólo cuentos para hacer reír. Me hice hombre y llegó mi turno de conseguir una esposa, pero decidí esperar porque prefería andar con los solteros, éramos alegres

mujeres

de otro lugar

waterfall
causarle miedo
hunters
persona capturada
gestos / sin...
    abiertamente
dado satisfacción

loca

pueblo muy pequeño

hole

bow
arrows

steel bars / volvemos
ciegos...sin capacidad
    de ver u oír
separa / bones

separar de su camino
suspendemos

monkeys
animal de Sudamérica / eaves

precipicios

80 y nos divertíamos. Sin embargo, yo no podía dedicarme al juego
y al descanso como otros, porque mi familia es numerosa:
hermanos, primos, sobrinos, varias bocas que alimentar, mucho trabajo para un cazador.

Comprensión

¿Cómo pasó su juventud Walimai? ¿Qué importancia tenía la libertad para
él y su tribu? ¿Qué otras costumbres y creencias practicaban los Hijos de
la Luna?

Predicción

¿Qué nuevas costumbres y creencias cree Ud. que traerán los «hombres
pálidos»?

II

Mirada rápida:

¿Cuál es el tema central de la segunda sección? Lea rápidamente, luego
escoja uno.
a. el casamiento de Walimai
b. la vida de las mujeres indígenas
c. la llegada de los blancos y los conflictos con ellos

Un día llegó un grupo de hombres pálidos a nuestra
85 aldea. Cazaban con pólvora,° desde lejos, sin destreza° ni   *gunpowder* / habilidad
valor. Eran incapaces de trepar° a un árbol o de clavar° un   subir / *spear*
pez con una lanza en el agua. Apenas podían moverse en la
selva, siempre enredados en sus mochilas,° sus armas y hasta   enredados...*tangled up*
en sus propios pies. No se vestían de aire, como nosotros,   *in their knapsacks*
90 sino que tenían unas ropas empapadas y hediondas.° Eran   empapadas...*soaked*
sucios y no conocían las reglas° de la decencia, pero estaban   *and smelly* / normas
empeñados° en hablarnos de sus conocimientos y de sus   insistentes
dioses. Los comparamos con lo que nos habían contado sobre
los blancos y comprobamos la verdad de esos chismes°.   rumores
95 Pronto nos enteramos de que éstos no eran misioneros,
soldados ni recolectores de caucho.° Estaban locos, querían   *rubber*
la tierra y llevarse la madera; también buscaban piedras°. Les   joyas preciosas
explicamos que la selva no se puede cargar° a la espalda y   llevar
transportar como un pájaro muerto, pero no quisieron escu-

100 char razones. Se instalaron cerca de nuestra aldea. Cada uno
de ellos era como un viento de catástrofe, destruía a su
paso todo lo que tocaba, dejaba un rastro de desperdicio,°   rastro...*trail of waste*
molestaba a los animales y a las personas. Al principio
cumplimos con las reglas de cortesía y les dimos el gusto,
105 porque eran nuestros huéspedes,° pero ellos no estaban   invitados
satisfechos con nada, siempre querían más, hasta que, cansados de esos juegos, iniciamos la guerra con todas las ceremonias habituales. No son buenos guerreros, se asustan con
facilidad y tienen los huesos blandos. No resistieron los
110 garrotazos° que les dimos en la cabeza. Después de eso   golpes
abandonamos la aldea y nos fuimos hacia el este, donde el
bosque es impenetrable, viajando grandes trechos° por las   distancias
copas de los árboles para que no nos alcanzaran sus compañeros. Nos había llegado la noticia de que son vengativos y que
115 por cada uno de ellos que muere, aunque sea en una batalla
limpia, son capaces de eliminar a toda una tribu, incluyendo
a los niños. Descubrimos un lugar donde establecer otra
aldea. No era tan bueno. Las mujeres debían caminar horas
para buscar agua limpia pero allí nos quedamos porque
120 creímos que nadie nos buscaría tan lejos. Al cabo de un año,
en una ocasión en que tuve que alejarme mucho siguiendo
la pista° de un puma,° me acerqué demasiado a un campa-   *trail* / tigre americano
mento de soldados. Yo estaba fatigado y no había comido en
varios días, por eso mi entendimiento estaba aturdido.° En   confundido
125 vez de dar media vuelta cuando percibí la presencia de los
extranjeros, me eché a descansar. Me cogieron los soldados.

Sin embargo no mencionaron los garrotazos propinados° a los otros. En realidad no me preguntaron nada. Tal vez no conocían a esas personas o no sabían que yo soy Walimai.

garrotazos...golpes dados

130   Me llevaron a trabajar con los caucheros,° donde había muchos hombres de otras tribus, a quienes habían vestido con pantalones y obligaban a trabajar, sin considerar para nada sus deseos. El caucho requiere mucha dedicación y no había suficiente gente por esos lados, por eso debían traernos
135   a la fuerza. Ese fue un período sin libertad y no quiero hablar de ello. Me quedé sólo para ver si aprendía algo, pero desde el principio supe que iba a regresar donde los míos. Nadie puede retener por mucho tiempo a un guerrero contra su voluntad.

los que trabajan o negocian con el caucho (*rubber*)

140   Se trabajaba de sol a sol, algunos sangrando a los árboles para quitarles gota° a gota la vida, otros cocinando el líquido recogido para espesarlo° y convertirlo en grandes bolas. El aire libre estaba enfermo con el olor de la goma° quemada y el aire en los dormitorios comunes lo estaba con el sudor°
145   de los hombres. En ese lugar nunca pude respirar a fondo. Nos daban de comer maíz, plátano y el extraño contenido de unas latas°, que jamás probé porque nada bueno para los humanos puede crecer en unos tarros.° En un extremo del campamento habían instalado una choza° grande donde
150   mantenían a las mujeres. Después de dos semanas trabajando con el caucho, el capataz° me entregó un trozo° de papel y me mandó donde ellas. También me dio una taza de licor que yo volqué° en el suelo, porque he visto cómo esa agua destruye la prudencia. Hice la fila,° con todos los demás. Yo
155   era el último y cuando me tocó entrar en la choza, el sol ya se había puesto y comenzaba la noche, con su estrépito de sapos y loros.°

drop

condensarlo

rubber

sweat

tin cans

latas

hut

jefe / pedazo

eché

Hice...*I waited in line*

estrépito...ruido de animales y pájaros

Comprensión

¿Por qué abandonó su aldea la tribu de Walimai? ¿Cómo eran los «hombres pálidos»? ¿Qué le pasó un día a Walimai cuando cazaba? ¿Cómo vivían los indios presos (*prisioneros*)?

Predicción

¿Cómo viviría una mujer india si fuera capturada por los blancos?

III

Mirada rápida:
¿Cuál es el tema central de la tercera sección? Lea rápidamente, luego escoja uno.
a. la condición de la mujer de los Ila y la reacción/acción de Walimai
b. los preparativos de Walimai para ir de caza en busca de alimentos
c. los ritos religiosos de la tribu de los Ila

Ella era de la tribu de los Ila, los de corazón dulce, de donde vienen las muchachas más delicadas. Algunos hombres
160 viajan durante meses para acercarse a los Ila. Les llevan regalos y cazan para ellos, en la esperanza de conseguir una de sus mujeres. Yo la reconocí a pesar de su aspecto de lagarto,° porque mi madre también era una Ila. Estaba desnuda sobre un petate,° atada por el tobillo° con una cadera° fija
165 en el suelo, aletargada,° como si hubiera aspirado por la nariz el «yopo» de la acacia°. Tenía el olor de los perros enfermos y estaba mojada por el rocío° de todos los hombres que estuvieron sobre ella antes que yo. Era del tamaño° de un niño de pocos años, sus huesos sonaban como piedrecitas
170 en el río. Las mujeres Ila se quitan todos los vellos° del cuerpo, hasta las pestañas°, se adornan las orejas con plumas y flores, se atraviesan palos pulidos en las mejillas y la nariz,° se pintan dibujos en todo el cuerpo con los colores rojo del onoto,° morado° de la palmera y negro del carbón. Pero ella
175 ya no tenía nada de eso. Dejé mi machete en el suelo y la saludé como hermana, imitando algunos cantos de pájaros y el ruido de los ríos. Ella no respondió. Le golpeé con fuerza el pecho, para ver si su espíritu resonaba entre las costillas,° pero no hubo eco, su alma estaba muy débil y no podía
180 contestarme. En cuclillas° a su lado le di de beber un poco de agua y le hablé en la lengua de mi madre. Ella abrió los ojos y me miró largamente. Comprendí.
Antes que nada me lavé sin malgastar° el agua limpia. Me eché un buen sorbo° a la boca y lo lancé en choros° finos
185 contra mis manos, que froté° bien y luego empapé° para limpiarme la cara. Hice lo mismo con ella, para quitarle el rocío de los hombres. Me saqué los pantalones que me había dado el capataz. De la cuerda que me rodeaba la cintura° colgaban mis palos° para hacer fuego, algunas puntas de
190 flechas, mi rollo de tabaco, mi cuchillo de madera con un diente de rata en la punta y una bolsa de cuero° bien firme,

lizard

mat / ankle / hip

narcotizada

«yopo»…sustancia alucinante de un árbol / líquido

size

pelos

eyelashes

se…*they pierce their cheek and nose with polished sticks* / una planta / purpúreo

ribs

En…*squatting*

utilizar malamente

porción de agua / *streams*

I rubbed / I drenched

me…*circled my waist*

sticks

piel de animal

donde tenía un poco de *curare*°. Puse un poco de esa pasta en la punta de mi cuchillo, me incliné sobre la mujer con el instrumento envenenado y le abrí un corte en el cuello°. La

195 vida es un regalo de los dioses. El cazador mata para alimentar a su familia. Él procura no probar la carne de su presa y prefiere la que otro cazador le ofrece. A veces, por desgracia, un hombre mata a otro en la guerra, pero jamás puede hacer daño° a una mujer o a un niño. Ella me miró con grandes

200 ojos, amarillos como la miel, y me parece que intentó sonreír agradecida. Por ella yo había violado el primer tabú de los Hijos de la Luna y tendría que pagar mi vergüenza con muchos trabajos de expiación. Acerqué mi oreja a su boca y ella murmuró su nombre. Lo repetí dos veces en mi mente

205 para estar bien seguro pero sin pronunciarlo en alta voz, porque no se debe mentar° a los muertos para no perturbar su paz, y ella ya lo estaba, aunque todavía palpitara su corazón. Pronto vi que se le paralizaban los músculos del vientre°, del pecho y de los miembros, perdió el aliento°, cambió de color,

210 se le escapó un suspiro y su cuerpo se murió sin luchar, como mueren las criaturas pequeñas.

De inmediato sentí que el espíritu se le salía por las narices° y se introducía en mí, aferrándose a mi esternón.° Todo el peso° de ella cayó sobre mí y tuve que hacer un

215 esfuerzo para ponerme de pie. Me movía con torpeza, como si estuviera bajo el agua. Doblé su cuerpo en la posición del descanso último, con las rodillas tocando el mentón,° la até° con las cuerdas del petate, hice una pila con los restos de la paja° y usé mis palos para hacer fuego. Cuando vi que la

220 hoguera ardía° segura, salí lentamente de la choza, trepé el cerco° del campamento con mucha dificultad, porque ella me arrastraba hacia abajo, y me dirigí al bosque. Había alcanzado los primeros árboles cuando escuché las campanas de alarma.

sustancia venenosa (poisonous) de una planta

throat

harm

nombrar

estómago

respiración

sigh

nostrils / aferrándose...clinging to my breast bone / weight

chin / I tied

straw

hoguera...fire was burning

trepé...I climbed the fence

Comprensión

¿En qué condiciones estaba la mujer de los Ila? ¿Qué actos de Walimai mostraban su respeto por ella? ¿Qué le hizo él a la mujer al final de esta sección? ¿Quería esto la mujer? ¿Cómo lo sabe Ud.?

Predicción

¿Cree Ud. que habrá una ceremonia o rito especial para la mujer? ¿Por qué?

IV

Mirada rápida:

¿Cuál es el tema central de la cuarta sección? Lea rápidamente, luego escoja uno.

a. el escape de la tribu de Walimai de los hombres pálidos

b. los días de despedida (decir adiós) entre Walimai y la mujer

c. las dudas y los conflictos psicológicos de Walimai

225   Toda la primera jornada° caminé sin detenerme ni un
instante. Al segundo día fabriqué un arco y unas flechas y
con ellos pude cazar para ella y también para mí. El guerrero
que carga el peso de otra vida humana debe ayunar° por diez
días, así se debilita el espíritu del difunto,° que finalmente,
230 se desprende° y se va al territorio de las almas. Si no lo hace,
el espíritu engorda con los alimentos y crece dentro del
hombre hasta sofocarlo. He visto algunos de hígado° bravo
morir así. Pero antes de cumplir con esos requisitos yo debía
conducir el espíritu de la mujer Ila hacia la vegetación más
235 oscura, donde nunca fuera hallado. Comí muy poco, apenas
lo suficiente para no matarla por segunda vez. Cada bocado
en mi boca sabía° a carne podrida° y cada sorbo de agua era
amargo°, pero me obligué a tragar° para nutrirnos a los dos.
Durante una vuelta completa de la luna me interné selva
240 adentro llevando el alma de la mujer, que cada día pesaba
más. Hablamos mucho. La lengua de los Ila es libre y resuena°
bajo los árboles con un largo eco. Nosotros nos comunicamos
cantando, con todo el cuerpo, con los ojos, la cintura, los
pies. Le repetí las leyendas que aprendí de mi madre y de mi
245 padre, le conté mi pasado y ella me contó la primera parte
del suyo, cuando era una muchacha alegre que jugaba con
sus hermanos a revolcarse° en el barro° y balancearse de las
ramas más altas. Por cortesía, no mencionó su último tiempo
de desdichas° y de humillaciones. Cacé un pájaro blanco, le
250 arranqué° las mejores plumas y le hice adornos para las
orejas. Por las noches mantenía encendida una pequeña
hoguera, para que ella no tuviera frío y para que los jaguares
y las serpientes no molestaran su sueño. En el río la bañé
con cuidado, frotándola con ceniza° y flores machacadas°,
255 para quitarle los malos recuerdos.
    Por fin un día llegamos al sitio preciso y ya no teníamos
más pretextos para seguir andando. Allí la selva era tan densa
que en algunas partes tuve que abrir paso rompiendo la
vegetación con mi machete y hasta con los dientes, y debíamos

día

no comer
muerto
separa

liver

tenía el sabor / putre-
  facto
ácido / comer

reverbera

ensuciarse / *mud*

adversidades

quité

frotándola...*rubbing
her with ash* / pulve-
rizadas

260 hablar en voz baja, para no alterar el silencio del tiempo. Escogí un lugar cerca de un hilo de agua, levanté un techo de hojas e hice una hamaca para ella con tres trozos largos de corteza.° Con mi cuchillo me afeité la cabeza y comencé mi ayuno.

parte exterior de un árbol o planta

265   Durante el tiempo que caminamos juntos la mujer y yo nos amamos tanto que ya no deseábamos separarnos, pero el hombre no es dueño de la vida, ni siquiera de la propia, de modo que tuve que cumplir con mi obligación. Por muchos días no puse nada en mi boca, sólo unos sorbos de agua. A

270 medida° que mis fuerzas se debilitaban ella se iba desprendiendo° de mi abrazo, y su espíritu, cada vez más etéreo, ya no me pesaba como antes. A los cinco días ella dio sus primeros pasos por los alrededores, mientras yo dormitaba, pero no estaba lista para seguir su viaje sola y volvió a

275 mi lado. Repitió esas excursiones en varias oportunidades, alejándose cada vez un poco más. El dolor de su partida era para mí tan terrible como una quemadura° y tuve que recurrir a todo el valor° aprendido de mi padre para no llamarla por su nombre en alta voz atrayéndola así de vuelta conmigo para

280 siempre. A los doce días soñé que ella volaba como un tucán° por encima de las copas de los árboles y desperté con el cuerpo muy liviano° y con deseos de llorar. Ella se había ido definitivamente. Cogí mis armas y caminé muchas horas hasta llegar a un brazo del río. Me sumergí en el agua hasta la

285 cintura, ensarté° un pequeño pez con un palo afilado° y me lo tragué° entero, con escamas y cola.° De inmediato lo vomité con un poco de sangre, como debe ser. Ya no me sentí triste. Aprendí entonces que algunas veces la muerte es más poderosa que el amor. Luego me fui a cazar para no regresar

290 a mi aldea con las manos vacías.

A...As

separando

burn

valentía, fuerza

pájaro

de poco peso

I skewered / con una punta

comí / escamas...scales and tail

Comprensión

¿Por qué ayunó Walimai durante diez días? ¿Se comunicaban él y la mujer? ¿Qué pasó al final con el alma de la mujer?

.... Discusión e Interpretación

1. Dice Walimai: «Ella abrió los ojos y me miró largamente. Comprendí». ¿Qué dijeron los ojos? ¿Qué comprendió Walimai? ¿Por qué cree Ud. que la mató?
2. ¿Cuál es la reacción de Ud. a lo que hizo Walimai? ¿Fue un acto inmoral e imperdonable? ¿o un acto compasivo y necesario? Explique.

3. ¿Cuál era la característica definitiva de los Hijos de la Luna (vea el ¶ 3)? ¿y de los Ila (vea el ¶ 6)? ¿Qué acciones del hombre blanco amenazaron (*threatened*) o destruyeron esta identidad básica? ¿Qué piensa Ud. de la llegada de los blancos?

4. ¿Cómo protegía Walimai el alma o espíritu de la mujer? ¿Qué opina Ud. de estos ritos o ceremonias?

··· **Actividades**

Contrastes culturales

Walimai encuentra distintas actitudes y costumbres entre los Hijos de la Luna y los blancos. Busque los siguientes contrastes en el texto, luego llene los espacios en el gráfico. Por fin, compare su lista con la de otro(a) estudiante. ¿Qué piensa Ud. de las dos culturas?

	los Hijos de la Luna	los blancos
1. pronunciar los nombres	_____	_____
	_____	_____
2. actitud hacia los ancianos	_____	_____
	_____	_____
3. formas de cazar y pescar	_____	_____
	_____	_____
4. actitud hacia la naturaleza	_____	_____
	_____	_____
5. tratamiento a las personas y los animales	_____	_____
	_____	_____

¿Hay otros conflictos—prácticos o morales—entre las dos culturas? Explique.

Reacciones personales

Con otra persona, comente las siguientes preguntas, luego comparta sus respuestas con la clase.

1. ¿Cuál es tu reacción al cuento? ¿Crees que es bonito, cruel, triste, muy fuerte, muy tierno (*tender*), una blasfemia, una tragedia? Explica.

2. En tu opinión, ¿qué peligros hay ahora para las culturas indígenas?

Juego imaginativo: ¿Culpable o inocente?

Dice Walimai, «A veces, por desgracia, un hombre mata a otro en la guerra, pero jamás puede hacer daño a una mujer o a un niño.... Por ella yo había violado el primer tabú de los Hijos de la Luna...»

¿Es culpable o inocente Walimai?

La clase dramatizará el caso de Walimai en un tribunal.

·· Composición

1. Escriba una carta a Walimai defendiendo/criticando sus acciones.
2. Desde el punto de vista de Walimai, describa y comente la imagen de los indígenas en el cine, la televisión y otras áreas de la vida contemporánea.

El bosque en el bolsillo

*Ana Alomá Velilla**

Anticipación

Este cuento describe el conflicto interno que sufre una madre joven. Ella necesita tomar una decisión muy difícil sobre el número de hijos que quiere tener en su familia. ¿Cómo resuelve su dilema? Leamos más.

Estrategia: Orientación preliminar

Mire el dibujo en la página 156 y lea rápidamente el primer párrafo. Encuentre las palabras en el texto que describen el dibujo. Luego, dé la información a continuación.

1. Los personajes principales son _____.

2. El lugar donde están es _____.

3. Las actividades de los personajes son _____.

Estrategia: Búsqueda de información

Mientras la mujer lucha con su decisión, ocurren varios cambios de emociones o estados de ánimo (*moods*) en el cuento. Busque las palabras o frases que indican los siguientes estados anímicos en los párrafos indicados.

¶ 1 la felicidad _____

¶ 2 el ser práctico _____

¶ 3 y ¶ 5 la felicidad de la niña _____

¶ 8 la confusión _____

¶ 8 la calma _____

las últimas líneas: la felicidad (otra vez) _____

Ahora, mientras lee Ud. el cuento, trate de concentrarse en las circunstancias que provocaron estas emociones.

---

* Ana Alomá Velilla, profesora y escritora cubana que ahora reside en los Estados Unidos.

La joven mujer observó a la niña jugando entre los árboles del parque. Era el sitio predilecto° de ambas. La parte donde los bancos° se distanciaban, donde había espacios soleados para entibiar° el corazón. Pero también, lugares donde los

5 árboles se acercaban más y entonces la luz del sol se filtraba en un polvillo° brillante donde bailaban mil puntitos dorados.° De vez en cuando la niña se inclinaba y recogía° algo del suelo.° La mujer sonrió observándola. ¡Cabecita loca! Llena de fantasía, de alegría de vivir, de... Igual que el padre.

10 Recordaba la época en que la niña nació, en los dos cuartos que habitaban en la azotea.° La primera vez que los vio se le oprimió el corazón.° Lucían° tristes, vacíos, desnudos... Su marido rió.—Ya verás—le dijo—cómo los vamos a transformar. ¡Hasta un jardín vamos a tener!

15   Y fue cierto. Milagroso era lo que la pintura clara y las alegres cortinas de gingham habían hecho por aquellos cuartos. Y la parra sembrada en medio barril° había dado sombra y fruto, mientras que las macetas° de flores ponían su color y alegría por todos los rincones.° Habían sido

20 supremamente felices los tres a pesar de° la estrechez° económica en que vivían. Pero ahora tenían otro medio° de vida de sostener, y después de la compra de la nueva casa, la operación del marido y el colegio de la niña, no podían darse el lujo° de no ser prácticos. No, a pesar de la resistencia que

25 encontró en el marido. Si llegara a suceder,° no podría trabajar ella como lo había hecho en los últimos años. ¡Y lo bien que había venido ese dinero! Ella era la de los pies en la tierra en

favorito

lugares para sentarse

dar calor

fine dust

de color de oro

se...*bent over and picked up* / tierra

flat roof

se...*her heart was crushed* / Parecían

parra...*grapevine planted in a half barrel* / pots

corners

a...*in spite of* / austeridad / estilo

luxury

ocurrir

esa casa. No había cabida° al sentimentalismo. Bien mirado,   *espacio*
¿qué era eso ahora? Una multiplicación de células,° informe.   *cells*
30 Nada más—¿Y qué?°   *¿Y...So what?*

La chiquilla se acercó. Traía abultado° el bolsillito del   *lleno*
delantal° y venía riendo. La mujer notó una vez más algo que   *apron*
siempre la llenaba de admiración, casi sobrecogimiento:° la   *awe*
expresión radiante de la niña, como una afirmación de la
35 vida, como un misterio inexplicable pero sentido.

— ¡Mira! ¡Traigo un bosque en el bolsillo!

Se acercó más. La clara sonrisa le iluminaba el rostro.°   *cara*
La mujer miró. Eran bellotas.° Bellotas de roble° que había   *acorns / oak tree*
recogido.
40 — Tontita—le dijo -- no son más que semillas...°   *seeds*

— ¡Ah, claro! Pero muy pronto tendremos un robledal°   *grupo de robles*
en el patio. ¡Ya verás!

El mundo de la mujer se quebró repentinamente° en   *se...burst suddenly*
mil pedazos. Los fragmentos saltaban° locos ante sus ojos o   *bounced*
45 giraban a su alrededor° incontenibles. Finalmente empezaron   *giraban...spun around   her*
a calmarse y después se aquietaron del todo. Entonces no
pudo esperar a llegar a casa para llamar al marido. De la
mano de la niña se llegó a un teléfono público. Marcó el
número y cuando al fin él contestó:
50 — Juan...Juan, cancela...cancela...

Lo sintió reír feliz al otro lado de la línea.

— Pero cariño...¡si yo nunca llamé!

··· Comprensión

Identificación del tema central

Lea las siguientes declaraciones y diga cuál expresa mejor el tema central del cuento. Luego, explique por qué ésta es mejor que las otras. (Más de una respuesta correcta es posible.)

1. En la vida real es necesario siempre ser práctico y mantener los pies sobre la tierra.
2. Una vida con todo su potencial vale más que el dinero.
3. La vida comienza como algo muy pequeño.

Preguntas

1. En el primer párrafo se habla del primer apartamento en que vivía el matrimonio. Piense Ud. en tres adjetivos o frases para describir este lugar.
2. La mujer dice que en ese apartamento, ellos eran «supremamente felices». ¿Por qué cree Ud. que la gente muchas veces es más feliz cuando tiene muy poco?
3. ¿Por qué necesitan más dinero ahora?

4. ¿Cómo es la niña? ¿Qué quiere decir ella cuando declara que tiene «un bosque en el bolsillo»?
5. ¿Qué decisión toma la mujer finalmente? ¿Por qué?
6. ¿Qué sorpresa recibe cuando habla por teléfono con su marido?

.... **Actividades**

 ### Decisiones difíciles

Con otra persona, comente las siguientes preguntas, luego comparta sus respuestas con la clase.

1. ¿Qué piensas de la decisión de la mujer? ¿Por qué?
2. ¿Crees que el hombre (el padre) debe participar en la decisión sobre el aborto? Explica.

Minidebates

Trabajando solo(a) o con otra persona, explique por qué Ud. está de acuerdo o no con las siguientes declaraciones.

1. Las mujeres tienen derecho a controlar su propio cuerpo.
2. El feto (*fetus*) es un ser humano, y por eso, un aborto es lo mismo que un asesinato.
3. Se debe permitir la venta de la píldora RU-486* en este país.

Juego imaginativo: Un nuevo fin

Cambie el fin del cuento de una manera original y comparta los resultados en clase. Discuta por qué ha cambiado el cuento de esa manera.

Génesis

Marco Denevi

Anticipación

Todos sabemos que en la Biblia «Génesis» describe la creación del universo. ¿Pero también podría referirse al fin de la civilización tal como la conocemos? El microcuento del renombrado novelista y cuentista argentino, Marco Denevi (*n.* 1922), ofrece una perspectiva interesante sobre el tema. Lea Ud. el cuento y decida por su propia cuenta: «génesis»: ¿comienzo o fin?

----

*La píldora RU-486, producida originalmente en Francia y vendida en muchos países europeos, provoca el aborto espontáneamente, sin la necesidad de un procedimiento médico, si se toma en los primeros meses.

Estrategia: Predicción

¿Cuáles de las siguientes personas o cosas son muy probables en un cuento entitulado «Génesis»?

guerra	frutos
Adán y Eva	desierto
la teoría de la evolución	un niño
vegetación	horror
diablo	padre

Ahora, nombre Ud. tres otras palabras que asocia con «génesis».

Vocabulario: Buscando palabras

Lea Ud. rápidamente el cuento, buscando las palabras de la sección arriba. ¿Hay algunas sorpresas?

Con la última guerra atómica, la humanidad y la civilización desaparecieron. Toda la tierra fue como un desierto calci- nado.° En cierta región de Oriente sobrevivió un niño, hijo del piloto de una nave espacial.° El niño se alimentaba de
5   hierbas° y dormía en una caverna. Durante mucho tiempo, aturdido° por el horror del desastre, sólo sabía llorar y clamar° por su padre. Después sus recuerdos se oscurecieron, se disgregaron,° se volvieron arbitrarios y cambiantes como un sueño, su horror se transformó en un vago miedo. A ratos
10   recordaba la figura de su padre, que le sonreía o lo amones- taba,° o ascendía a su nave espacial, envuelta° en fuego y en ruido, y se perdía entre las nubes. Entonces, loco de soledad, caía de rodillas y le rogaba que volviese. Entretanto la tierra se cubrió nuevamente de vegetación: las plantas se cargaron
15   de flores: los árboles, de frutos. El niño, convertido en un muchacho, comenzó a explorar el país. Un día vio un ave.° Otro día vio un lobo.° Otro día inesperadamente, se halló frente a una joven de su edad que, lo mismo que él, había sobrevivido a los estragos° de la guerra atómica.
20   — ¿Cómo te llamas? —le preguntó.
— Eva, —contestó la joven—. ¿Y tú?
— Adán.

Margin glosses:
incinerado
nave...*spaceship*
herbs
stunned / gritar
se...se disolvieron
scolded / *wrapped*
pájaro
wolf
ruina

·· Comprensión

Cronología

Indique el orden correcto.

_____ 1. Sobrevivió un niño que lloraba y gritaba por su padre.

_____ 2. El muchacho conoció a una joven de su edad.

_____ 3. La vegetación empezó a crecer de nuevo sobre la tierra.

_____ 4. Una guerra horrible dejó la tierra en ruinas.

_____ 5. En los recuerdos, el padre ascendía a una nave espacial y desaparecía.

Preguntas

1. En cierta región de Oriente, ¿quién sobrevivió a la destrucción del mundo? Con el tiempo, ¿qué pasó con los recuerdos de su vida anterior?
2. ¿Por qué pensaba en su padre? ¿Qué recuerdos guardaba de él?
3. ¿Qué hizo el niño convertido en muchacho? ¿A quién conoció?
4. En la nueva civilización, ¿a quién podría representar el padre de los recuerdos de Adán?

·· Actividades

Interpretaciones

Con otro(a) estudiante, comente las siguientes preguntas. Luego comparta sus respuestas con la clase.

1. ¿Cómo explicas el título? ¿Es una creación o re-creación?
2. ¿Crees que el cuento es optimista o pesimista? ¿Por qué?

Juego imaginativo: Anticipando el futuro

¿Cómo serán Adán y Eva en 25 años? Invente una continuación.

·· Comentario sobre el dibujo

Escriba un título o leyenda (*caption*) para el dibujo.

Arte y fantasía

Dos artistas y sus circunstancias

El deseo de expresarse es muy antiguo, y uno de los modos de la expresión humana es el arte. Desde las más antiguas pinturas de las Cuevas de Altamira en el norte de España (15.000 a.C.), hasta los magníficos cuadros de hoy, que se venden por millones de dólares, el arte hispano representa un tesoro cultural. ¿Qué temas se presentan en esta tradición? Mirando los cuadros, ¿podemos ponernos en contacto con las emociones e ideas de sus creadores? Vamos a examinar la vida y la obra de dos pintores hispanos: dos genios que tomaron inspiración de ambientes y épocas muy diferentes.

Comprensión

1. ¿Dónde están las pinturas hispanas más antiguas?
2. ¿Cuánto valen los más famosos cuadros hoy día? En su opinión, ¿por qué valen tanto? ¿Qué opina Ud. de estos precios?
3. ¿Cree Ud. que algunos temas no son apropiados para el arte? Explique.

Vocabulario preliminar

Estudie estas palabras y haga los ejercicios antes de leer el ensayo sobre los dos artistas. Luego, utilice esta lista como medio de consulta durante su estudio del capítulo.

1. **alcanzar** conseguir, lograr; llegar a cierto punto
2. **creador** con la capacidad de producir algo de la nada, inventivo
3. **cuadro (el)** representación pictórica, pintura
4. **entretener** divertir, distraer, ocupar la atención; *adj.* **entretenido** divertido, ocupado
5. **estilo (el)** manera de expresarse, carácter original de un(a) artista, o época, moda, etcétera
6. **impedimento (el)** limitación física o mental, *handicap*; *adj.* **impedido** *handicapped*
7. **ingenio (el)** habilidad para inventar o resolver dificultades; talento
8. **mensaje (el)** comunicación enviada de una persona a otra; significado o aportación de una obra o de un escritor o artista
9. **merecer** ser digno(a) de algo
10. **obra (la)** cosa hecha o producida por alguien; producción artística o literaria; **obra maestra (la)** ejemplo excelente o perfecto
11. **personaje (el)** ser humano verdadero o simbólico que se representa en una obra literaria; persona notable
12. **pintura (la)** obra pintada, especialmente una representación pictórica
13. **poder creador (el)** capacidad para crear o inventar
14. **retrato (el)** representación de la figura de una persona, animal u objeto, hecho en dibujo, pintura o fotografía
15. **sueño (el)** representación en la mente de una serie de imágenes mientras se duerme; idea que no tiene fundamento en la realidad; deseo, esperanza

Sinónimos

Dé palabras de la lista que, en algún sentido, pueden servir como sinónimos para las siguientes.

1. talento
2. ilusión
3. limitación
4. cuadro
5. lograr

6. moda
7. aviso
8. imaginación
9. divertir
10. inventivo

Palabras relacionadas

¿Puede Ud. adivinar el significado de las siguientes palabras que están relacionadas con palabras de la lista? Conteste las preguntas.

1. ¿Qué ejemplo puede Ud. dar de una persona **ingeniosa**?
2. ¿Qué cosas desea Ud. que no son **alcanzables** ahora?
3. En su opinión, ¿es bueno o malo ser una persona **soñadora**? ¿Por qué?
4. ¿Qué les pasa a veces a los **mensajeros** que traen malas noticias?
5. ¿Cree Ud. que en general los criminales **llevan su merecido** o no? Explique.

CÓMO PASA EL TIEMPO, QUICO...!

Diego, Velázquez, español (1599–1660): su vida y obra

España ha producido un gran número de artistas: Zurbarán, El Greco, Goya, Dalí, Miró y Picasso*, entre muchos otros. Uno de los más notables es Diego de Silva y Velázquez.

Velázquez nació en Sevilla en 1599 y empezó a pintar a la edad de once
5 años. Se casó cuando tenía dieciocho años con la hija de su maestro y poco después se fue a Madrid a la corte del rey Felipe IV. Pronto se hizo famoso por sus maravillosos retratos del monarca y su familia. Era pintor oficial pero también era cortesano y tenía que cumplir con varios deberes por lo cual no disfrutaba de mucho tiempo para pintar. Era un hombre tranquilo que no participaba en

---

* Véase un cuadro de El Greco en la página 84 de este libro, y un cuadro de Picasso en la página 60.

Diego Velázquez, autorretrato
(detalle de *Las Meninas*),
Madrid, Prado.

10   las intrigas de la Corte. Pasó toda su vida pintando y sirviendo al rey hasta su
muerte por enfermedad a la edad de sesenta y un años. Su mujer se murió seis
días más tarde.

      A primera vista las obras de Velázquez parecen convencionales. Pero la
persona que las observa con cuidado descubre que casi todas contienen un
15   secreto: un mensaje sutil y original. Además, mediante la manipulación de luz
y sombra, Velázquez alcanzó a representar a las figuras en su ambiente sin
necesidad de trazarlas con líneas. Por eso, siglos después de la muerte del gran
maestro, Edouard Manet y otros pintores impresionistas de Francia hicieron
viajes especiales a Madrid para estudiar su obra. Vamos a examinar algunos de
20   sus cuadros para ver si podemos descubrir sus mensajes secretos.

Comprensión

1. Muchos creen que los artistas llevan una vida triste, llena de sufrimiento.
   ¿Cómo describiría Ud. la vida de Velázquez?
2. ¿Qué circunstancias de su vida lo ayudaron a ser un gran pintor?
3. ¿Por qué es necesario mirar atentamente los cuadros de Velázquez?
4. ¿Qué grupo de pintores fue influido por la obra de Velázquez? ¿Por qué?

La rendición de Breda por Diego Velázquez, Madrid, Prado.

Hoy día, con la facilidad de la fotografía, tendemos a olvidarnos de la importancia que tenía la pintura en el pasado como modo de conservar los recuerdos de momentos históricos. El enorme cuadro, *La rendición de Breda,* fue pintada para conmemorar la victoria militar española de 1625 contra los holandeses. Velázquez
25   la pintó diez años después del incidente y tuvo que usar todo su ingenio para representar a personajes y un paisaje que nunca había visto. Pero, ¡qué sorpresa! El cuadro no es típico de las pinturas militares porque evita la violencia, la guerra y el orgullo nacional para evocar, en cambio, un sentido de tranquilidad y compasión humana. La fuerza militar está simbolizada por una fila de lanzas,
30   y la destrucción de la ciudad solamente está insinuada. La atención del observador está dirigida a las relaciones humanas entre el vencedor y el vencido: entre el general español y el general holandés que le entrega la llave de la ciudad de Breda. La obra celebra las cualidades de reconciliación, generosidad y cortesía, y los soldados menores están representados como individuos, preocupados con
35   sus propios pensamientos.

Comprensión

1. ¿Para qué pintó Velázquez *La rendición de Breda*?
2. ¿Por qué tenía que usar el pintor su poder creador?
3. ¿Cómo sería una típica pintura en honor de una victoria militar? ¿En qué sentido es original y diferente la pintura de Velázquez?
4. Mire bien el cuadro. ¿Qué objeto hay en el centro exacto de la pintura? En su opinión, ¿por qué lo ha puesto allí el pintor?

Retrato del Papa Inocente X por Diego Velázquez, Roma, Gallería Doria-Pamphile.

Retrato de Don Sebastiano de Morra por Diego Velázquez, Madrid, Prado.

A Velázquez le interesaba el ser humano en toda su variedad. Pintaba a reyes y princesas, pero también a pobres, mendigos, borrachos, y a la gente con impedimentos físicos o mentales, que se empleaban en la Corte como bufones o compañeros para los niños reales. Es importante recordar que un buen retrato
40   no es simplemente una copia de apariencias externas; exige imaginación e intuición porque el artista observa a su sujeto durante horas para escoger la expresión, la postura y los gestos más aptos. El Papa Inocente X era uno de los hombres más poderosos del mundo. Velázquez revela sin piedad la fuerza, astucia y crueldad de su carácter. En el retrato de Don Sebastiano de Morra
45   aparece uno de los enanos (personas muy pequeñas) que entretenían en la Corte. Lo que sorprende es la mirada irónica y triste, llena de inteligencia.

Comprensión

1. ¿A quiénes pintaba Velázquez? ¿Por qué?
2. ¿Por qué es necesario tener imaginación e intuición para pintar un buen retrato?
3. ¿Qué cualidades son evidentes en el retrato del Papa Inocente X? ¿en el retrato de Sebastián de Morra? ¿Por qué son sorprendentes?

La Venus del espejo por Diego Velázquez, The National Gallery, London.

En 1990, una exposición en Madrid de las obras de Velázquez atrajo más de medio millón de visitantes; fue la exposición pictórica más grande de la historia de España. Una de las pinturas principales era la fascinante y misteriosa *Venus*
50   *del espejo*, el primer desnudo no religioso de la pintura española. No se sabe mucho del cuadro. El tema es una vista íntima de la diosa de amor romana, Venus, acompañada de su hijo, Cupido. Seguramente se trataba de un encargo privado porque el «Santo Oficio» de la Inquisición no habría permitido el uso del cuerpo desnudo, ni siquiera para un tema mitológico. Velázquez ha
55   representado a la bella mujer como delgada, modesta y con dignidad, en contraste con las figuras voluptuosas y lascivias que se veían en la pintura italiana de aquellos tiempos.

Comprensión

1. ¿Cuántas personas fueron a la exposición de las obras de Velázquez en 1990?
2. ¿Cuál es el tema de *La Venus del espejo*?
3. ¿Cómo sabemos que este cuadro tenía que ser un encargo privado?
4. ¿Qué piensa Ud. del cuadro? ¿Cree que la representación de una mujer desnuda es insultante a las mujeres, o no? Explique.

Sin duda alguna, la obra maestra de Velázquez es *Las Meninas*. Muchos pintores modernos la han admirado como un ejemplo de cómo Velázquez alcanzó a
60   hacer presente un ambiente particular por la hábil manipulación de luz y sombra. El cuadro representa una escena de la vida cotidiana de la Corte. Velázquez mismo (con una cruz en el pecho) está presente, en un cuarto grande,

Las meninas por Diego
Velázquez, Madrid, Prado.

pintando. La joven princesa acaba de entrar, acompañada de sus meninas
(damas de honor), una dama enana que sirve de compañera, y un niño. También
65   hay una monja, un guardia y un perro. Todas son figuras típicas pero cada una
parece individual. Un hombre noble se asoma a la puerta en el fondo del cuarto.
Pero, ¿a quién está pintando el Velázquez representado en el cuadro? Pues, a
los reyes, por supuesto. ¿Y dónde están los reyes? La respuesta está en el cuadro.
Mírelo bien. Porque su composición es una de las más originales e ingeniosas
70   de toda la historia del arte.

Comprensión
1. ¿Qué representa *Las Meninas*?
2. ¿Qué personajes aparecen en el cuadro, y qué hacen?
3. ¿Dónde están los reyes? ¿Cómo lo sabe Ud.?
4. En su opinión, ¿por qué pintó así a los reyes Velázquez?

Discusión

1. ¿Podemos decir que Velázquez era convencional? ¿que era original? Explique.
2. ¿Cuál de los cuadros de Velázquez le parece a Ud. el más bello? ¿el más
interesante? ¿Por qué?
3. ¿Le entretiene a Ud. ir a los museos o exhibiciones de arte? ¿Qué museo ha
visitado recientemente? Explique.

.... **Actividades**

Su opinión

Trabajando solo(a) o con otra persona, explique brevemente por qué Ud. está de acuerdo o no con las siguientes opiniones.

1. Hoy día, un pintor realista como Velázquez no tendría mucho valor porque tenemos la fotografía.
2. El empleo en las Cortes del siglo XVII a los enanos y a otras personas impedidas, para entretener a los nobles o servir como compañeros, era una costumbre mala.
3. El arte imita la vida, pero la vida nunca imita el arte.

Juego imaginativo: Retratos inventados

En parte, Velázquez es importante porque sus pinturas nos dan una visión bastante exacta de la sociedad de sus tiempos. Ahora, si Velázquez viviera hoy, ¿a quiénes pintaría? ¿En qué ambiente y con qué objetos? ¿Qué cualidades mostraría en las caras y posturas? Trabajando con una o dos personas, imagine tres retratos de personas actuales, pintados por Velázquez para representar nuestra sociedad, y llene el siguiente formulario para cada retrato.

Retrato 1(2,3)

Persona retratada: _____

Título: _____

Ambiente: _____

Objetos: _____

Cualidades: _____

Frida Kahlo, mexicana, (1907–1954): su vida y obra

La rica y antigua tradición artística de México incluye, entre muchas otras obras, las bellas estatuas precolombinas, y los magníficos murales revolucionarios de Orozco, Siqueiros y Rivera. En tiempos recientes, una de las artistas mexicanas más famosas es Frida Kahlo.

75   Kahlo nació en Coyoacán, en México, en 1907. Su madre era mestiza y su padre un inmigrante alemán judío, quien trabajaba como fotógrafo. Frida sufrió toda su vida de impedimentos físicos causados por la polio que contrajo como niña, y por un horrendo accidente de autobús que ocurrió cuando tenía dieciocho años. Su columna vertebral fue rota en tres partes. En el hospital

80   empezó a pintar para entretenerse. A los veinte años conoció al célebre muralista Diego Rivera, quien tenía cuarenta y uno, y se casó con él. La pareja llevó una vida tempestuosa, viajando por México, Europa, y Estados Unidos, y participando

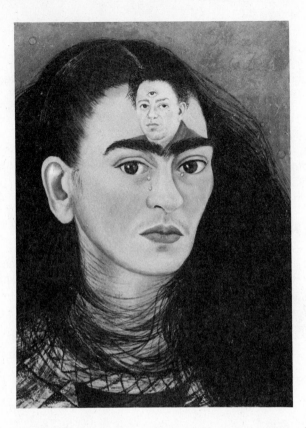

Frida Kahlo, autorretrato
entitulado Diego y yo, 1949,
private collection.

activamente en el movimiento socialista. Se divorciaron en 1939 pero volvieron
a casarse al año siguiente. Kahlo se murió a la edad de cuarenta y cuatro, sin
85   haberse nunca recuperado completamente del accidente.

Frida Kahlo poseía un espíritu libre, ingenioso y apasionado, y una gran
valentía. Su obra muestra la influencia del paisaje y de la mitología indígena de
México, y a veces presenta crítica social. Pero ella misma es el tema más común
de sus cuadros, junto con sus propias emociones, y los dolores e impedimentos
90   que sufría. Sin embargo, cada día su fama crece y hay más personas que
encuentran en su arte un valor universal.

Comprensión

1. Muchos creen que los artistas llevan una vida triste, llena de sufrimiento.
   ¿Cómo describiría Ud. la vida de Frida Kahlo?
2. ¿Qué circunstancias de su vida la ayudaron a ser una famosa pintora?
3. En su opinión, ¿qué aspectos de su vida indican que ella no era una
   persona conformista?
4. ¿Cómo es la obra de Frida Kahlo? ¿Cúal es su tema predilecto? ¿Qué
   opina Ud. de esto?

Mi vestido está colgado allí, 1933, de Frida Kahlo, Hoover Gallery.

En 1933, mientras su esposo trabajaba en un mural para el Centro Rockefeller, Frida Kahlo pintó *Mi vestido está colgado allí*. A primer vista se nota la visión humorística que ofrece de Nueva York, representando las obsesiones
95   norteamericanas por la limpieza y por los deportes con dos pedestales que llevan un inodoro y un trofeo monumentales. En el centro de todo se encuentra el tema personal: el vestido mexicano de Frida, colgado entre los grandes edificios. La artista proyecta en su obra la nostalgia que siente por su patria, insinuando que la parte esencial de su ser *no esta allí* porque ella no se identifica
100   con Nueva York.

     Al mismo tiempo, una observación cuidadosa revela que la pintura también presenta un mensaje social: una crítica de las condiciones en los Estados Unidos durante los años de la Gran Depresión económica. Hay un contraste entre la riqueza de los rascacielos y los miles de pobres que aparecen como pequeños
105   puntos entre las estatuas de George Washington y de la Libertad y el dibujo publicitario de la actriz Mae West. También hay un enorme basurero con un extraño contenido.

Comprensión

1. ¿Qué simbolizan el inodoro y el trofeo monumentales?
2. ¿Cómo se puede explicar el título del cuadro?
3. ¿Qué mensaje social presenta esta pintura sobre Nueva York?
4. ¿Qué piensa Ud. de Nueva York? Explique.

Retrato de Luther Burbank,
1931, de Frida Kahlo, private
collection.

El venadito por Frida Kahlo, Collection of Carolyn Farb,
Houston.

Muchos cuadros de Frida Kahlo están pintados en un estilo que combina el
realismo y la fantasía. En parte, esta tendencia se debía a la influencia surrealista
110   que era tan popular entonces. Influidos por Freud, los surrealistas buscaban
penetrar en la subconsciencia para unirla con la realidad externa y crear así
una realidad más completa. Vemos a Luther Burbank en un paisaje de sueño
que sugiere su trabajo como inventor de las plantas híbridas. Con humor irónico,
la artista ha presentado al famoso botánico mismo como un híbrido: medio
115   hombre, medio árbol. El tema de la muerte, aparece en las raíces que se nutren
de un cadáver humano. Pero la mayoría de los cuadros de Kahlo son auto-
rretratos. En *El venadito*, se representa a sí misma en forma de un pequeño
venado herido por flechas que simbolizan sus heridas físicas y también sus
penas psicológicas. En el habla popular, una persona «lleva cuernos» cuando
120   su amante le es infiel, así que los grandes cuernos son una alusión obvia a las
infidelidades de Diego. El bosque participa en sus dolores porque los árboles
están rotos y destruidos.

Comprensión

1. ¿Qué buscaban hacer los surrealistas?
2. ¿Qué elementos de fantasía hay en el retrato de *Luther Burbank*?
3. ¿Por qué se retrata Frida Kahlo a sí misma como un venado herido?

El suicidio de Dorothy Hale por Frida Kahlo, 1939, Phoenix Art Museum.

Frida Kahlo tenía un carácter especial y a veces era difícil comprender sus acciones. En 1938, aceptó un encargo de la política norteamericana, Claire
125 Boothe Luce, para pintar de memoria un retrato de Dorothy Hale, una amiga mutua, después de su suicidio. Deprimida por problemas amorosos, la famosa modelo se había tirado de un alto edificio. Sintiendo compasión por la madre de Dorothy, la señora Boothe Luce quería regalarle un retrato de su hija como consuelo. ¡Qué choque experimentó cuando vio el retrato hecho por Frida! El
130 cuadro muestra a la bella Dorothy en tres momentos. Arriba su figura aparece, pequeña, en la ventana. En el centro su cuerpo está suspendido en un espacio irreal y nebuloso y, al pie del cuadro, su cadáver está representado con un gran realismo aumentado por la extensión del pie y una mancha de sangre que sale fuera del marco.

Comprensión

1. ¿Para qué encargó Claire Boothe Luce un retrato de Dorothy Hale?
2. ¿Por qué experimentó un choque después?
3. ¿Cree Ud. que Kahlo hizo bien o mal cuando aceptó el encargo y pintó un retrato de ese tipo? ¿Era una acción egoísta y cruel, o simplemente la libertad artística? Explique.
4. En su opinión, ¿cuál es el mensaje de esta pintura?

P.5.12
El abrazo de amor del universo
por Frida Kahlo, private
collection. Photograph courtesy
of the Metropolitan Museum of
Art.

135 La influencia de la tradición mexicana es evidente en la pintura, *El abrazo de amor del universo*. Frida misma está en el centro del cuadro, sosteniendo en sus faldas a Diego, desnudo, como si fuera un niño. De esta manera expresa el aspecto materno del amor que sentía por su marido y, al mismo tiempo, el deseo frustrado de tener su hijo. Entre los ojos de Diego aparece un tercer ojo
140 en la frente, que simboliza su gran talento artístico. Detrás de estas figuras y abrazándolas, hay una enorme diosa-montaña, en forma de un ídolo indígena con pelo de cacto, que representa la tierra mexicana. Detrás hay otra diosa aun más grande, la fuerza creadora del universo, mestiza y dividida en dos partes de luz y sombra. En contraste con esta grandeza cósmica, se ve el toque personal
145 y humorístico, típico de Kahlo, en la presencia de su perro, "el señor Xolotl", que duerme a sus pies.

··· Comprensión

1. ¿En qué aspectos de este cuadro vemos la influencia mexicana?
2. ¿Cómo representa la artista a su marido? ¿Por qué? ¿Qué piensa Ud. de esta representación?
3. En su opinión, ¿qué quiere comunicar Frida Kahlo en esta pintura?

···························· **Discusión**

1. ¿Cuál de los cuadros de Kahlo le parece a Ud. el más bello? ¿el más interesante? ¿Por qué?
2. ¿Considera Ud. feminista el arte de Frida Kahlo, o no? ¿Por qué? Y el arte de Diego Velázquez, ¿es machista? Explique.
3. En su opinión, ¿cuál de estos artistas merece mayor respeto? ¿Por qué?

···························· **Actividades**

Su opinión

Trabajando solo(a) o con otra persona, explique brevemente por qué Ud. está de acuerdo o no con las siguientes opiniones.

1. Si no fuera por sus impedimentos físicos, Frida Kahlo no sería una pintora famosa.
2. Los cuadros de Kahlo no tienen valor universal porque tratan temas demasiado personales.
3. Las pinturas de Frida Kahlo muestran más imaginación que las de Diego Velázquez.

 ### *Hablando del arte...*

¿Para qué miramos el arte? A continuación hay algunas de las reacciones positivas que a veces sentimos ante un cuadro. Hable con otra persona, o en un grupo de tres o cuatro, y conteste la siguiente pregunta: ¿a cuál o cuáles de los cuadros de Diego Velázquez o de Frida Kahlo aplicaría Ud. las siguientes descripciones?

1. Presenta una nueva manera de ver la realidad.
2. Me hace reír (o sonreír).
3. Expresa emociones con las que me identifico.
4. Me gustaría tenerlo en mi casa.
5. Me enseña algo interesante sobre la historia.
6. Revela aspectos intrigantes de la naturaleza humana.
7. Transmite un mensaje importante.
8. Expresa un punto de vista que me agrada.
9. Es bello.
10. _____

.... **Composición**

Comparaciones

1. Haga una lista de diferencias y semejanzas entre las vidas de los dos artistas.
2. Escriba una comparación entre un cuadro de Velázquez y un cuadro de Kahlo.

Refranes

Comente Ud. uno de los siguientes refranes, relacionándolo con Velázquez, con Kahlo, o con la vida de hoy.

> *No corre más el que más camina, sino el que más imagina.*
>
> *Lo que se piensa es lo que se vive.*
>
> *De ilusiones vive el hombre.*
>
> *La necesidad inventó el arte.*
>
> *Quien tiene arte va por todas partes.*

La Teleadicción*

Lourdes Muñoz y Natalia Valdés

Anticipación

La televisión es un nuevo arte del siglo XX que ha extendido el alcance de la imaginación humana por el espacio y por el tiempo. Sin duda, ha tenido un gran impacto para el bien y para el mal. El siguiente artículo examina algunos aspectos de este impacto y sus consecuencias en la sociedad española de hoy.

Estrategia: Hacer predicciones

Después de mirar el título de la selección, los subtítulos y la foto, la clase debe dividirse en grupos de dos o tres personas. La mitad de estos grupos hará una lista de las consecuencias buenas de la televisión y la otra mitad una lista de las consecuencias malas. Después de cinco minutos, una persona de cada grupo leerá su lista o la escribirá en la pizarra. ¿Cuáles de estas consecuencias cree Ud. que se mencionarán en el artículo? Léalo para ver si sus predicciones son ciertas.

---

* De *Tribuna*, una revista española.

Vocabulario: Búsqueda de términos

En España se usa la palabra **culebrones,** que quiere decir «serpientes grandes», para hablar de las telenovelas (*soap operas*). En su opinión, ¿por qué usarán este término? Aprenda más términos relacionados con la televisión. Busque en los seis primeros párrafos las siguientes palabras:

1. El verbo que quiere decir *rompiendo la conexión eléctrica (de un aparato):*_____ (párrafo 1)
2. Una palabra usada en España para indicar los *programas de noticias: los* _____ (párrafo 2)
3. En muchos países latinos se habla de los *canales* de televisión, pero en España se habla de *las* _____ *de televisión.* (párrafo 2)
4. Una frase de tres palabras que significa el pequeño aparato que se tiene en la mano para cambiar de volumen o de programa:
   el _____ _____ _____ (párrafo 4).
5. Una frase despectiva (negativa y condescendiente) de dos palabras que se usa para hablar de la televisión: *la* _____ _____. (párrafo 6)

Hace unos días Santiago M. M., un vecino de la localidad° murciana de Lorca, decidió castigar a su mujer desenchufando el televisor a la hora en que se emitía° el culebrón *Cristal.* La afrenta acabó en los tribunales° con una denuncia por malos
5 tratos presentada por la esposa agraviada.° «*La televisión es un motivo frecuente de discusiones familiares. En Norteamérica es causa de divorcio porque allí suelen alegarse cosas muy triviales. Pero en España este hecho no se admite legalmente*», comenta Pedro López Anadón, abogado divorcista y sociólogo.
10 La televisión ejerce tal influencia en la sociedad actual que alguna diferencia de opiniones por ver *Falcon Crest* o los informativos que se emiten a la misma hora en otras cadenas ha acabado en los servicios de urgencias de los hospitales.
«*En el fondo siempre hay una falta de comunicación,*
15 *pero cuando una pareja acude*° *a mi despacho*° *lo que acaba es reprochándose cosas tan pequeñas como:* «*Siempre pone el programa que a él le gusta*» *o* «*me apagó el televisor*». *Esta es una de las causas que hace que actualmente se compren en España tantos segundos televisores*—señala Anadón—. *El*
20 *cónyuge que no trabaja necesita de una serie de escapes y los* «*culebrones*» *son uno de ellos. Tengo un cliente que alega que su mujer se pasa horas y horas* «*colgada*» *con el televisor cambiando de un serial a otro...*»
Sin llegar a extremos como los anteriores, lo cierto es
25 que quien tiene en su poder el mando a distancia *lleva los pantalones.*

pequeña ciudad

transmitía

cortes
ofendida

llega
oficina (de un
abogado)

La « droga que se enchufa »

La televisión o «droga que se enchufa», como la denomina
la socióloga americana Marie Winne, puede crear una gran
30 dependencia entre sus seguidores.° En los casos más extremos
es parecida a la dependencia producida por el alcohol, ciertas
drogas o el juego,° según el profesor de la Universidad de
Nuevo México Robin Smith Jacobvitz. Un estudio publicado
por el diario *New York Times* indica que «*los rasgos*° *más*
35 *característicos de esta adicción a la televisión son: el uso de*
ésta como un sedante, aunque no produzca satisfacción; el
sentimiento de culpa al saberse adicto; la nula capacidad de
seleccionar los programas y los cambios de humor° *cuando*
hay algo que impide ver la pequeña pantalla...°.

40   La pasión por la caja tonta ha llegado a tales extremos
que en algunos países, como Estados Unidos, entre el 2 y el
12 por 100 de los telespectadores,° según los casos, se
consideran teleadictos porque no son capaces de *desengan-*
charse° de este vicio por sí solos, según refleja Jacobvitz, en
45 un estudio realizado recientemente entre las personas que
ven regularmente la televisión. El profesor señala que cada
vez es más frecuente encontrarse con casos como el de un
oficial de policía americano con dos hijos a quienes atender,
que encuentra tiempo para estar 72 horas semanales° delante
50 de la pequeña pantalla. Para la mayoría de los psicólogos
especializados en este tema, teleadictos son todas aquellas

Glossary (right margin):
- sus...personas que la usan
- *gambling*
- cualidades
- estado emocional
- *screen*
- personas que miran televisión
- liberarse
- cada semana

El televisor forma parte de la tertulia en un café español.

personas que están *pegadas*° a la pantalla una media° de 56 horas semanales, casi 26 horas más que un telespectador considerado normal.

glued / average

Hábitos

55 La media de tiempo que invierten los españoles delante de la pequeña pantalla es apróximadamente de veinte horas semanales. Pero, aparte de las tendencias de los diseñadores, la televisión crea estilo. Después de ver el último episodio de *Cristal* muchas jóvenes se lanzaron a encargar° su tocado de
60 vestido de novia° con la condición de que fuera exacto al que lucía° la mujer de *Luis Alfredo*.

ordenar / tocado...*bridal head piece*

usaba

Las modas televisivas son seguidas a tal punto que a las consultas de los cirujanos plásticos acuden mujeres ansiosas por lucir unos pómulos° como los de Linda Evans o unos
65 labios como los de Kim Basinger. Aunque en muchos casos sirva para concienciar° de problemas reales a sus seguidores, como ocurrió con las *fans* de la serie *Cristal*, que tras conocer el cáncer que padecía *Inocencia*, uno de los personajes de la serie, acudieron a hacerse revisiones° ginecológicas.
70 La forma de vestir también tiene una gran influencia. Hace años las pautas° las marcaban telefilmes norteamericanos como *Los ángeles de Charlie* o *Dallas*, pero desde hace unos meses los gustos se inclinan más por las tendencias latinas.

cheekbones

mostrar la importancia

exámenes

normas

Ocio° y escape

tiempo libre

75 Las películas y las series siguen ocupando los primeros puestos en los índices de audiencia de las diferentes cadenas. Las causas por las que uno enciende la televisión son diversas. La mayoría lo hace con el fin° de pasar un rato entretenido y agradable, pero también hay quienes pretenden° utilizarlo
80 como vía de escape a sus problemas personales o para superar el estrés. En opinión de Alfredo Calcedo Ordóñez, psiquiatra del hospital Gregorio Marañón de Madrid, «*la gente cuando tiene algún tipo de problema intenta distraerse y lo que les entretiene más, por ahora, es la televisión. La dependencia*
85 *llega cuando ésta manda en la conducta del individuo*».

propósito
intentan

La pequeña pantalla ocupa cada vez más momentos de ocio en nuestro país. De la misma manera de que las finales futbolísticas° consiguen paralizar la vida, las grandes series e incluso los dibujos animados° consiguen reunir multitudes delante de la pantalla.

finales...*soccer championships*
dibujos...*cartoons*

Los más pequeños

90   El problema de la teleadicción es importante en los más pequeños porque la pequeña pantalla llama su atención con gran facilidad. Dibujos animados como *Las tortugas Ninja* y *La pandilla basurita*, de Telemadrid, en las que sus protagonistas manejan frases como «*no puedo dejar que me gane, prefiero*

95   *morir*» o «*la cerveza sí que le deja a uno el cuerpo bien*», han creado una fuerte polémica por su contenido y el lenguaje que utilizan sus protagonistas.

Lo primero que se deteriora en los niños atrapados por la pequeña pantalla, según los expertos, es su vitalidad. Se

100   quedan sentados, como ausentes, frente al televisor. Los niños teleadictos juegan menos, su curiosidad desciende, no pueden concentrarse bien y —poco a poco— van perdiendo la alegría y la necesidad de comunicarse con los demás.

.... Comprensión

Preguntas

1. ¿Por qué presentó una denuncia contra su esposo la mujer de Lorca?
2. En su opinión, ¿es cierto que la televisión es «causa de divorcio» en Norteamérica como opina el abogado López Anadón? ¿Es una droga?
3. ¿Qué rasgos son característicos de la adicción a la televisión?
4. ¿Cuántas horas pasa cada semana un teleadicto delante del televisor? ¿y Ud.?
5. ¿Cómo influye la televisión sobre la moda en España? ¿Cree Ud. que esto pasa también en Estados Unidos y Canadá?
6. ¿Qué tipos de programas son los más populares en España? ¿en el lugar donde Ud. vive?
7. ¿Cuáles son las tres causas mencionadas por las que encendemos la televisión? ¿Qué opina Ud. de éstas?
8. ¿Qué les pasa a los niños adictos a la pequeña pantalla?

Quico

Expansión de vocabulario

Antónimos

Dé antónimos, usados en el artículo, para las siguientes palabras.

1. apagar
2. enchufar
3. aburrimiento
4. presentes
5. importantes
6. estimulante

Discusión

Trabajando solo(a) o con otra persona, conteste dos de las siguientes preguntas.

1. Para Ud., ¿cuál es la diferencia entre las series y los culebrones? ¿Qué piensa Ud. en general de estos programas?
2. ¿Qué piensa Ud. de las frases citadas de los dibujos animados en la televisión española (líneas 94–95)? ¿Se debe permitir que los niños vean este programa, o no? Explique.
3. ¿Qué consejos (recomendaciones) le daría Ud. a una persona que sufre de la teleadicción?

Actividad

Los mensajes directos o indirectos

Trabaje Ud. solo(a) o con otra persona y analice los siguientes dibujos, contestando las preguntas. Estos representan imágenes visuales del tipo que se ven en la televisión en los programas para niños.

1. ¿Qué pasa?
2. ¿Qué tipo de programa es?
3. ¿Cuál es el mensaje?

1. ¿Qué pasa?
2. ¿Qué tipo de programa es?
3. ¿Cuál es el mensaje?

1. ¿Qué pasa?
2. ¿Qué tipo de programa es?
3. ¿Cuál es el mensaje?

El conde Lucanor

Ejemplo XI: Lo que le pasó a un deán de Santiago con don Illán, el gran mago de Toledo

Don Juan Manuel

Introducción

Generalmente, al mencionar la literatura española, pensamos en los dos famosos «dones»: don Quijote, el gran soñador, y don Juan, el gran seductor, creaciones literarias del siglo XVII. Pero hay muchos otros libros clásicos de España que son
5   interesantes como, por ejemplo, *El conde*° *Lucanor* de don Juan Manuel.   Count

    Don Juan Manuel fue un señor de la alta nobleza° de   aristocracia
Castilla que vivió a fines del siglo XIII y que dedicaba las horas que no pasaba en guerra o intrigas a escribir libros. Su obra
10 maestra, *El conde Lucanor*, trata de la conversación entre un
señor° y su astuto criado° Patronio, quien le sirve de conse-   lord / sirviente
jero.° Cada capítulo empieza con un problema que el conde   adviser
Lucanor le describe a Patronio. Luego, el criado le cuenta una historia que ilustra la mejor manera de solucionar el problema.
15 Al final de cada cuento de Patronio, el conde pone la moraleja°   moral
en dos versos.

    Así que *El conde Lucanor* está compuesto de muchas historias dentro de una historia general. Este tipo de libro se
llama *un libro de historias enmarcadas*,° y era muy común   un...a framework tale
20 en la Edad Media. (Otro ejemplo es *Los cuentos de Canterbury* de Chaucer.) Don Juan Manuel tomó cuentos de muchas
fuentes;° la Biblia, colecciones orientales y árabes, historias   orígenes
populares, manuscritos griegos y latinos. Algunos de sus cuentos han influido en la literatura mundial, como la *Historia*
25 *del hombre que se casó con una mujer muy brava*, que mucho más tarde apareció como *The Taming of the Shrew* de Shakespeare.

    Como los otros cuentos de *El conde Lucanor*, la siguiente selección, presentada en lenguaje modernizado, ilustra una
30 lección práctica, pero, a diferencia de los otros, éste también introduce la dimensión mágica.

.... Comprensión

1. ¿Quién fue don Juan Manuel y cuándo vivió?
2. ¿Cómo se llama su obra maestra?
3. ¿Quién es Patronio? ¿Cómo ayuda a su señor?
4. ¿Qué es un libro de historias enmarcadas?

5. ¿Cuáles son algunas de las fuentes de *El conde Lucanor*?
6. ¿Qué importancia ha tenido?
7. ¿Por qué no es típica la selección sobre el deán de Santiago?

Anticipación

A continuación se presenta un capítulo de *El conde Lucanor*. Mirando el título, Ud. puede ver que los dos personajes principales son un deán (un oficial menor de la iglesia en la Edad Media) de Santiago y un mago de Toledo. ¿Cree Ud. que una reunión entre un representante de la iglesia y un mago sería oficial o clandestina?

Para apreciar este cuento, es importante recordar que la acción tiene lugar en Toledo, una ciudad famosa por la magia. Se dice que en tiempos antiguos los magos de Toledo usaban sus poderes satánicos para *leer en las almas humanas y manipular el espacio o el tiempo.*

Estrategia: Inventar la historia a base de unas preguntas

Trate Ud. de contestar las preguntas de comprensión *antes de leer el cuento*. Trabaje solo(a) o con otras personas. Lea las preguntas sobre el cuento de Patronio e *invente* Ud. una pequeña historia basada en ellas. Luego, compare su «versión» con la de sus otros compañeros de clase.

Preguntas sobre la historia de Patronio (líneas 15–116)

1. ¿Por qué fue el deán a Toledo a visitar al gran mago?
2. ¿Cómo lo recibió el mago, don Illán?
3. ¿Qué promesa le dio el deán al mago?
4. ¿Qué hicieron en la habitación debajo del río Tajo?
5. ¿Qué noticias recibieron?
6. ¿Por qué fueron a Santiago, a Tolosa y a Roma?
7. ¿Por qué se enojó don Illán con el deán en Roma?
8. ¿Qué encanto mágico hizo don Illán?
9. ¿Cuál es la moraleja de esta historia?

Cuento inventado por Ud.:

Habíase una vez (*Once upon a time there was...*)

Lea el cuento y Ud. verá qué puntos son diferentes y qué puntos semejantes entre su versión y la de don Juan Manuel.

Vocabulario: Buscar sinónimos

Busque sinónimos para las siguientes palabras en la primera parte (líneas 1–39) del cuento.

1. implorar, suplicar _____   4. posición, oficio _____

2. deseos _____   5. obligado (lleno de gratitud) _____

3. autoridad, fuerza _____   6. sirviente (mujer) _____

Vista de Toledo, pintada en el siglo XVI por Doménico Teotocópulo, mejor conocido como «El Greco». La pintura capta la atmósfera extraña y mágica de la antigua cuidad. Museo Metropolitano de Arte, Nueva York (legado de la Sra. H. O. Havemeyer, 1929; colección de H. O. Havemeyer).

Un día hablaba el conde Lucanor con su consejero Patronio y le dijo lo siguiente:

—Patronio, un hombre vino a rogarme que le ayudara en un asunto.° Me prometió que, más tarde, él haría por mí muchos   *matter*

5   favores en recompensa. Y comencé a ayudarlo. Luego, le pedí cierta cosa que realmente quería y me dio excusas. Después, le pedí otra cosa y me dio otra excusa. Pero no tiene todavía lo que él quería, ni lo tendrá sin mi ayuda. Por la confianza que tengo en usted y en su buen entendimiento,° le ruego   *intelecto*

10 que me dé consejos.

—Señor conde—respondió Patronio—, me gustaría contarle lo que le pasó a un deán de Santiago con don Illán, el gran mago de Toledo.

Entonces el conde le preguntó qué había pasado.

15 —Señor conde—dijo Patronio—, en Santiago había un deán que tenía muchas ganas de aprender la magia negra. Como oyó decir° que don Illán de Toledo sabía más que   *oyó...he heard it said* nadie sobre ese arte, fue a Toledo a hablar con él. Fue a la casa del mago y lo encontró leyendo en un salón apartado.°   *privado*

20 Don Illán lo recibió con mucha cortesía. Le dio alojamiento° **una habitación donde**
en su casa y todo lo necesario para su comodidad.° **dormir / *comfort***

Después de comer juntos, los dos hombres quedaron
solos. Entonces el deán le explicó al mago la razón de su
visita: aprender las ciencias mágicas. Don Illán le contestó
25 que él era deán y hombre de gran poder por su puesto en la
iglesia y que posiblemente iba a estar algún día en un puesto
aun más alto y que en general los hombres que tienen mucho
poder se olvidan muy pronto de los que les han ayudado en
el pasado. Y por eso temía que, después de aprender lo que
30 él quería, no le haría ningún favor ni le mostraría nada de
gratitud.

El deán le prometió que no sería así y le aseguró° que, **garantizó**
en cualquier circunstancia, siempre estaría muy agradecido.

En esta conversación estuvieron hasta la hora de cenar.
35 Don Illán le dijo al deán que la ciencia mágica no se
podía aprender excepto en un lugar muy apartado. Luego,
tomándolo de la mano, lo llevó a una sala donde llamó a una
criada y le dijo que preparara perdices° para la cena de esa **partridges**
noche, pero *que no las pusiera a asar hasta que él lo mandara*.° **que...*that she not start***
roasting them until
he gave the order.
40 Dicho esto, el mago y el deán descendieron por una
escalera de piedra muy bien labrada° y bajaron tanto que **carved**
parecía que el río Tajo° pasaba por encima de° ellos. Final- **Tagus (River) /**
mente, llegaron al final y se hallaron en un espacio grande **por...*above***
donde había una habitación llena de libros. Se sentaron y
45 estaban decidiendo con qué libros iban a empezar el estudio
cuando de repente° entraron dos hombres por la puerta con **de...*suddenly***
una carta para el deán. La carta era de su tío el obispo° de **Bishop**
Santiago, y le hacía saber° que estaba muy enfermo y le rogaba **hacía...*informaba***
que fuera° en seguida a Santiago. El deán se sintió muy triste **que...*that he should go***
50 por la enfermedad de su tío. Pero su corazón no le permitió
que dejara tan pronto el estudio, y escribió una carta de
respuesta al obispo, su tío.

A los tres o cuatro días llegaron otros hombres a pie° **caminando**
que traían otras cartas para el deán. Estas cartas le hacían saber
55 que el obispo había muerto y que los hombres importantes de
la iglesia estaban en el proceso de elecciones.

Y a los siete u ocho días vinieron dos escuderos° muy **pages**
bien vestidos que llegaron hasta el deán y le besaron la mano° **le...*kissed his hand***
y mostraron las cartas que anunciaban que lo habían elegido
60 obispo. Cuando don Illán oyó esto, fue al nuevo obispo y le
dijo que estaba muy contento y, puesto que Dios le había
hecho tanto bien, le pedía un favor: que le diera° a su hijo el **que...*that he give***
puesto de deán que ahora quedaba vacante. El nuevo obispo

65 le respondió que prefería dar aquel puesto a un hermano
suyo, pero que más tarde le haría un gran favor y que le
rogaba que fuera con él a Santiago y que llevase° a su hijo.   que...*to bring along*
Don Illán dijo que lo haría.

Se fueron para Santiago. Cuando llegaron, fueron recibidos con mucha honra. Después de vivir allí un tiempo, un
70 día llegaron hasta el obispo mensajeros del Papa° con cartas   *Pope*
que decían que lo había hecho arzobispo° de Tolosa y que,   *Archbishop*
como favor, él podía dar el puesto de obispo a quien él
quisiera.° Cuando don Illán oyó esto, le pidió con mucha   ...*to whomever he*
emoción que le diera el puesto a su hijo. Pero el arzobispo   *wanted*
75 dijo que quería dárselo a un tío suyo, hermano de su padre.
Don Illán le contestó que era una injusticia pero que aceptaría
su decisión con tal de estar seguro° de recibir el favor en el   con...*provided he was*
futuro. El arzobispo le prometió que así lo haría y le rogó que *sure*
lo acompañara a Tolosa y que llevase a su hijo.

80 Cuando llegaron a Tolosa, fueron muy bien recibidos
por todos los nobles de la región. Llevaban dos años de vivir
allí cuando llegaron mensajeros con cartas para el arzobispo
que decían que el Papa lo había hecho cardenal,° y que él   *alto oficial de la*
podía dar el puesto de arzobispo a quien él quisiera. Entonces   *iglesia*
85 don Illán fue a hablar con él y le dijo que ya no había excusa

para no darle a su hijo el puesto de arzobispo. El cardenal le
informó que iba a darle aquel puesto a un tío suyo, hermano
de su madre, pero dijo que fuese con él a la corte° en Roma   *court* (del Papa)
donde habría muchas oportunidades de hacerle un favor a
90 su hijo.

Al llegar a Roma, fueron muy bien recibidos por los otros
cardenales y por toda la corte, y vivieron allí mucho tiempo.
Cada día, don Illán le rogaba al cardenal que le diera a su
hijo algún puesto, y él respondía siempre con excusas.

95 Un día murió el Papa; y todos los cardenales eligieron
al antiguo° deán por papa. Entonces, don Illán fue a hablarle   *former*
y le dijo que ahora no podía dar excusa alguna para no
cumplir° lo que había prometido. El Papa contestó que no   *hacer*
insistiera tanto,° que siempre habría alguna oportunidad para   *que...that he not be so
pushy*
100 hacerle un favor razonable. Don Illán empezó a quejarse°   *complain / feared*
mucho, y le dijo que esto lo había temido° desde la primera
vez que había hablado con él; y que ya no le tenía confianza.
Al oír esto, el Papa se enfadó° mucho y comenzó a insultarlo   *irritó*
y a decirle que si él continuara hablando así, lo pondría en
105 la cárcel, pues bien sabía que él era hereje° y encantador.°   *a heretic / mago*

Cuando don Illán vio el mal tratamiento del Papa, se
despidió de él.° Y el Papa ni siquiera° le ofreció comida para   *se...le dijo adiós /
ni...didn't even*
el viaje. Entonces, don Illán le dijo al Papa que, pues no tenía
otra cosa para comer, era necesario *volver a las perdices que*
110 *había mandado asar*° *aquella noche, y llamó a la mujer y le*   *que...that he had orde-
red to be roasted*
mandó que asara las perdices. Cuando don Illán dijo esto, el
Papa se halló° en Toledo, deán de Santiago, tal como° lo era   *se encontró / tal...just
as*
cuando allí llegó, y sentía tanta vergüenza° que no supo qué   *humillación*
decir. Don Illán le dijo que se fuera en paz,° que había   *que...to go in peace*
115 mostrado bastante su verdadero carácter y que ya no tenía
ganas de invitarlo a comer su parte de las perdices.

—Y usted, señor conde,—dijo Patronio, pues ve que
aquel hombre que le pide ayuda no le muestra ninguna
gratitud, me parece que usted no debe trabajar para elevarlo
120 a un puesto desde el cual él le dé° a usted el mismo   *desde...from which he
might give you*
tratamiento que le dio el deán al gran mago de Toledo.

El conde consideró que esto era buen consejo, y lo hizo
así y le resultó muy bien.

Como don Juan pensó que el cuento era muy bueno, lo
125 hizo poner° en este libro y compuso estos versos: *incluyó*

La persona que no sepa agradecerte tu ayuda
menos ayuda te dará, cuánto más alto suba.°   *cuánto...the higher (in
position and power)
he/she gets*

.... Comprensión

Una vuelta hacia el pasado

Como el mago de Toledo, vamos a volver al pasado. Conteste ahora las **Preguntas sobre la historia de Patronio** de la página 183. ¿Son muy diferentes la historia que Ud. inventó y la historia que aparece en el texto, o no?

Entre líneas: Descripción de un encanto

Para mostrar que Ud. realmente ha comprendido lo que pasó en el cuento, complete las siguientes frases.

1. Durante la historia los dos hombres parecían estar en _____

   Pero realmente estaban en _____

2. El tiempo que parecía pasar era _____

   Pero realmente pasó _____

3. Las palabras usadas por don Illán para suspender el tiempo: _____

   Su motivo por hacer el encanto: _____

.... Discusión o Composición

1. En el cuento de don Juan Manuel, ¿cómo presenta la práctica del nepotismo en los tiempos medievales? ¿Dónde existe el nepotismo en nuestros tiempos? ¿Qué piensa Ud. de esta práctica?
2. ¿Cree Ud. en la magia? ¿Qué opina de las siguientes creencias o actividades? ¿Cuál es la más aceptada en nuestra cultura? ¿en el mundo en general?

   —la existencia del diablo y su influencia en el mundo
   —la capacidad de ciertas personas para viajar fuera de su cuerpo
   —la existencia de otros seres inteligentes en el universo
   —las visitas de fantasmas (espíritus de personas muertas)
   —la predicción del futuro por las cartas o por otro medio
   —la astrología

3. ¿Qué otras historias o qué películas conoce Ud. que tratan el tema de la manipulación mágica (o científica) del tiempo?

.... Actividad

¿Cómo lo sabemos?

El cuento nos presenta un contraste psicológico entre los dos personajes principales. Trabaje con otra persona y decida cuáles de las siguientes cualidades son características de **don Illán** y cuáles del **deán de Santiago.** Luego, dé ejemplos del texto para mostrar cómo lo sabemos.

1. ambición
2. cortesía
3. paciencia
4. ingratitud

Poesía mística

Teresa de Ávila

El éxtasis de Santa Teresa, una estatua en Roma, hecha por Gian Lorenzo Bernini.

Anticipación

El misticismo existe en todas las grandes tradiciones religiosas, y su mayor expresión ha sido en la poesía. Teresa de Cepeda y Ahumada (1515–1585), mejor conocida como Teresa de Ávila o Santa Teresa, es una de las más grandes entre los poetas místicos de la tradición cristiana. Como niña, Teresa era vanidosa y preocupada con su apariencia. Pasó su tiempo leyendo los libros de caballerías* y envidiaba a sus ocho hermanos que habían ido al Nuevo Mundo como conquistadores. No le atraía ni el matrimonio ni el convento, las dos opciones posibles para la mujer de clase alta. Finalmente, después de una enfermedad grave cuando tenía veinte años, entró en el convento de las Carmelitas, donde se adaptó fácilmente a la vida frívola y perezosa de la mayoría de las monjas. Entonces, a la edad de treinta y ocho años pasó por una transformación espiritual. Tuvo visiones de Dios y de los santos y empezó a practicar la meditación y una rígida disciplina. Entró en una época creadora de enorme actividad, escribiendo libros y haciendo reformas. Alcanzó a inspirar a las otras monjas para que cambiaran sus costumbres, y luego fundó una nueva orden, *Las Carmelitas descalzas* con reglas muy estrictas. A pesar de problemas constantes de salud, viajó por toda España, llevando su mensaje de austeridad y amor místico. Naturalmente, Teresa sufrió abuso por parte de los grupos establecidos: fue acusada de crímenes, denunciada ante la Inquisición e imprisionada por dos años. Murió a la edad de 70 años, durante una inspección de sus conventos.

En sus libros Teresa explica los largos y difíciles pasos que hay que dar para alcanzar el dominio sobre el cuerpo y merecer la comunicación directa con la Divinidad. A continuación están reproducidos dos de sus poemas más conocidos.

Estrategia: Búsqueda de paradojas

La poesía mística muchas veces emplea *paradojas*, ideas que expresan verdades por medio de expresiones absurdas o contradictorias. Por ejemplo, decir que *algo está tan frío que quema* sería una paradoja. Mire los dos poemas de Teresa. ¿Qué paradojas encuentra Ud. en ellos?

Vivo sin vivir en mí (selección)

Vivo sin vivir en mí,
y de tal manera espero,
que muero porque no muero.

---

* Los libros de caballerías eran novelas románticas llenas de fantasía que eran muy populares en el siglo XVI. Veáse la página 192 para más información sobre ellos.

Vivo ya fuera de mí,°   fuera...*outside of*
5   después que muero de amor;   *myself*
porque vivo en el Señor,
que me quiso para sí.

Cuando el corazón le di
puse en él este letrero:°   inscripción
10   *que muero porque no muero.*

Esta divina prisión
del amor con que yo vivo
ha hecho a Dios mi cautivo°   prisionero
y libre mi corazón;
15   y causa en mí tal pasión
ver a Dios mi prisionero,
que muero porque no muero.

Vida, ¿qué puedo yo darte
a mi Dios, que vive en mí,
20   si no es el perderte a ti
para merecer ganarte?
Quiero muriendo alcanzarte
pues tanto a mi Amado quiero,
que muero porque no muero.

···· Comprensión

1. ¿Por qué vive Teresa «fuera de sí»?
2. ¿Qué letrero puso en su corazón? ¿A quién se lo dio?
3. ¿Quién es el prisionero en su prisión de amor? ¿Qué efecto tiene esto sobre ella?
4. Según Teresa, ¿qué es necesario hacer para alcanzar la vida?
5. En su opinión, ¿es bueno o malo sentir tanta pasión por Dios? ¿Por qué?

Nada te turbe

25   Nada te turbe,°   Nada...*Let nothing dis-*
nada te espante,°   *turb you*
todo se pasa,   cause miedo
Dios no se muda,°   cambia
la paciencia
30   todo lo alcanza;
quien a Dios tiene
nada le falta:
solo Dios basta.°   es suficiente

.... **Comprensión**

1. Según este poemita, ¿por qué no debemos turbarnos ni sentir miedo?
2. ¿Qué cualidad está presentada como la más necesaria en la vida? ¿Qué piensa Ud. de esta idea?
3. En la opinión de Teresa, ¿qué es necesario tener para sentirse contento(a)? ¿Qué necesita Ud. para sentirse contento(a)?

.... **Discusión**

1. ¿Qué ejemplos hay de personas importantes en nuestros tiempos que han pasado por una transformación espiritual? En general, ¿qué hacen después?
2. ¿Hay visiones o apariciones de Dios o de santos que ocurren hoy? ¿Dónde? ¿Cómo las explica Ud.?

CAMINO AL SOL   **Comillas**

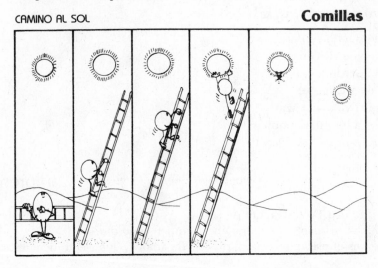

El episodio de los galeotes, de Don Quijote de la Mancha

Miguel de Cervantes

Introducción

Miguel de Cervantes (1547–1616), el escritor más importante del Siglo de Oro (*Golden Age*) español, es conocido universalmente por ser el autor de *Don Quijote de la Mancha*. Muchos consideran a esta obra como «la primera novela moderna»
5   porque presenta una historia ficticia sobre dos personajes que se influyen mutuamente y cambian a lo largo del libro. La vida de Cervantes fue una cadena de desilusiones y desdichas.° Escribió numerosos cuentos, piezas dramáticas   infortunios

y novelas cuando era joven, sin alcanzar la fama que tanto
10 deseaba. Perdió el uso de la mano cuando era soldado, fue
capturado por piratas y metido en la cárcel y tuvo que
trabajar como cobrador de impuestos°. Quizás estas duras   *cobrador...tax co-*
experiencias lo ayudaron a crear la gran diversidad de persona-   *llector*
jes que animan las páginas de su obra maestra.

15   Cervantes empezó a escribir *Don Quijote de la Mancha*
cuando tenía más de cincuenta años y estaba en prisión por
no pagar sus deudas.° Sin embargo, el libro refleja un gran   *debts*
sentido del humor y una profunda compasión por la humanidad. El autor comenzó simplemente con la idea de escribir
20 una sátira de las extravagantes novelas de caballerías° que   *chivalry novels*
estaban de moda en aquellos tiempos.

La novela se sitúa en el siglo XVI en La Mancha, una
región muy pobre de España. Un viejo, noble pero con poco
dinero, pasa su tiempo leyendo novelas de caballerías. Su
25 imaginación se llena de los personajes típicos: valientes
caballeros andantes,° bellas y refinadas damas, horribles   *caballeros...knights*
monstruos...Lee tanto que se vuelve loco. Ya no puede separar   *errant*
la realidad de la fantasía. Cree ser, él mismo, un caballero
andante con la santa misión de ayudar a toda la gente que
30 sufre problemas o desdichas. Se inventa un nombre: *Don
Quijote.* Le da un nuevo nombre también a su caballo decré-
pito: *Rocinante.* Convierte el recuerdo de una trabajadora del
pueblo de Toboso en su amada—una dama pura y noble:
Dulcinea. Finalmente convence a un campesino simple, *Sancho
35 Panza,** de que lo sirva como escudero.° Así, los dos salen a   *squire*
buscar aventuras. El libro presenta una serie de episodios
que muestran diversos aspectos de la sociedad de aquellos
tiempos.

··· Comprensión

1. ¿Por qué es importante *Don Quijote de la Mancha* en la historia de la
literatura universal?
2. ¿Cómo era la vida de Miguel de Cervantes?
3. ¿Qué edad tenía cuando empezó a escribir su famosa novela, y dónde estaba?
4. ¿Cuál era la intención de Cervantes al comenzarla?
5. ¿Por qué se volvió loco el viejo héroe de la novela?
6. ¿Cuál era su «santa misión»?
7. ¿Qué nombres inventó y para quiénes? ¿Sabe Ud. por qué son cómicos éstos
y otros nombres (como *Sancho Panza* y *La Mancha*) que se usan en la novela?

---

* *Panza* quiere decir **estómago,** una obvia referencia a las tendencias pragmáticas de Sancho, quien
siempre quiere comer.

Anticipación

Se presenta a continuación el episodio de los galeotes (*galley slaves*). Don Quijote y Sancho Panza van por el camino en busca de aventuras cuando ven a un grupo de galeotes. Estos andan atados por una gran cadena de hierro (*iron chain*) y acompañados de guardas. Naturalmente, don Quijote decide investigar la situación.

Estrategia: Búsqueda de información

Buscar información básica en una lectura nos ayuda a comprenderla. Trabajando solo(a) o con otra persona, busque Ud., en la primera mitad de la selección, la información necesaria para hacer el ejercicio. ¡Cuidado! Algunas de las frases piden información que *no está presente*. Escriba **F** (falso), **V** (verdadero), **NP** (no presente). Los dos primeros números están hechos como modelo. Los que terminan primero ganan el premio.

1. ___V___ Don Quijote vio a doce galeotes que estaban atadados por una gran cadena.

2. ___NP___ En realidad, todos los galeotes eran inocentes.

3. _____ Los guardas no quisieron hablar con don Quijote.

4. _____ El crimen del galeote «enamorado» era realmente la violación de una mujer.

5. _____ El segundo galeote fue condenado por haber cantado una canción que insultaba al rey.

6. _____ El galeote que llevaba ropa de estudiante tenía muchos hijos.

7. _____ El galeote que había escrito la historia de su vida se llamaba Ginesillo de Paropillo.

8. _____ Ginés de Pasamonte era culpable de muchos crímenes.

Vocabulario: Análisis de palabras

A veces comprendemos una nueva palabra si vemos que contiene otra palabra o palabras más simples. Mire estas palabras de la selección y diga qué palabras (o partes de palabras) simples están dentro de ellas. Luego, diga cuál de las definiciones le corresponde a cada una.

modelo

palabra	*palabra más simple*	*definición*
parentela	**pariente**	**grupo de personas de la misma familia**
cabizbajo	_____	notario o secretario judicial
escribano	_____	golpes con piedras

favorecer	_____	causar daño, lastimar
maltratar	_____	con la cabeza inclinada, preocupado
pedradas	_____	ayudar, beneficiar, servir

Ahora lea la selección para ver qué pasa cuando el caballero don Quijote de la Mancha trata de ayudar a unos galeotes.

Parte primera: Capítulo XXII

De la libertad que dio don Quijote a muchos desdichados °...

°infortunados

Don Quijote vio que por el camino venían doce hombres a pie, atados por una gran cadena de hierro, por los cuellos.° Venían con ellos hombres con escopetas° y espadas;° y Sancho Panza dijo:

°necks
°guns / swords

5 —Ésta es cadena de galeotes, gente que por sus crímenes va condenada a servir al rey en las galeras, de por fuerza.°

°de...contra sus deseos

—En resolución—replicó don Quijote—esta gente va de por fuerza, y no de su voluntad.°

°libremente

—Así es—dijo Sancho.

10 —Pues de esta manera—dijo su amo—aquí encaja° la ejecución de mi oficio: deshacer fuerzas° y socorrer° a los miserables.

°es necesaria
°deshacer...corregir injusticias / ayudar

Llegó, en esto, la cadena de los galeotes, y don Quijote, con muy corteses razones,° preguntó a los que iban en su
15 guarda por qué llevaban a aquella gente de aquella manera.

Uno de los guardas respondió que eran galeotes, y que no había más que decir.

—Con todo eso—replicó don Quijote—querría saber de cada uno en particular la causa de su desgracia. Se acercó
20 a la cadena y al primero le preguntó por qué iba de tan mala guisa.° Él le respondió que por enamorado.°

—¿Por eso no más?—replicó don Quijote.

—No son los amores como los que vuestra merced° piensa--dijo el galeote—; que los míos fueron que quise tanto
25 a una canasta de colar° que la abracé° y me la llevé conmigo.

Lo mismo preguntó don Quijote al segundo, el cual no respondió, mas respondió por él el primero, y dijo:

—Éste, señor, va por canario, digo por músico.

—Pues, ¿cómo?—repitió don Quijote—¿Por músicos
30 van también a galeras?

—Sí, señor—respondió el galeote—; que no hay peor cosa que cantar en el ansia.°

—No lo entiendo—dijo don Quijote.

Mas uno de los guardas le dijo:
35 —Señor caballero, cantar en el ansia significa confesar en el tormento. Le dieron tormento y confesó que era ladrón° y le condenaron por seis años a galeras, y va siempre triste porque los otros ladrones le tienen en poco,° porque confesó y no tuvo ánimo° de decir nones.°
40 Y don Quijote, pasando al tercero, preguntó lo que a los otros: el cual respondió:

—Yo voy por cinco años por no tener diez ducados.° Dígolo porque si tuviera yo esos ducados hubiera untado con ellos la péndola del escribano.° Pero Dios es grande: paciencia,
45 y basta.°

Pasó adelante don Quijote y preguntó a otro su crimen, el cual respondió:

—Yo voy aquí porque me burlé° demasiado con dos primas mías y con dos hermanas que no eran mías; finalmente,
50 tanto me burlé con todas, que resultó de la burla crecer la parentela tan intrincadamente, que no hay diablo que la declare.°

Éste iba en ropa de estudiante, y era muy gran hablador.

Tras todos éstos, venía un hombre diferentemente
55 atado,° porque traía una cadena por todo el cuerpo. Preguntó

---

palabras

manera / por...*because of being in love*

vuestra...*your grace;* forma original de **usted**

canasta...*large basket for food* / I em-braced

dolor (de la tortura)

persona que roba

le...tienen mala opinión de él

fuerza / no

monedas de oro

hubiera...los habría usado como soborno (*bribe*)

es suficiente

me divertí

crecer...*such an intricate increase of illegitimate children that no devil can figure it out* / tied up don Quijote por qué iba aquel hombre con tantas cadenas. Respondióle el guarda porque tenía aquél solo más crímenes que todos los otros juntos.

—Va por diez años, que es como muerte.

60   Dijo entonces el galeote—Señor caballero, si tiene algo que darnos, dénoslo ya y vaya con Dios; que ya irrita con tanto querer saber vidas de otras personas; y si la mía quiere saber, sepa que soy Ginés de Pasamonte, cuya vida está escrita por estas manos.

65   —Dice verdad—dijo el comisario—que él mismo ha escrito su historia.

    —Inteligente pareces—dijo don Quijote.

    —Y desdichado°—respondió Ginés—porque siempre las desdichas persiguen° al buen ingenio.   *infortunado* / *atormentan*

70   —Persiguen a los bellacos°—dijo el comisario.   *perversos*

    —Señor comisario—respondió Pasamonte—que se vaya poco a poco;° no le dieron esa vara° para que maltratase a los pobres que aquí vamos...   *que...take it easy / club*

    Levantó la vara el comisario para dar golpes a Pasamonte,
75 mas don Quijote se puso en medio, y le rogó° que no le° maltratase, y volviéndose a todos los de la cadena, dijo: *imploró* / *(se refiere a Pasamonte)*

    —Hermanos carísimos, he sacado en limpio° que, aunque os han castigado° por vuestros crímenes, que vais muy contra vuestra voluntad; y que podría ser que el poco ánimo
80 que aquél tuvo en el tormento, la falta de dineros de éste, y finalmente el torcido juicio del juez,° hubiese sido causa de vuestra perdición. Todo lo cual me está diciendo, persuadiendo y aun forzando, que muestre con vosotros la promesa que hice de favorecer a los opresos. Quiero rogar a estos
85 señores guardianes sean servidos de dejaros ir° en paz; que habrá otros que sirvan al rey; porque me parece muy cruel hacer esclavos a los que Dios y la naturaleza hizo libres.   *he...he comprendido* / *punished* / *torcido...twisted judgment of the judge* / *sean...tengan la bondad de liberaros*

    —Donosa majadería°—respondió el comisario.— ¡Cómo si tuviéramos autoridad para liberarlos, o él la tuviera
90 para mandárnoslo! Váyase vuestra merced, señor, y no ande buscando tres pies al gato.°   *Donosa...A fine foolishness* / *no...don't go around looking for a three-legged cat, i.e., looking for trouble*

    —¡Vos sois el gato, el rato, y el bellaco!—respondió don Quijote.

    Y, diciendo y haciendo, atacó al comisario tan rápida-
95 mente que dio con él° en el suelo. Los otros guardas quedaron suspensos, pero, recuperándose, pusieron mano a sus espadas y atacaron a don Quijote, que con mucha tranquilidad los esperaba. Sin duda, habría tenido grandes dificultades, si   *dio...knocked him (the commissary) down*

los galeotes, viendo la ocasión de obtener libertad, no la
100 procuraran, procurando romper la cadena.° Los guardas, ya
por acudir° a los galeotes, ya por atacar a don Quijote, no
hicieron cosa de provecho.°

En poco tiempo, no quedó guarda en todo el campo,
porque se fueron huyendo° de las pedradas que los galeotes
105 les tiraban. Entristecióse mucho Sancho, porque pensó que
los guardas que iban huyendo, habían de dar noticia a la
Santa Hermandad,° y así se lo dijo a su amo, y le rogó que
de allí salieran.

—Bien está eso—dijo don Quijote—pero yo sé lo que
110 ahora conviene.°

Y llamando a todos los galeotes, les dijo:—Uno de los
pecados° que más a Dios ofende es la ingratitud. Dígolo
porque es mi voluntad, que, cargados de° esa cadena que
quité de vuestros cuellos, luego os vais a la ciudad del Toboso,
115 y allí os presentéis ante la señora Dulcinea y le contéis,°
punto por punto, esta famosa aventura.

Respondió por todos Ginés de Pasamonte:

—Lo que vuestra merced nos manda, señor y libertador
nuestro, es imposible porque no podemos ir juntos por los
120 caminos, sino solos y divididos, y cada uno por su parte, para
no ser encontrado por la Santa Hermandad.

—Pues, ¡voto a tal!°—dijo don Quijote, ya furioso—don
hijo de la puta, don Ginesillo de Paropillo, o como os llaméis,
que tenéis que ir vos solo, rabo entre piernas,° con toda la
125 cadena a cuestas.°

Pasamonte, comprendiendo que don Quijote no era muy
cuerdo, hizo del ojo° a los compañeros, y apartándose,
comenzaron a llover piedras.° Sancho se puso detrás de su
burro, y con él se defendió. No se pudo defender tan bien
130 don Quijote. Dieron con él en el suelo,° y fue sobre él el
estudiante y diole tres o cuatro golpes en las espaldas.
Quitáronle una chaqueta que traía sobre las armas. A Sancho
le quitaron el abrigo, y dejáronle en pelota,° repartiendo entre
sí los demás despojos° de la batalla, se fueron cada uno por
135 su parte, con más cuidado de escaparse de la Hermandad
que de cargarse de la cadena e ir a presentarse ante la señora
Dulcinea del Toboso.

Solos quedaron burro y Rocinante, Sancho y don Quijote;
el burro, cabizbajo y pensativo. Rocinante, tendido° junto a
140 su amo; Sancho en pelota y temeroso de la Santa Hermandad;
don Quijote, muy triste de verse tan maltratado por los mismos
a quien tanto bien había hecho.

no...had not taken advantage of this opportunity by breaking the chain / chasing

cosa...anything useful

fleeing

Santa...policía rural

es necesario

transgresiones morales

cargados...carrying

you should tell

¡voto...confound it!

rabo...(like a dog) with his tail between his legs

a...on your shoulders

hizo...winked

llover...throw stones

Dieron...They knocked him down

en...sin ropa

booty

extendido sobre la tierra

Comprensión

1. ¿Por qué quería hablar con los galeotes don Quijote?
2. ¿En qué sentido era muy diferente Ginés de Pasamonte de los otros galeotes?
3. ¿Cómo lo trataba el comisario? ¿Por qué?
4. Después de la liberación de los galeotes, ¿qué quería hacer Sancho Panza? ¿y don Quijote? ¿Qué diferencias entre los dos se muestran aquí?
5. ¿Por qué no aceptó Ginés de Pasamonte el plan de don Quijote?
6. ¿Qué piensa Ud. del final del episodio?

Discusión

1. Juzgando de lo que Ud. sabe de su vida, ¿por qué podría sentir Cervantes compasión por los galeotes?
2. En su opinión, ¿por qué habrá creado Cervantes al personaje Ginés de Pasamonte? ¿Cree Ud. que esta parte es realista, o no? Explique.
3. Para Ud., ¿qué representan don Quijote y Sancho Panza?

Actividades

Minidebates

Explique por qué Ud. está de acuerdo o no con las siguientes opiniones.

1. En general, los prisioneros están en la cárcel por ser pobres más que por ser criminales.
2. En algunos casos se debe usar la pena de muerte.
3. Nuestra sociedad trata mal a la gente que se considera loca.

Don Quijote *y la censura*

Miguel de Cervantes escribió su famosa novela durante el período de la Inquisición cuando la censura española prohibía cualquier crítica de la sociedad. Aunque los censores eliminaron algunas frases antes de la publicación de *Don Quijote*, muchos piensan que todavía hay crítica social en el libro. Trabaje con una o dos personas sobre las siguientes preguntas relacionadas con este tema. Luego, compare sus respuestas con las de otros grupos.

1. ¿Qué crítica de la sociedad española encuentras en el episodio de los galeotes?
2. En tu opinión, ¿por qué no se fijaron los censores en esta crítica?

Composición o Presentación dramática

Don Quijote en el mundo moderno.

La guitarra

Federico García Lorca*

Anticipación

Estrategia: Relacionar el sonido con el significado

¿Ha oído Ud. alguna vez la música flamenca de España? Es una forma de música de guitarra, apasionada y rítmica, que se asocia con Andalucía, la región del sur, y con los gitanos que viven allí. Tradicionalmente, el arte de tocar flamenco no se aprende en una escuela, sino por oído, escuchando a los maestros en la calle. En el siguiente poema, García Lorca nos describe la guitarra flamenca al mismo tiempo que nos transmite su música en los ritmos de los versos y en los sonidos de las palabras. Escuche el poema recitado por su profesor(a), por un disco o por un amigo hispano. Luego, léalo Ud. en voz alta y conteste las siguientes preguntas.

1. ¿Qué sonidos de vocales predominan en la última palabra de cada verso?
2. ¿Qué efecto tiene esta repetición de sonidos?
3. En su opinión, ¿cuál es la emoción principal sugerida por las imágenes y los sonidos del poema?

	Empieza el llanto°	cry of grief
	de la guitarra.	
	Se rompen las copas°	vasos para el vino
	de la madrugada.°	comienzo del día
5	empieza el llanto	
	de la guitarra.	
	Es inútil callarla.°	silenciarla
	Es imposible	
	callarla.	
10	Llora monótona	
	como llora el agua,	
	como llora el viento	
	sobre la nevada.°	caída de nieve
	Es imposible	
15	callarla.	

---

* Federico García Lorca (1898–1936), poeta y dramaturgo español de gran renombre, murió trágicamente al principio de la Guerra Civil Española.

Llora por cosas lejanas.°   *que están lejos*
Arena del Sur caliente
que pide camelias blancas.
Llora flecha° sin blanco,°   *arrow / target*
20   la tarde sin mañana,
y el primer pájaro muerto
sobre la rama.°   *branch*
¡Oh guitarra!
Corazón malherido°   *badly wounded*
25   por cinco espadas.°   *swords*

Preguntas

1. En el poema, ¿qué referencias hay a la naturaleza?
2. Después de escuchar este poema, ¿piensa Ud. que se toca una canción flamenca con un sólo ritmo o con bruscos cambios de ritmo? Explique.
3. En su opinión, ¿por qué dice el poeta que es «imposible callarla»?
4. Los dos últimos versos presentan una de las metáforas más conocidas de la poesía de Lorca. En español, se usa la palabra «corazón» (*heart*) para referirse al pequeño círculo abierto de la guitarra, pero ¿qué son las «cinco espadas»? ¿Por qué es muy exacta esta metáfora?

Actividad

En grupos de tres o cuatro personas, busquen Uds. frases contradictorias en el poema. Luego, contesten Uds. estas preguntas:

1. En su opinión, ¿qué representan estas contradicciones?
2. ¿Qué tienen que ver las contradicciones con el llanto?
3. En fin, ¿por qué llora la guitarra?

Discusión

1. Para Ud., ¿qué representa la guitarra gitana?
2. Tradicionalmente, para que un concierto flamenco sea bueno se necesita cierta reacción entre el guitarrista y su público. Los espectadores participan dando palmadas y poco a poco se crea una atmósfera en la cual la música flamenca «ocurre». Dicen que para tocar bien el flamenco, además del dominio técnico del instrumento, hay que tener «ángel» (una cualidad inexplicable que pertenece principalmente a los gitanos). ¿Cree Ud. que estas creencias son ciertas o que son simplemente supersticiones? ¿Qué otros tipos de música tienen tradiciones similares?

Episodio del enemigo

*Jorge Luis Borges**

Anticipación

Piense Ud. un momento en el concepto de *un enemigo*. ¿Existen los enemigos en la realidad o en nuestra imaginación? ¿Cree Ud. que todo el mundo los tenemos, o sólo ciertas personas? El siguiente cuento está narrado en primera persona y trata de la llegada de un antiguo enemigo del narrador.

Estrategia: Búsqueda de información

Antes de leer el cuento, busque en el primer párrafo las respuestas a estas preguntas sobre el enemigo:

1. ¿Era joven o viejo? ___ joven ___ viejo

   ¿Cómo lo sabe Ud.? _____

2. Al llegar a la casa, ¿estaba fuerte o débil? ___ fuerte ___ débil

   ¿Cómo lo sabe Ud.? _____

3. En opinión del narrador, ¿a quién se parecía el enemigo? Se parecía a

   ___ su hermano ___ Artemidoro ___ Abraham

   Lincoln ___ Simón Bolívar

Vocabulario: Palabras en contexto

Use el contexto, su intuición, o el Vocabulario Final para compender el significado de las siguientes palabras del cuento y para terminar cada oración con la frase más apropiada.

1. **huir**
   Los niños estaban **huyendo** de esos hombres porque (*a*) los admiraban (*b*) les tenían miedo (*c*) no trabajaban con ellos
2. **anómalo**
   En el museo de la electrónica, el objeto que parecía **anómalo** era (*a*) el televisor (*b*) el radio (*c*) el zapato
3. **desplomarse**
   Al llegar a la casa, Marta **se desplomó** en el sofá porque (*a*) estaba cansada (*b*) tenía hambre (*c*) se sentía contenta
4. **el sobretodo**
   Alfonso se puso el **sobretodo** porque (*a*) iba a salir (*b*) hacía calor (*c*) estaba aburrido

---

* Jorge Luís Borges (1899–1986) escritor argentino que tuvo una enorme influencia sobre la literatura internacional. Según su visión, lo histórico y lo fantástico coexisten en una misma dimensión, mientras las acciones y las identidades de las personas se repiten continuamente con pequeñas variaciones.

5. **misericordioso**
   Mi tio es tan **misericordioso** que siempre (*a*) lee el periódico (*b*) da dinero a los pobres (*c*) escucha la música clásica
6. **venganza**
   Paco buscaba la **venganza** contra los soldados que habían (*a*) ayudado (*b*) visto (*c*) matado a su mejor amigo

El cuento se presta a varias interpretaciones. Léalo ahora para formular su propia interpretación sobre quién es el enemigo y qué significa su visita.

Tantos años huyendo y esperando y ahora el enemigo estaba en mi casa. Desde la ventana lo vi subir penosamente° por el áspero camino del cerro.° Se ayudaba con un bastón° que en viejas manos no podía ser un arma sino un báculo.°
5 Me costó° percibir lo que esperaba: el débil golpe contra la puerta. Miré no sin nostalgia, mis manuscritos, el borrador° a medio concluir y el tratado° de Artemidoro sobre los sueños, libro un tanto anómalo ahí, ya que no sé griego. Otro día perdido, pensé. Tuve que forcejar con la llave. Temí que el
10 hombre se desplomara, pero dio unos pasos inciertos, soltó° el bastón, que no volví a ver, y cayó en mi cama, rendido.° Mi ansiedad lo había imaginado muchas veces, pero sólo entonces noté que se parecía, de un modo casi fraternal, al último retrato de Lincoln. Serían las cuatro de la tarde.
15 Me incliné sobre él para que me oyera.
—Uno cree que los años pasan para uno—le dije— pero pasan también para los demás.° Aquí nos encontramos al fin y lo que ocurrió no tiene sentido.°
Mientras yo hablaba, se había desabrochado° el sobre-
20 todo. La mano derecha estaba en el bolsillo del saco.° Algo me señalaba° y yo sentí que era un revólver.

con dificultades
hill / cane
staff
fue difícil
manuscrito en forma preliminar / libro erudito

dejó
exhausto

otros
significado
abierto
chaqueta
me...was pointing at me

Me dijo entonces con voz firme:

—Para entrar en su casa, he recurrido° a la compasión.   he...*I have appealed*
Lo tengo ahora a mi merced y no soy misericordioso.

25   Ensayé° unas palabras. No soy un hombre fuerte y sólo   *Traté*
las palabras podían salvarme. Atiné° a decir.   *Alcancé*

—Es la verdad que hace tiempo maltraté° a un niño,   *causé daño*
pero usted ya no es aquel insensato.° Además, la venganza   *loco*
no es menos vanidosa y ridícula que el perdón.

30   —Precisamente porque ya no soy aquel niño—me
replicó—tengo que matarlo. No se trata de un acto de
venganza sino de un acto de justicia. Sus argumentos, Borges,
son meras estratagemas de su terror para que no lo mate.
Usted ya no puede hacer nada.

35   —Puedo hacer una cosa—le contesté.

—¿Cuál?—me preguntó.

—Despertarme.

Y así lo hice.

Comprensión

1. En el sueño de Borges, ¿fue una sorpresa la llegada del enemigo, o no? Explique.
2. ¿Qué indicio (*clue*) en el primer párrafo sugiere que Borges está soñando?
3. ¿Qué hora es, más o menos, cuando llega el enemigo?
4. ¿Qué tenía el enemigo en la mano derecha?
5. ¿A qué emoción ha recurrido para entrar en la casa?
6. ¿Qué trató de usar Borges, como defensa?
7. ¿Cómo se salvó finalmente?

Discusión

1. En el sueño, Borges dice que la venganza es vanidosa y ridícula. ¿Está Ud. de acuerdo o no? ¿Puede ser dulce a veces la venganza? Explique.
2. En su opinión, ¿cuáles de las siguientes palabras servirían para describir a Borges? ¿Cuáles servirían para describir a su enemigo? *intelectual, apasionado, vengativo, misericordioso, miedoso*
3. ¿Qué podemos aprender de los sueños?

Actividad

Un informe psicoanalítico

Imagine que Ud. forma parte de un equipo de psicoanalistas que tratan de interpretar el sueño de Borges. Trabaje con dos o tres personas para completar el siguiente informe. Después de un rato, compare su informe con los de sus compañeros de clase.

Informe psicoanalítico: Interpretación del sueño de Borges

1. El enemigo que aparece en el sueño es realmente (su hermano, su hijo, algún aspecto de Borges mismo, un antiguo amigo) _____.

2. Este enemigo quiere matar a Borges porque _____.

3. Borges sueña que el enemigo se parece a Lincoln porque _____.

4. Nuestra sugerencia para Borges es: _____.

·· **Composición**

Describa un sueño que Ud. ha tenido o imaginado.

Casa tomada

*Julio Cortázar**

Anticipación

¿Qué importancia tiene una casa? En este cuento es muy importante, como se ve en el título, y funciona casi como un personaje. Al principio, la casa parece normal, el lugar donde vive el narrador con su hermana Irene, pero llega poco a poco a convertirse en una fuerza implacable y aterradora.

 ## *Estrategia: Visualización de un elemento importante*

Para leer bien este cuento es necesario entender más o menos cómo es el plan de la casa. Trabajando con una o dos otras personas, lea Ud. las líneas 35–55 para formar una idea visual de esta casa. Luego, haga un dibujo aproximado del plan de la casa, mostrando los siguientes aspectos:

1. la división de la casa en dos partes
2. el número de habitaciones y su distribución (Indique dónde están el comedor, la cocina, los dormitorios, la biblioteca, la sala, el zaguán, el baño, el living.)
3. la comunicación entre las dos partes (Indique la situación del pasillo, la puerta de roble y la puerta cancel.)

Compare su dibujo con los de sus compañeros de clase y decida cuál es el más claro y exacto.

Ahora, lea el cuento con cuidado para ver los extraños incidentes que ocurren en esta casa de fantasía.

---

*Julio Cortázar (1914–1984), cuentista y novelista argentino de fama internacional. Sus cuentos, escritos en un estilo natural, crean un mundo de misterio y fantasía. El cuento «Casa tomada» está presentada aquí en forma levemente abreviada.

Nos gustaba la casa porque aparte° de espaciosa y antigua
guardaba los recuerdos° de nuestros bisabuelos,° el abuelo
paterno, nuestros padres y toda la infancia.

       Nos habituamos Irene y yo a persistir solos en ella, lo
5 que era una locura pues en esa casa podían vivir ocho
personas sin estorbarse.° Hacíamos la limpieza por la mañana,
levantándonos a las siete, y a eso de las once yo le dejaba a
Irene las últimas habitaciones por repasar° y me iba a la
cocina. Almorzábamos a mediodía, siempre puntuales; ya no
10 quedaba nada por hacer fuera de unos pocos platos sucios.
Nos resultaba grato° almorzar pensando en la casa profunda
y silenciosa. A veces llegamos a creer que era ella° la que no
nos dejó casarnos.° Irene rechazó dos pretendientes° sin
mayor motivo, a mí se me murió María Esther antes que
15 llegáramos a comprometernos.° Entramos en los cuarenta
años° con la inexpresada idea de que el nuestro, simple y
silencioso matrimonio de hermanos, era necesaria clausura°
de la genealogía asentada por los bisabuelos en nuestra casa.

       Irene era una chica nacida para no molestar° a nadie.
20 Aparte de su actividad matinal° se pasaba el resto del día
tejiendo° en el sofá de su dormitorio. No sé por qué tejía
tanto. Tejía cosas siempre necesarias, tricotas° para el invierno,
medias para mí, mañanitas° y chalecos° para ella. Los sábados
iba yo al centro a comprarle lana.° Yo aprovechaba° esas
25 salidas para dar una vuelta por las librerías y preguntar
vanamente si había novedades° en literatura francesa. Desde
1939 no llegaba nada valioso° a la Argentina.

       Pero es de la casa que me interesa hablar, de la casa y
de Irene, porque yo no tengo importancia. Me pregunto qué

además	
memories / great-grandparents	
getting in each other's way	
terminar	
agradable	
it, i.e., the house	
no...prevented us from getting married	
suitors	
to become engaged	
los...la edad de 40 años	
conclusión	
causar problemas	
de la mañana	
knitting	
suéteres	
chaquetas para la cama / *vests*	
wool	
utilizaba	
libros nuevos	
de importancia	

30 hubiera hecho Irene sin el tejido. No necesitábamos ganarnos
la vida, todos los meses llegaba la plata° de los campos° y el
dinero aumentaba. Pero a Irene solamente la entretenía el
tejido, mostraba una destreza° maravillosa y a mí se me iban
las horas viéndole las manos. Era hermoso.

35   Cómo no acordarme° de la distribución de la casa.
El comedor, una sala con gobelinos,° la biblioteca y tres
dormitorios grandes quedaban en la parte más retirada.°
Solamente un pasillo° con su maciza° puerta de roble° aislaba
esa parte del ala delantera° donde había un baño, la cocina,
40 nuestros dormitorios y el living central, al cual comunicaban
los dormitorios y el pasillo. Se entraba a la casa por un
zaguán° con mayólica,° y la puerta cancel° daba al living. De
manera que uno entraba por el zaguán, abría la cancel y
pasaba al living; tenía a los lados las puertas de nuestros
dormitorios, y al frente el pasillo que conducía a la parte más
45 retirada; avanzando por el pasillo se franqueaba° la puerta
de roble y más allá empezaba el otro lado de la casa, o bien
se podía girar° a la izquierda justamente antes de la puerta
y seguir por un pasillo más estrecho° que llevaba a la cocina
50 y al baño. Cuando la puerta estaba abierta advertía° uno que
la casa era muy grande; si no, daba la impresión de un
departamento° de los que se edifican ahora, apenas para
moverse; Irene y yo vivíamos siempre en esta parte de la casa,
casi nunca íbamos más allá° de la puerta de roble, salvo para
55 hacer la limpieza.

      Lo recordaré siempre con claridad porque fue simple y
sin circunstancias inútiles.° Irene estaba tejiendo en su
dormitorio, eran las ocho de la noche y de repente se me
ocurrió poner al fuego la pavita del mate.° Fui por el pasillo
60 hasta enfrentar la entornada° puerta de roble, y daba la vuelta
al codo° que llevaba a la cocina cuando escuché algo en el
comedor o la biblioteca. El sonido venía impreciso y sordo,°
como un volcarse° de silla sobre la alfombra o un ahogado
susurro° de conversación. Me tiré contra la puerta antes de
65 que fuera demasiado tarde, la cerré de golpe apoyando el
cuerpo, felizmente la llave estaba puesta de nuestro lado y
además corrí° el gran cerrojo° para más seguridad.

      Fui a la cocina, calenté la pavita, y cuando estuve de
vuelta con la bandeja° del mate le dije a Irene:
70   —Tuve que ce la puerta del pasillo. Han tomado la
parte del fondo.°

      Dejó caer el tejido y me miró con sus graves ojos
cansados.

Glosario marginal

- dinero / (rented) estates
- habilidad
- Cómo...Recuerdo bien
- *French tapestries*
- lejos de la calle
- *hall* / sólida / *oak*
- ala...*front wing*
- *front hall* / *Mallorcan tile* / puerta...*inner door*
- pasaba por
- doblar
- *narrow*
- notaba
- apartamento
- al otro lado
- innecesarias
- la...*the pot of mate tea*
- medio cerrada
- pasillo
- *muffled*
- *knocking down*
- un...*a choked whisper*
- moví / *bolt*
- *tray*
- del...más retirada

—¿Estás seguro?

75   Asentí.°

—Entonces—dijo recogiendo las agujas°—tendremos que vivir en este lado.

Los primeros días nos pareció penoso° porque ambos° habíamos dejado en la parte tomada muchas cosas que 80 queríamos. Mis libros de literatura francesa, por ejemplo, estaban todos en la biblioteca. Irene extrañaba° unas carpetas,° un par de pantuflas° que tanto la abrigaba° en invierno. Con frecuencia (pero esto solamente sucedió los primeros días) cerrábamos algún cajón° de las cómodas° y nos mirába-85 mos con tristeza.

—No está aquí.

Y era una cosa más de todo lo que habíamos perdido al otro lado de la casa.

Pero también tuvimos ventajas.° La limpieza se simplificó 90 tanto que aun levantándose tardísimo, a las nueve y media por ejemplo, no daban las once y ya estábamos de brazos cruzados.°

Irene estaba contenta porque le quedaba más tiempo para tejer. Yo andaba un poco perdido a causa de los libros, 95 pero por no afligir° a mi hermana me puse a revisar la colección de estampillas° de papá, y eso me sirvió para matar el tiempo. Nos divertíamos mucho, cada uno en sus cosas, casi siempre reunidos en el dormitorio de Irene que era más cómodo. Estábamos bien, y poco a poco empezábamos a no 100 pensar. Se puede vivir sin pensar.

(Cuando Irene soñaba en alta voz° yo me desvelaba° en seguida. Nunca pude habituarme a esa voz de estatua o papagayo,° voz que viene de los sueños y no de la garganta.° Aparte de eso todo estaba callado° en la casa. De día eran los

Dije que sí.

knitting needles

muy difícil
nosotros dos

missed
folders / slippers /
  protegía

drawer / bureaus

beneficios

de...with folded arms,
  i.e., all finished

causar pena

stamps

soñaba...talked in her
  sleep / me...tenía in-
  somnio

parrot / throat
silencioso

105 rumores° domésticos. En la cocina y el baño, que quedaban   sonidos
tocando la parte tomada, nos poníamos a hablar en voz más
alta o Irene cantaba canciones de cuna.° Muy pocas veces   canciones...*lullabies*
permitíamos allí el silencio, pero cuando tornábamos° a los   volvíamos
dormitorios y al living, entonces la casa se ponía callada. Yo
110 creo que era por eso que de noche, cuando Irene empezaba
a soñar en voz alta, me desvelaba en seguida.)

Es casi repetir lo mismo salvo las consecuencias. De
noche siento sed, y antes de acostarnos le dije a Irene que
iba hasta la cocina a servirme un vaso de agua. Desde la
115 puerta del dormitorio (ella tejía) oí ruido° en la cocina; tal   sonidos
vez en la cocina o tal vez en el baño. A Irene le llamó la
atención mi brusca manera de detenerme,° y vino a mi lado   *pausing*
sin decir palabra. Nos quedamos escuchando los ruidos,
notando claramente que eran de este lado de la puerta de
120 roble, en la cocina y el baño, o en el pasillo mismo, casi al
lado nuestro.

No nos miramos siquiera. Apreté° el brazo de Irene y la   *I squeezed*
hice correr conmigo hasta la puerta cancel, sin volvernos
hacia atrás.° Los ruidos se oían más fuerte pero siempre   sin...*without looking*
125 sordos, a espaldas nuestras. Cerré de un golpe la cancel y   *back*
nos quedamos en el zaguán. Ahora no se oía nada.

—Han tomado esta parte—dijo Irene.

—¿Tuviste tiempo de traer alguna cosa?—le pregunté
inútilmente

130 —No, nada.

Estábamos con lo puesto.° Me acordé de los quince mil   lo...*what we had on*
pesos en el armario de mi dormitorio. Ya era tarde ahora.

Como me quedaba el reloj pulsera,° vi que eran las once   reloj...*wristwatch*
de la noche. Rodeé° con mi brazo la cintura° de Irene (yo   *I encircled / waist*
135 creo que ella estaba llorando) y salimos así a la calle. Antes
de alejarnos° tuve lástima, cerré bien la puerta de entrada y   *salir*
tiré la llave a la alcantarilla.° No fuese que° a algún pobre   *sewer / Let it not be*
diablo se le ocurriera robar y se metiera° en la casa, a esa   *that*
hora y con la casa tomada.   se...*entrara*

·· **Comprensión**

Descripciones breves

Si Ud. tuviera que usar solamente dos palabras para describir a cada una de las
siguientes personas o cosas, ¿qué palabras escogería?

1. el narrador
2. Irene
3. sus actividades

4. su vida social
5. la casa al principio del cuento
6. la casa al final del cuento

Preguntas

1. ¿Por qué vivían en aquella casa el narrador y su hermana? Según él, ¿qué influencia sobre su vida había tenido la casa?
2. ¿Cómo pasaban el tiempo Irene y su hermano? ¿Qué piensa Ud. de su modo de vivir?
3. ¿Por qué el narrador cerró con llave un día la puerta de roble?
4. ¿Qué le parecen a Ud. las reacciones de los dos hermanos ante su nueva situación?
5. ¿Qué pasa después para interrumpir su tranquilidad? ¿Cómo reaccionan?
6. ¿Qué pasa al final?

Discusión

1. ¿Qué opina Ud. de los sueños de Irene? ¿Por qué soñaría en alta voz?
2. Después de la primera toma, el narrador dice: «Estábamos bien, y poco a poco empezábamos a no pensar. Se puede vivir sin pensar.» ¿Qué piensa Ud. de su actitud?

Actividad

Juego imaginativo: Voces escondidas

Trabaje Ud. con otra persona y haga una pequeña presentación sobre uno de los siguientes temas:

1. **Al otro lado de la puerta.** Imaginen que Uds. son dos de los seres (fantasmas, personas, animales, o lo que sea) que han tomado una parte de la casa. Inventen un diálogo en el que se describen las acciones de Irene y su hermano.
2. **Un mensaje desde el futuro.** En su opinión, ¿qué efecto tendrá la salida de la casa sobre los personajes del cuento? ¿Será una catástrofe o una liberación? Inventen Uds. un diálogo entre Irene y su hermano cinco años en el futuro.

Composición

¿Qué pasa realmente en el cuento? ¿Qué o quiénes «toman» la casa y por qué? Escoja Ud. una de las siguientes interpretaciones y escriba un párrafo, explicando por qué le parece la más apropiada. Busque evidencia del texto para apoyar su opinión. (O, si prefiere, invente y defienda su propia interpretación.)

1. *Interpretación psicológica:* Irene y su hermano son dos neuróticos que tienen miedo de la vida real y quieren permanecer en la infancia (simbolizada por la casa). Empiezan a sufrir alucinaciones y finalmente se vuelven locos.
2. *Interpretación política:* Irene y su hermano representan la clase media de Buenos Aires de los años 40 (la única fecha mencionada es 1939), quienes por su cobardía y pasividad permiten a otro grupo, los peronistas (o fascistas), a tomar control del país (simbolizado por la casa).

3. *Interpretación sobrenatural:* Irene y su hermano viven en una casa habitada por los invisibles fantasmas de sus antepasados, a quienes no les gusta la vida frívola y perezosa que llevan sus descendientes. Por eso, los fantasmas gradualmente toman la casa y echan afuera a los hermanos.

4. *Interpretación bíblica:* Irene y su hermano representan a Adán y Eva y la casa es el paraíso.

Don Gregorio

*Apocalipsis**

Marco Denevi†

Anticipación

La importancia del título

Antes de leer el siguiente «micro-cuento», piense un momento en el título. Juzgando de este título, ¿qué cree Ud. que va a pasar en el cuento?
     Léalo para ver si Ud. tiene razón.

La extinción de la raza de los hombres se sitúa aproximadamente a fines del siglo XXXII. La cosa ocurrió así: las máquinas habían alcanzado tal perfección que los hombres ya no necesitaban comer, ni dormir, ni hablar, ni leer, ni escribir, ni pensar, ni hacer nada. Les bastaba° apretar° un botón y las máquinas lo hacían todo por ellos. Gradualmente fueron desapareciendo las mesas, las sillas, las rosas, los discos con las nueve sinfonías de Beethoven, las tiendas de antigüedades, los vinos de Burdeos,° las golondrinas,° los tapices flamencos,° todo Verdi, el ajedrez,° los telescopios, las catedrales góticas, los estadios de fútbol, la Piedad de Miguel Ángel, los

°5 *Les...Era suficiente / push*

°Bordeaux / swallows

tapices...*Flemish tapestries / chess*

°10

---

* El último libro del Nuevo Testamento. Muchas veces se usa el término para significar una revelación o «advertencia» (*warning*).

† Marco Denevi (*n.* 1922), novelista y cuentista argentino de gran originalidad.

mapas, las ruinas del Foro Trajano,° los automóviles, el arroz, las sequoias gigantes, el Partenón. Sólo había máquinas. Después los hombres empezaron a notar que ellos mismos

15 iban desapareciendo paulatinamente° y que en cambio las máquinas se multiplicaban. Bastó poco tiempo para que el número de los hombres quedase reducido a la mitad y el de las máquinas se duplicase.° Las máquinas terminaron por ocupar todos los sitios disponibles.° No se podía dar un paso

20 ni hacer un ademán° sin tropezarse con° una de ellas. Finalmente los hombres fueron eliminados. Como el último se olvidó de desconectar las máquinas, desde entonces seguimos° funcionando.

Foro...Trajan's Forum in Rome

gradualmente

se...se multiplicase por dos

utilizables / movimiento pequeño

tropezarse... encontrar

continuamos

························· **Preguntas**

1. ¿Por qué se extinguió la raza humana en el siglo XXXII?
2. ¿Qué objetos desaparecieron gradualmente antes que los hombres? ¿Por qué?
3. Al final, ¿qué descubrimos de la identidad del «autor» del cuento?
4. ¿Qué peligro se muestra aquí con respecto al poder creador humano?

························· **Composición**

Apocalipsis, significa «advertencia». Escriba Ud. una advertencia basada en el cuento, y compártala con la clase.

¿Qué es la vida? Un frenesí.
¿Qué es la vida? Una ilusión,
una sombra, una ficción,
y el mayor bien es pequeño;

5   que toda la vida es sueño,
y los sueños, sueños son.

de *La vida es sueño*
pieza dramática
del siglo XVII de

10 Pedro Calderón de la Barca

Dibujo de Rogelio Naranjo, dibujante mexicano.

Los hispanos en los Estados Unidos

··· **Vocabulario preliminar**

Estudie el vocabulario antes de empezar este capítulo sobre los hispanos en los Estados Unidos. Luego, utilice Ud. esta lista como medio de consulta durante su estudio del capítulo.

1. **anglo (el)** el norteamericano blanco
2. **boricua (el, la)** el (la) puertorriqueño(a); nombre asociado con la tradición indígena de Puerto Rico
3. **chicano(a) (el, la)** el (la) mexicano(a) o el (la) méxico-americano(a); el (la) méxico-americano(a) que afirma una determinada conciencia política y cultural
4. **cubano(a) exiliado(a), (el, la)** el (la) cubano(a) que salió de Cuba por razones políticas; el (la) refugiado(a)
5. **desarrollar(se)** *to develop* **desarrollo (el)** *the development.* Se han desarrollado programas de educación bilingüe en años recientes.
6. **EE.UU.** forma abreviada de Estados Unidos

7. **éxito (el)** *success* **tener éxito** Algunos inmigrantes han tenido éxito económico en los EE.UU.
8. **fracasar** *to fail* **fracaso (el)** *the failure.* El inmigrante fracasó en su trabajo porque no sabía hablar inglés.
9. **herencia (la)** los valores culturales, tradiciones e historia de una nación o grupo de personas
10. **patria (la)** tierra o lugar donde uno ha nacido
11. **orgullo (el)** *pride*
12. **vergüenza (la)** *shame* El niño sintió vergüenza al no entender la pregunta de la maestra.
13. **la mayoría, la mayor parte** el número más grande, más del 50%

Sinónimos

Busque un sinónimo para las palabras en bastardilla.

La década de los 80 vio un enorme influjo de inmigrantes a los *Estados Unidos,* entre ellos millones de asiáticos y gente de habla española. Vinieron por razones económicas, como en el caso de los mexicanos, o políticas, como los *refugiados* cubanos y vietnamitas. Entre los hispanos, los cubanos se han instalado principalmente en la Florida, los *boricuas* en el noreste, y *el número más grande* de *mexicanos* en sólo dos estados, California y Tejas.

Todos los inmigrantes han traído consigo *los valores culturales* de su *tierra donde nacieron* y al mismo tiempo, un deseo fuerte de encontrar una vida mejor. A veces encuentran la resistencia de ciertos individuos de grupos bien establecidos, pero en general tanto los *anglos* como otros grupos raciales y étnicos esperan que la aceptación de los miembros más recientes de la sociedad sea pacífica y total.

Los chicanos: *La tradición mexicana*

Pregunte Ud. al norteamiercano medio°, «¿Cómo empezó su   *average*
nación?», y probablemente contestará, «Pues, Colón viajó a
América en 1492. Luego, vinieron los *Pilgrims* a Plymouth
Rock. Y Jamestown, también —el primer pueblo de este país—
5   fue fundado en 1607, ¿verdad?» Se sorprendería al saber que
San Agustín, en la Florida, fue fundado cuarenta y dos años
antes que Jamestown, y que mucho del oeste de esta nación fue
explorado y poblado° siglos antes de la presencia anglosajona.   *colonizado*
¿Explorado y poblado por quién? Por los antepasados° de   *ancestors*

El Castillo de San Marcos en San Agustín, Florida—la ciudad más antigua de los Estados Unidos.

10 algunos de los 13.4 millones* de personas de ascendencia mexicana que viven hoy día en todos los EE.UU.

En los cinco estados del suroeste (Arizona, California, Colorado, Nuevo México y Tejas), personas de ascendencia mexicana componen casi el 25 por ciento de la población.
15 Aunque recibe poca atención en los libros de historia, la tradición hispánica del suroeste data de hace más de tres siglos. Esta larga herencia cultural dentro de los EE.UU. es una característica especial de este grupo, en contraste con los puertorriqueños y cubanos, quienes no inmigraron a esta
20 nación en grandes números hasta el siglo XX. Sin embargo, después de tantos años aquí, la mayoría de los méxico-americanos no gozan del mismo nivel de vida que otros grupos.

Por ejemplo, el porcentaje de adultos que han terminado
25 la escuela secundaria es el 78,4% entre los anglos, el 64,6% entre los negros y el 43,6% entre los mexicanos. Por cada dólar que gana la familia no hispana, sólo gana 66 centavos la familia méxico-americana. Aunque son alarmantes estas estadísticas, existen muchas excepciones que indican los
30 avances que ha hecho esta gente a través de los años. Muchos han llegado a ser abogados, dueños de tiendas, músicos, beisbolistas y políticos, entre ellos Gloria Molina, la primera hispana elegida a la Junta Directiva del Condado° de Los Angeles. Repasemos la historia para entender mejor la presen-
35 cia mexicana en este país.

Junta... Board of Supervisors of the county

Comprensión

1. ¿Qué característica especial tienen las personas de ascendencia mexicana, en contraste con otros grupos hispanoparlantes de los E.E. U.U.?
2. ¿Cómo es su situación hoy con respecto al trabajo y la educación? ¿Quiénes son algunas personas famosas de ascendencia mexicana?
3. ¿Qué avances han hecho?

El territorio mexicano

Antes de 1845 el suroeste fue territorio español primero, y luego mexicano. En esta región se preservaban la cultura, lengua y religión de los españoles. En 1845 EE.UU. «anexó»

---

* Las estadísticas de éste y el próximo párrafo son del *U.S. Bureau of the Census: The Hispanic Population in the U.S.: March 1991* y *Statistical Abstract of the United States*, 1991. Algunos creen que este número realmente llega a más de 20 millones, debido a los muchos méxicanos en centros urbanos o lugares rurales que son difíciles de localizar.

César Chávez, hombre
de origen humilde
que llegó a ser líder
nacional en la lucha
por los derechos
de los obreros
migratorios en EE.UU.

40   a Tejas, y un año más tarde se declaró en guerra contra
México por una disputa de fronteras. En parte, estas acciones
reflejan la filosofía del «Destino Manifiesto»* prevaleciente en
aquella época. Con la victoria militar de los EE.UU. en 1848,
México tuvo que ceder° el territorio que ahora forma Utah,   *dar*
45   Nevada, California, Arizona, Colorado y Nuevo México. EE.UU.
garantizó a los 75.000 habitantes mexicanos todos los dere-
chos° como ciudadanos° norteamericanos, incluso la preser-   *rights / citizens*
vación de sus tierras, pero después, los miles de anglos que
invadieron la región no respetaron estas garantías. Les quitaron
a muchos mexicanos sus propiedades, y los trataron como a
50   pueblo conquistado. Desde el principio los anglos demostra-
ron una convicción de superioridad racial. En las populares
novelas «western», los anglosajones «fuertes, inteligentes y
honestos» siempre triunfaban sobre los mexicanos «sucios,
torpes° y mentirosos».°   *rudos / que no dicen*
55   Aunque muchos reconocen la presencia méxico-ameri-   *la verdad*
cana hoy día pocos se dan cuenta de su gran contribución al
desarrollo del oeste. Llegando como braceros° o «mojados»,°   *day laborers hired le-*
los mexicanos ayudaron a construir ferrocarriles, a trabajar   *gally for temporary*
las minas y a recoger° las frutas y legumbres para esta nación.   *contracts*
60   Vinieron huyendo° de la pobreza y la inestabilidad de su país, *"wetbacks" who ente-*
y encontraron a veces más pobreza y hostilidad.   *red illegally by swim-*
                                                                  ming across the Rio
                                                                  Grande / pick /
                                                                  fleeing

---

* «Destino Manifiesto» creencia de que era inevitable que EE.UU. extendiera su sistema democrático
   a todo el territorio entre los dos océanos.

Comprensión

1. ¿Cómo era el suroeste de los EE.UU. antes de 1845? ¿Qué ocurrió en este año? ¿y en 1848?
2. ¿Qué les pasó a los mexicanos cuando llegaron los anglos?
3. ¿Qué actitud tenían los anglos hacia los mexicanos?
4. ¿Cómo contribuyeron los mexicanos al desarrollo de los EE.UU.?

La frontera

Además de esta discriminación racial, un factor geográfico, particular al méxico-americano, ha facilitado su explotación. La proximidad de la frontera mexicana proporciona° una fuente° ilimitada de trabajadores pobres de México. En tiem-
65 pos de gran necesidad de mano de obra,° como durante las dos guerras mundiales, permitieron entrar a gran número de mexicanos. Por otra parte, durante la Gran Crisis° de 1929, el gobierno de los EE.UU. «repatrió»° a miles de mexicanos a
70 México, algunos de ellos ciudadanos norteamericanos cuyas familias llevaban siglos de vivir en estas tierras.

       La proximidad de la frontera crea una situación especial en las ciudades fronterizas° de California, Arizona, Nuevo México y Tejas. Debido al gran número de mexicanos que
75 llegan diariamente° a estos lugares, ha existido durante años una interdependencia económica y cultural entre los pueblos situados en los dos lados de la frontera. Al mismo tiempo entran fácilmente contrabandistas de drogas y miles de inmigrantes sin documentación, la gran mayoría de los cuales
80 trabajan por sueldos mínimos en los estados fronterizos.

ofrece

source

mano... labor

Gran... Depression

repatriated

border

todos los días

Las maquiladoras

En los años 70 unos acuerdos entre México, Estados Unidos y otros países permitieron el establecimiento de maquiladoras o plantas de montaje° en las ciudades fronterizas de México. Las maquiladoras son filiales° de empresas norteamericanas,
85 japonesas y de otras naciones que exportan piezas° o materiales a México. Allí se montan° las piezas para luego devolverlas como productos acabados a los EE.UU. y otros países. Las compañías norteamericanas se benefician de la mano de obra barata, las restricciones ecológicas menos exigentes de México
90 y los aranceles° bajísimos sobre los bienes acabados. México, por su parte, saca el 15% de su ingreso en el extranjero° de estas maquiladoras, sus ciudadanos ganan sueldos mucho más altos de los que recibirían en fábricas mexicanas, y las

assembly

subsidiaries

parts
assemble

tarifas

ingreso... foreign earnings

ciudades fronterizas de Matamoros, Tijuana y Juárez gozan
95   de un florecimiento económico desconocido hasta hace pocos
años.

Aunque las maquiladoras ofrezcan beneficios económi-
cos a algunos, muchos se oponen a su presencia. Primero,
arguyen que las maquiladoras debilitan la industria manufac-
100   turera norteamericana y que miles de trabajadores han perdido sus empleos porque las compañías cierran sus plantas
de montaje en EE.UU. para establecerse en México. Además,
notan que la falta de controles ecológicos ha creado una
pesadilla° química. Los detergentes, solventes y productos de   *nightmare*
105   petróleo que entran diariamente en los ríos y el aire contaminan el ambiente de los dos países y causan enfermedades y
problemas respiratorios en la gente.

Comprensión

1. ¿Qué situaciones especiales ha creado la proximidad de la frontera
   mexicana?
2. ¿Qué es una maquiladora?

Los obreros migratorios

Aunque durante cien años los méxico-americanos han protes-
tado con manifestaciones y huelgas, fue sólo con los esfuerzos°   *efforts*
110   de César Chávez en los años 60 y 70 que la atención nacional
reparó en su problema.

Chávez y su Unión de Campesinos° lograron muchos   *United Farmworkers'*
cambios en las condiciones de vida de los mexicanos: clínicas   *Union*
de salud, sueldos más altos, mejores escuelas para los niños,
115   baños y agua potable en los campos. Sin embargo, las reduccio-
nes presupuestarias° del gobierno federal en los años 80 y 90,   *fiscales, de dinero*
junto con la creciente resistencia de los grandes cosecheros° a   *growers*
implementar cambios, han causado la eliminación de muchos
de los programas que ayudaron a los obreros, dejándoles en
120   condiciones lamentables una vez más: sólo ganan entre $5000
y $6000 al año, tienen pocos servicios médicos e higiénicos,
muchos de sus niños de 8 a 14 años abandonan la escuela
para trabajar 14 horas diarias y les faltan viviendas.°   *casas*

Comprensión

¿Qué éxitos y problemas han tenido los obreros migratorios en décadas
recientes?

Tres trabajadores salen de una maquiladora situada en Reynosa, México, una ciudad fronteriza cerca de Tejas.

Los centros urbanos

125   Mientras que la imagen más común del méxico-americano es la del obrero migratorio, el 91% vive en centros urbanos, con casi un millón concentrados en Los Ángeles y otros miles en ciudades grandes como Chicago y Houston. Tanto en las ciudades como en otros lugares, se ha desarrollado mucho orgullo en La Raza° que sigue manifestándose. Ahora muchos
130   jóvenes afirman la belleza de su modo de hablar, el Pocho, como también la importancia de su herencia india.

        Muchas personas de ascendencia mexicana hoy día están concentrando sus esfuerzos en la política, con el fin de mejorar sus circunstancias por medio de cambios políticos
135   internos. Se están conduciendo campañas para inscribir a los votantes° y para reorganizar los distritos políticos en bloques de votantes que apoyen° a los candidatos mexicanos. Tanto

race; in this context "our people"

campañas… voter registration drives

will support

en los centros urbanos como en las áreas rurales se intenta
lograr° mayor representación y control político chicano.   *achieve*
140   Además, hay un énfasis continuo en el entrenamiento,° a   *training*
nivel° universitario y en las comunidades, de líderes para que   *level*
participen en los negocios, la educación y la vida pública. El
florecimiento de programas de estudios chicanos, la alta
calidad artística de El Teatro Campesino de San Juan Bautista,
145   California, y la atención nacional que atraen políticos y
escritores mexicanos—como el dramaturgo Luis Valdéz—
prueban que éste, el segundo grupo minoritario más grande
del país, va haciendo notables progresos.

.... **Comprensión**

Pregunta

¿En qué áreas se están concentrando sus esfuerzos muchos méxico-americanos
hoy? Explique.

Opciones múltiples

1. El primer pueblo fundado en lo que hoy es los EE.UU. fue (*a*) Plymouth
   Rock (*b*) San Agustín (*c*) Jamestown
2. El suroeste pasó de ser territorio mexicano a formar parte de los EE.UU.
   porque (*a*) México anexó a Tejas en 1845 (*b*) los mexicanos del suroeste
   creían en el «Destino Manifiesto» (*c*) EE.UU. le declaró la guerra a México
   y triunfó
3. Durante tiempos de poco empleo en los EE.UU., el gobierno (*a*) ha buscado
   trabajadores en México (*b*) ha organizado huelgas entre los obreros migratorios (*c*) ha repatriado a muchos méxico-americanos
4. Las maquiladoras son (*a*) mujeres que trabajan con máquinas (*b*) plantas
   de montaje situadas en México (*c*) filiales de compañías mexicanas en las
   ciudades fronterizas de los EE.UU.
5. En realidad, el 91% de los méxico-americanos vive en (*a*) el campo (*b*) las
   ciudades (*c*) Los Ángeles

.... **Discusión o Debate**

¿Qué piensa Ud. de las maquiladoras? En grupos pequeños o en forma de un
debate, organice una discusión, adoptando la identidad de las siguientes
personas:

- un(a) obrero(a) mexicano(a) que trabaja en una maquiladora
- un(a) trabajador(a) de los EE.UU.
- un(a) representante de *Engulf,* una compañía norteamericana con una planta
  de montaje en Matamoros
- un(a) ecologista
- ¿ _____ ?

··· **Composición**

En la biblioteca investigue el tema del Acuerdo de Libre Comercio entre México, Estados Unidos y Canadá. Luego escriba una defensa o una crítica de este Acuerdo.

Chiste

Un mexicano, apenas llegado a EE.UU., va el estadio de Houston a ver un partido de béisbol. Para ver mejor, trepa (*climbs*) el palo de la bandera (*flagpole*). Terminado el partido, sus amigos le preguntan:

—José, ¿te gustó? ¿Qué es lo que más te impresionó?

—Me gustó todo—responde José.—¡Y tendrían que ver lo corteses que son los norteamericanos!

—¿Por qué?—le preguntaron.

—Porque al principio del partido, todos se levantan, me miran y se ponen a cantar y dicen: «JOSÉ, CAN YOU SEE?»

*Viejita analfabeta**
Guadalupe Ochoa Thompson†

Anticipación

Todos agradecemos las contribuciones a nuestra vida de una persona especial—padre, profesor, amigo, etc. ¿Pero cuántos lo expresamos abiertamente? A continuación leemos un poema escrito por una mujer que recuerda a su madre.

Estrategia: El título como punto de partida

1. *Gato, gatito. Casa, casita. Vieja, viejita.* Para Ud., ¿qué comunica el diminutivo en el título?
2. ¿Implica el título algunas diferencias entre la hija y la madre? Explique.
3. ¿En su familia hay diferencias (de educación, empleo, etc.) entre Ud. y sus padres o sus abuelos? ¿Cuáles? ¿Son importantes estas diferencias?

Estrategia: Búsqueda de información

Lea rápidamente la primera estrofa. ¿Qué versos describen la familia y el trabajo de la madre? Ahora, termine esta frase: «La madre de la poetisa tiene _____ y su trabajo es _____».

---

* Que no sabe leer ni escribir.

† Guadalupe Ochoa Thompson (n. 1937), profesora y poetisa de ascendencia mexicana.

¡Viejita bonita !
¡Qué bonita !
Tuviste trece hijos
Diez vivos educados
5 Criándolos trabajando
Cosiendo° y pelando°   *Sewing / peeling*
tomates en la tomatera

Cosiendo vestidos chillones°   *que llaman la*
pa' las putas° de   *atención*
10 la casa rosa   *manera vulgar de de-*
Cosiendo hasta las dos   *cir prostituta*
o tres de la mañana
Quejándote nunca
Cuidando siempre
15 tu cosecha°   *crop, harvest*

Viejita analfabeta
No hay palabra
que te alabe°   *celebre, honre*
Tienes el amor de diez
20   y
la envidia y respeto de muchos.

Comprensión

Trabajando solo(a) o en grupos pequeños, escoja dos de las siguientes palabras
y decidan cómo se relacionan con el poema. Puede escribir sus comentarios en
la pizarra o presentarlos a la clase oralmente.

sacrificio   humildad
analfabetismo/sabiduría   respeto
amor

¿Cuál le parece la palabra más importante? (¿O hay otra que Ud. sugiere?)

Interpretación

1. ¿Cómo interpreta Ud. los versos «Cuidando siempre de tu cosecha»? ¿Qué
   cualidades posee esta madre?
2. ¿Qué nos comunica el poema de la experiencia mexico-americana en este
   país?

Discusión/Composición

Describa a una persona en su vida que ha hecho/sacrificado mucho por Ud., o
que ha sido una gran influencia.

.... **Actividades**

Juego imaginativo: Una entrevista con la autora

Imagine que Ud. es la autora de «Viejita analfabeta.» Otro(a) estudiante le hará una entrevista, preguntándole, entre otras cosas, cómo era su niñez, cómo ha cambiado su vida desde que salió de casa y por qué escribió el poema.

Nombres geográficos

Hay unos dos mil pueblos y ciudades (y también muchos ríos, montañas, etc.) en los EE.UU. que tienen nombres españoles. Explique el significado u origen de los siguientes nombres geográficos.

Buena Vista (Illinois)	Perdido (Alabama)	Toledo (Ohio)
Agua Caliente (Arizona)	Bonita (Kansas)	Los Angeles (California)
Mesa Verde (Colorado)	Alma (Nueva York)	Las Vegas (Nevada)
Punta Gorda (Florida)	Amarillo (Texas)	Santa Fe (Nuevo México)

La cosecha

*Tomás Rivera** *

Anticipación

¿Por qué besan la tierra los astronautas o los prisioneros de guerra cuando regresan a su patria? ¿Qué representa la tierra para ellos? Para el obrero migratorio mexicano que trabaja en los EE.UU., existe cierta ambivalencia hacia la tierra. Se lee mucho del trabajo difícil y de la explotación económica de los trabajadores por los dueños anglosajones. Pero casi no se menciona el amor que seguramente crece dentro de estos campesinos que dedican su vida a cultivar y recoger los frutos de la tierra. El siguiente cuento, escrito en forma del habla popular de la gente del campo, describe lo que siente un obrero migratorio.

Estrategia: Asociación y predicción

Piense un momento en el cambio de estaciones, específicamente en la transición de verano a otoño. (Si vive en un lugar sin cambios entre las estaciones, trate de imaginar cómo sería.) Luego conteste las siguientes preguntas. Recuerde que en una lluvia de ideas, toda respuesta sincera es correcta.

---

*Tomás Rivera (1935–1984), profesor y administrador universitario y uno de los más respetados escritores de la literatura chicana. De joven trabajó de obrero migratorio y sus experiencias forman la base de sus cuentos y su celebrada novela, *...y no se lo tragó la tierra*.

1. ¿Cómo está la tierra o la naturaleza en septiembre, octubre, noviembre?
2. ¿Cómo se siente Ud. durante estos meses? ¿Por qué?
3. Ahora bien, ¿qué cree Ud. que pasa en la vida del obrero migratorio durante esta época, cuando termina de recoger los cultivos de la tierra? ¿Estará feliz, triste o _____ ? Explique.

Vocabulario: *Expresiones del campo*

Para poder comprender este cuento, conviene aprender algunas expresiones relacionadas con el trabajo del campo. Solo(a) o en grupos pequeños, busque rápidamente (según los párrafos indicados) las sigiuentes palabras. Luego, con la ayuda del contexto en que aparecen, adivine (*guess*) su definición. La persona o grupo que termine primero gana el premio.

Palabra	*Definición*
_____ 1. escarcha (¶ 1)	a. nivelar o aplanar la tierra
_____ 2. cosecha (¶ 1,12)	b. canal para la irrigación
_____ 3. mota (*regionalismo*) (¶ 1,2,3, etc.)	c. instrumento para trabajar la tierra
_____ 4. labor (*regionalismo*) (¶ 2,3,6 etc.)	d. excavación profunda en la tierra
_____ 5. acequia (¶ 6,7,8)	e. grupo de árboles
_____ 6. rastrear (¶ 7)	f. que tiene profundidad
_____ 7. rastra (¶ 8)	g. condensación helada
_____ 8. pozo (¶ 7,8,9, ec.)	h. campo, tierra cultivada
_____ 9. hondo (¶ 8,10)	i. tiempo y trabajo en que se recogen los frutos de la tierra

Además, hay varios ejemplos en el cuento del habla popular de los campesinos, como **quedrá** (querrá) y **pos** (pues). ¿Puede Ud. encontrar más?

(¶1)   Los últimos de septiembre y los primeros de octubre. Ese era el mejor tiempo del año. Primero, porque señalaba que ya se terminaba el trabajo y la vuelta a Texas. También había en el ambiente que creaba la gente un aura de descanso
5   y muerte. La tierra también compartía° de esta sensibilidad.   *shared*
El frío se venía más a menudo, las escarchas que mataban por la noche, por la mañana cubrían la tierra de blanco. Parecía que todo se acababa. La gente sentía que todo estaba quedando en descanso. Se ponían todos más pensativos. Se

10 hablaba más del regreso a Texas, de las cosechas, de que si regresarían al mismo lugar el año próximo o no. Unos empezaban a dar largos paseos alrededor de la mota. En fin, parecía que había en los últimos días de trabajo un velorio° sobre la tierra. Hacía pensar.

wake

15 (¶2) Por eso no les extrañaba mucho que don Trine se fuera solo por la mota después del trabajo y que se paseara por las labores todas las tardes. Esto fue al principio pero, cuando una vez unos jóvenes le pidieron permiso de ir con él, hasta se enojó. Les dijo que no quería que se le anduviera pegando

20 nadie.°

se... anybody sticking around behind him

(¶3) —¿Por qué quedrá° andar solo?

querrá

—Allá él, es negocio suyo.

—Pero, fíjate, que no le falla.° Todas las tardes, a veces yo creo que ni cena, se va a andar. ¿No crees que hay algo

nunca falta

25 raro en esto?

—Pos° sí. Pero ya vites° cómo se enojó cuando le dijimos que si íbamos con él. No era para que se enojara. Este terreno no es de él. Nosotros podemos ir adónde nos dé la gana.° El no nos manda.

Pues / viste

nos... queramos

30 —Por eso digo ¿por qué quedrá andar solo? ¿A lo mejor encontró algo por ahí? Esto no lo hacía hasta hace poco. Y luego...no sé, es algo raro. Tú dirás si lo seguimos a escondidas° un día de estos para ver qué es lo que hace cuando se desaparece en la mota o en la labor.

a... en secreto

Comprensión

¿Qué características tiene la época de la cosecha?

Predicción

¿Qué va a pasar? ¿Qué descubrirán los jóvenes sobre los paseos de don Trine?

35 (¶4) Ya así empezaron los díceres° sobre los paseos de don Trine. No podían saber en qué o por qué se podría divertir saliendo todas las tardes. Cuando salía y alguien le iba a espiar, siempre se daba cuenta de alguna manera u otra y solamente daba una vuelta corta y regresaba a su gallinero.° 40 De todas maneras, ya empezaban a decir que iba a esconder dinero que había ganado ese año, o que se había hallado un dinero enterrado° y que cada día se traía de a poquito a poquito algo para la casa. Luego empezaron a decir que, cuando había sido joven, había andado con una pandilla° en 45 México y que tenía mucho dinero que todo el tiempo traía con él. Hablaban también de cómo, aunque hiciera mucho calor, el comoquiera traía una faja° llena de dinero debajo de la camiseta. Casi toda la especulación se centraba alrededor de la idea de que tenía dinero.

50 (¶5) —A ver ¿a quién mantiene? Es solterón. Nunca ha tenido mujer ni familia. Así, tantos años de trabajar...¿tú crees que no ha de tener dinero? Y luego, ¿en qué gasta ese hombre su dinero? Lo único que compra es su comidita cada sábado. De vez en cuando, una cervecita, pero es todo.

55 —Sí, muy seguro tiene sus dineritos. Pero, ¿tú crees que los va a enterrar por aquí?

—¿Quién dijo que enterraba nada? Mira, él siempre va a la comida el sábado. Vamos a espiar bien por dónde se va esta semana y el sábado cuando ande en el mandado.° Vamos 60 a ver qué se carga.° ¿Qué dices?

—Está bien. A ver si no nos descubre.

(¶6) Esa semana estuvieron observando con mucho cuidado los paseos de don Trine. Notaron que se desaparecía en la mota y que luego salía por el norte, cruzaba el camino y luego 65 cruzaba una labor hasta llegar a la acequia. Allí se perdía por un rato pero luego aparecía en la labor del oeste. Era allí donde se desaparecía y se detenía más. Notaron también que para despistar° a veces cogía otra ruta, pero siempre se detenía más tiempo en la acequia que atravesaba° la labor

rumores

henhouse

puesto debajo de la tierra

gang

belt

ande... he's on his errands

esconde

desorientar (a otros)

cruzaba

70   del oeste. Decidieron entonces investigar la acequia y aquella
labor el sábado próximo.

(¶7)   Cuando llegó aquel día, la anticipación fue grande, y
apenas había salido la troca° y ya iban en camino a aquella   camión
labor. Todavía no se desaparecía la troca y ya habían cruzado
75   la mota. Lo que hallaron casi lo esperaban. En la acequia no
había nada, pero en la labor, la cual habían rastreado con
mucho cuidado después de haberle sacado toda la papa, se
encontraron con una cantidad de pozos.

(¶8)   —Aquí hay como pozos, ¿te fijas? Estos no los hizo la
80   rastra. Mira, aquí hay huellas° de zapatos y fíjate que [los   impresiones en la
pozos] tienen a lo menos un pie de hondo. Cabe bien el brazo   tierra
hasta el codo. Estos no los hace algún animal.

—¿Qué crees?

—Pos, entonces será don Trine. ¿Pero qué esconderá?
85   ¿Por qué hará tantos pozos? ¿Tú crees que el viejo° ya se dio   se refiere al dueño de
cuenta?   la tierra

—N'ombre.° Fíjate que desde el camino no se ve.   No hombre
Necesita uno entrarle un poco a la labor para darse cuenta
de que aquí están. ¿Para qué los hará? ¿En qué los usará? Y,
90   mira, casi todos están del mismo ancho.° ¿Qué crees?   width

—Pos, no sé. Apenas escondiéndose uno en la acequia
y ver lo que hace cuando viene aquí.

—Mira, aquí está un bote° de café. Te apuesto que con   can
éste es con que escarba.°   excava la tierra
95   —Yo creo que sí.

Comprensión

1. ¿Cómo explicaban los otros obreros los paseos de don Trine?
2. ¿Qué observaron los muchachos que siguieron a don Trine?

Predicción

¿Qué explicación encontrarán los muchachos para los pozos?

(¶9) [Los muchachos] tuvieron que esperar hasta el lunes ya tarde para tratar de descubrir lo de los pozos. La palabra se pasó de boca en boca y ya todos sabían que don Trine tenía una cantidad de pozos en aquella labor. Trataban de despistar

100 pero eran muy obvias las alusiones que hacían durante el día en la labor hacia los pozos. Les parecía que seguramente había una gran explicación. Así, [los muchachos] se pusieron a espiar con más cuidado y con más esmero.°   *atención diligente*

(¶10) Esa misma tarde lograron engañar a don Trine y pudieron

105 observar lo que hacía. Vieron que con el bote de café, como lo habían deducido, don Trine sacaba y sacaba tierra. Cada rato medía° con su brazo lo hondo que iba el pozo. Cuando   *determinaba, calculaba* ya daba° hasta el codo, metía el brazo izquierdo y luego con   *it came up to* la mano derecha se tapaba° de tierra todo el brazo hasta el   *cubría*

110 codo. Así se quedaba por mucho rato. Se veía muy satisfecho y hasta trató de encender un cigarro con una mano. Como no pudo, se lo dejó entre los labios. Después hacía otro pozo y repetía el proceso. No pudieron comprender por qué hacía eso. Esto fue lo que les sorprendió más. Creían que, al

115 descubrir lo que hacía [don Trine], iban a comprender todo. Pero no fue así. Trajeron la razón° al resto de la mota y allí   *noticia* nadie comprendió tampoco. En realidad, cuando supieron que no se trataba de dinero escondido, lo juzgaron de loco y hasta perdieron interés. Pero no todos.

120 (¶11) Al día siguiente, uno de los muchachos que habían descubierto lo de don Trine se fue solo a una labor. Allí imitó el mismo proceso que había presenciado el día anterior. Lo que sintió y lo que nunca olvidó fue el sentir que la tierra se movía, que parecía que le cogía los dedos y hasta los acari-

125 ciaba.° También sintió el calor de la tierra. Sintió que estaba   *caressed* dentro de alguien. Entonces comprendió lo que hacía don Trine. No estaba loco, solamente le gustaba sentir la tierra cuando se estaba durmiendo.

(¶12) Por eso siguió yendo todas las tardes a la labor, hasta

130 que una noche cayó una helada° muy fuerte y ya no pudo   *frost* hacer pozos en la tierra. Estaba ya bien dormida. Luego pensó

en el año entrante, en octubre, durante la cosecha cuando
podría otra vez hacer lo mismo que don Trine. Era como
cuando se moría un querido. Siempre se culpaba por no
135   haberlo querido más antes de la muerte.

Comprensión

1. ¿Qué hacía don Trine con los pozos?
2. ¿Qué pensaron los otros obreros de esto? ¿Está Ud. de acuerdo con su
   opinión de don Trine? ¿Por qué?
3. Explique en sus propias palabras lo que descubrió uno de los muchachos
   que había seguido a don Trine.
4. ¿Siente Ud. reverencia o amor por algo del mundo natural? Explique.

Discusión/Composición

1. ¿Cómo entra el tema del «tesoro (*treasure*) escondido» en el cuento? ¿Se
   puede decir que **sí** se encuentra un tesoro? ¿Por qué es tan popular este
   tema? ¿Existe en otras historias o novelas que Ud. conoce?
2. El título del cuento es «La cosecha». ¿Es una cosecha de la naturaleza o
   una cosecha espiritual? Explique.
3. ¿Qué *conexiones* y qué *contrastes* existen en el cuento? En la siguiente lista
   decida si existe una *conexión* o un *contraste* entre los dos elementos. Busque
   referencias específicas en el cuento para explicar sus selecciones.

   • el estado de la tierra y la gente al final de la cosecha
   • Don Trine y los jóvenes
   • la vida nómada del obrero y la tierra

Actividad

Juego imaginativo: ¡ *A crear* !

1. Prepare un diseño (*design*) para la cubierta (*cover*) de un libro en que «La
   cosecha» es el cuento central. El diseño representa el espíritu del cuento y
   su atracción e interés para lectores potenciales. Puede dibujar o si prefiere,
   haga un *collage* de materiales de revistas o periódicos. Después, explique su
   diseño a la clase.
2. Escriba un diálogo entre don Trine y el muchacho que imitó sus acciones
   al final del cuento.

Mafalda

Vocabulario y actitudes

«Let's vamoose, hombre!»

Si Ud. leyera una novela en inglés sobre la vida del rancho en el oeste, posiblemente encontraría un pasaje como el siguiente:

> ...Jim was proud of his *hacienda*. He wandered out past
> the *patio* to take a look at the new *palomino* and *pinto*, grazing
> next to the old *burro* in the *corral*. "Yes, they're a real *bonanza*,"
> he thought to himself. For a moment he envisioned the upcoming
> *rodeo*, with all the excitement of *bronco*-busting. But his mind
> soon turned to a more urgent matter—the *adobe* wall needed
> repairing, near the *arroyo*. He knew he had work to do before
> his *siesta*...

Lo que sorprende de este pasaje es que todas las palabras en bastardilla se han tomado directamente del español, sin cambio alguno. Estas palabras, y muchas otras, deben su presencia en inglés a los españoles y mexicanos del oeste de hace varios siglos.

El «*cowboy*» norteamericano, en particular, debe mucho de su vocabulario y conocimiento de la cría de ganado y ovejas (*cattle and sheep raising*) a los mexicanos. Puesto que el *cowboy* no tenía palabras para muchas de las cosas nuevas que aprendía, imitaba las palabras de los vaqueros mexicanos. En muchos casos cambió la pronunciación y la ortografía. *Lariat*, por ejemplo, viene de «la reata»; *lasso*, de «lazo» *chaps*, de «chaparejos»; y *stampede*, de «estampida». Aun la palabra «vaquero» (*cowboy*) aparece en inglés como *buckaroo*.

A veces la musicalidad o el humor implícito en las palabras españolas atrajo al *cowboy*. *Calaboose*, de «calabozo» (*prison*), y *hoosegow*, de «juzgado» (juzgar, *to judge*), eran más pintorescas que *jail*. También, *cockroach*, de «cucaracha», *savvy*, de «sabe»; *vamoose* y *mosey along*, ambos términos modificaciones de «vamos».

En cuestiones de dinero, se ve una vez más la influencia española. Orgullosos de su descubrimiento de las Américas, los españoles crearon una moneda en el siglo XVIII, con las Columnas de Hércules (*the symbolic Straits of Gibraltar*), envueltas por banderas que tenían las palabras «PLUS ULTRA» (*more beyond*).

Así los españoles proclamaron que un nuevo mundo español existía «Plus
Ultra», y la columna a la izquierda se convirtió en el símbolo ($) del dólar y del
35   peso que se usa hoy en los EE.UU., México y otros países latinoamericanos. Se
usaban las antiguas monedas españolas en los EE.UU., donde las dividieron en
partes pequeñas, lo cual dio origen a las expresiones en inglés de *two bits* (25
centavos), *four bits* (50 centavos), *six bits* (75 centavos).

Así que la próxima vez que Ud. piense en $, o diga *patio*, ¡recuerde a los
40   españoles y a los mexicanos!

·· **Preguntas**

1. ¿De dónde viene la palabra «vamoose»? ¿«cockroach»? ¿Qué le pasó a la
   palabra «vaquero»? ¿Y «estampida»?
2. ¿Es de origen norteamericano el símbolo del dólar? Explique.

*Los puertorriqueños: Brincando el charco**

¿Quiénes son los puertorriqueños? Los vemos principalmente
en los centros urbanos de Nueva York, Nueva Jersey, Illinois,
Pennsylvania, Connecticut y Massachusetts, trabajando en
una gran variedad de empleos: de profesores en las universida-
5   des, de costureras° en las industrias de confección° y de   *seamstresses / garment*
textiles, de directores de servicios médicos y sociales, de
camareros en los restaurantes, y cada vez más, en puestos
políticos, como el caso notable de Antonia Coello Novello,
quien fue Cirujana° General de los Estados Unidos. Desde   *Surgeon*
10   que empezó la gran emigración de Puerto Rico durante la
Segunda Guerra Mundial, más de 2.5 millones de puertorriqueños han venido al norte en busca de una vida mejor, pero a
pesar de los muchos avances que se han hecho en cuatro
décadas, siguen siendo el grupo minoritario hispano más
15   pobre de los EE.UU.

La isla de Puerto Rico

Los puertorriqueños comparten con los cubanos y mexicanos una larga tradición hispánica, empezando con la llegada
de Colón a la isla en 1493. Pero desde la guerra de 1898 entre
los EE.UU. y España, ha sido un territorio norteamericano. Al
20   principio, el gobierno de los EE.UU. trató de quitar a la isla

---

* Jumping the puddle (i.e., the ocean separating Puerto Rico from the U.S. mainland)

La Dra. Antonia Coello Novello, una mujer de ascendencia puertorriqueña que fue nombrada Cirujana General de los Estados Unidos.

su cultura hispánica, imponiendo el inglés como idioma oficial y nombrando° gobernadores norteamericanos. En 1917 los puertorriqueños recibieron la ciudadanía° norteamericana.

    Luego, en los años 50 el Congreso de los EE.UU. aprobó°
25 la elección del gobernador por voto popular, y en 1952 el *status* de la isla cambió de territorio a Estado Libre Asociado.° Así puede desarrollar su propio idioma y cultura, y administrar sus asuntos° domésticos. Pero el nombre «Estado Libre Asociado» da lugar a mucha controversia, puesto que Puerto
30 Rico no es estado, ni es libre: su política exterior,° su sistema de correos° y de aduana° y su moneda° son oficialmente estadounidenses.

appointing

citizenship

autorizó

*Estado... Common-
wealth*

affairs

*política... foreign
policy*

*postal service / cus-
toms bureau /
dinero*

Comprensión
1. ¿Qué hizo EE.UU. al principio de su gobierno en Puerto Rico?
2. ¿Qué acciones indicaron, después, una actitud más liberal?

Debates sobre el *status*

La asociación de Puerto Rico con los EE.UU. trae consigo
ventajas° y desventajas. Los puertorriqueños se benefician de
35 programas de educación y salud pública que están entre
los mejores de la América Latina, sin necesidad de pagar
impuestos° federales. Además las industrias estadounidenses
en Puerto Rico son una fuente° importante de empleo y
dinero para la isla. Han reemplazado la vieja economía
40 agrícola con fábricas, centros comerciales, rascacielos° y una
infraestructura muy desarrollada. Hay que añadir, sin embargo,
que las compañías estadounidenses sacan provecho° de la
situación, debido a la mano de obra° barata y al hecho de
que, en muchísimos casos, no pagan impuestos al gobierno
45 puertorriqueño. Otra ventaja para los puertorriqueños es que,
a diferencia de los cubanos y mexicanos, los puertorriqueños
pueden entrar y salir de los EE.UU. sin visas especiales. No
obstante, aunque son ciudadanos de los EE.UU, no pueden
votar en las elecciones federales, ni tienen voto sus represen-
50 tantes en Washington.

Por todas estas razones, hay un debate continuo entre
los puertorriqueños sobre el *status* de su país, dividiendo la
isla en tres grupos: los estadistas,° los que favorecen el *status*
quo y los independentistas. Aunque por mucho tiempo el
55 apoyo° público durante las elecciones se dividió más o menos
igualmente entre los estadistas y los defensores del *status*
quo, en años recientes los estadistas han ganado la mayoría.
El número de los que favorecen a los independentistas es
pequeño, alrededor del 5%. A pesar de las diferencias de
60 opinión sobre su condición política, la mayor parte de los
puertorriqueños celebran el reciente decreto de su gobierno
estableciendo el español como único idioma oficial de las
instituciones de la isla.

puntos positivos

dinero pagado al go-
    bierno
source

edificios muy altos

sacan... *profit*
mano... *labor*

los que quieren que
    Puerto Rico se con-
    vierta en un estado
    de los EE.UU. /
    support

Comprensión

1. ¿Qué beneficios recibe Puerto Rico bajo el *status* de Estado Libre
   Asociado?
2. ¿Cuáles son las restricciones?
3. ¿Qué opina Ud. de esta situacíon?

El mar y las playas de San Juan, Puerto Rico, ofrecen un descanso a los turistas.

El viaje a los EE.UU.

¿Por qué vienen los puertorriqueños al continente?° Porque   *mainland*
65   la isla es uno de los lugares más superpoblados° del mundo,   *overpopulated*
y porque los sueldos son bajos, el costo de vida es alto y no
hay suficiente trabajo allí. Los puertorriqueños que inmigran
en mayores números a Nueva York, Filadelfia, Chicago, etc.,
eran durante varias décadas los jíbaros° pobres sin educación   *campesinos puertorri-*
70   ni entrenamiento° especializado. A diferencia de los cubanos,   *queños*
que no pueden volver a su patria, muchos de estos puertorri-   *training*
queños llegaron con la idea de regresar a su isla en cuanto
ganaran un poco de dinero. Pero una vez en los EE.UU.,
algunos se vieron atrapados° en un círculo vicioso de po-   *trapped*
75   breza—trabajos serviles—falta de educación—pobreza. Sin
un conocimiento del inglés, o aún más importante, estudios
avanzados y tecnológicos, muchos se perdieron en el *ghetto.*

Cambios en la inmigración

El patrón° tradicional de inmigración empezó a cambiar a   *pattern*
fines de los años 70. Hoy día la clase profesional—abogados,
80   enfermeros, profesores, hombres y mujeres de negocios, científicos, etc.—se está trasplantando a los EE.UU., aunque siguen
entrando los jíbaros. El énfasis en la educación en Puerto
Rico ha producido un grupo numeroso de personas instruidas

y bilingües que no encuentran empleo en la isla, pero que se
85 establecen con bastante éxito en EE.UU.

　　Sin embargo sólo el 12% de los hombres puertorriqueños
y el 22% de las mujeres ocupan puestos ejecutivos o profesionales. Las perspectivas para los demás son muy limitadas.
Como muchos de los puertorriqueños representan la mezcla°   combinación
90 de dos o tres de los grupos que históricamente han formado
su cultura—los indios, los españoles y los negros—se ven
discriminados aquí por su color y, en muchos casos, por su
falta de inglés. El ingreso anual promedio° de la familia   ingreso... *average*
boricua es cinco mil dólares menos que el de la familia   *yearly income*
95 méxico-americana y diez y siete mil menos que el del promedio
nacional por familia. En Nueva York, donde hay más puertorriqueños que en San Juan,° un porcentaje impresionante   la capital de Puerto
de las familias son encabezadas por mujeres que reciben   Rico
asistencia pública. El 57% de los niños puertorriqueños viven
100 en un estado de pobreza extrema, según el gobierno federal.
Aunque más y más jóvenes están completando su educación,
el 42% de los que tienen más de 25 años de edad no se han
graduado de la escuela secundaria.*

　　No es sorprendente, pues, que la comunidad puertorri-
105 queña haya tratado de efectuar cambios, creando organizaciones, como el *National Puerto Rican Coalition* y el *Puerto Rican
Legal Defense and Education Fund,* y programas educativos
que tienen el fin de mejorar los *ghettos* y producir líderes.
Muchos grupos dan énfasis al orgullo que sienten de su
110 herencia de tres culturas: la taína (india), la africana y la
española. Esta conciencia se ha manifestado en el florecimiento actual de las artes boricuas, sobre todo en el teatro,
la música y la poesía. Por detrás de estos movimientos se
revela una esperanza, la esperanza de que los puertorriqueños,
115 después de brincar el charco entre San Juan y Nueva York,
encuentren un camino que los lleve a mejores oportunidades.

Comprensión

1. ¿Qué grupos de puertorriqueños inmigran a los EE.UU.? ¿Porqué vienen?
2. ¿Qué problemas y éxitos han tenido aquí?
3. ¿Por qué son discriminados?

---

* Las estadísticas de este párrafo son del *U.S. Bureau of the Census, Statistical Abstract of the United
States: 1991,* y *The Hispanic Population in the U.S.: March 1991.*

.... Comprensión

Verdad (V) o Falso (F)

1. _____ La gran inmigración de los puertorriqueños a las ciudades industriales estadounidenses empezó hace un siglo.

2. _____ España perdió a Puerto Rico en la guerra de 1898 con los EE.UU.

3. _____ Hoy día, la gran mayoría de los puertorriqueños están de acuerdo sobre el *status* político de su isla.

4. _____ Muchos puertorriqueños han venido a los EE.UU. con la intención de volver a Puerto Rico algún día.

5. _____ Dos grupos principales, los negros y los españoles, formaron la cultura puertorriqueña.

.... Actividad

 ### Otro punto de vista

Si Ud. fuera puertorriqueño(a) ¿qué cambios le gustaría ver en nuestra sociedad? Trabajando con otra persona, prepare una lista, y luego compártala con la clase.

Pasaje de ida y vuelta*

Jacobo Morales†

Anticipación

Puesto que los puertorriqueños son ciudadanos estadounidenses, pueden entrar y salir de los EE.UU. sin visa o pasaporte. Todos los años, miles hacen el viaje a este país. Algunos se quedan para siempre, pero muchos otros regresan, a veces años después. El siguiente poema describe las aventuras de un joven puertorriqueño que hizo un viaje de ida y vuelta.

Estrategia: Asociación y predicción

Trabajando solo(a) o con otra persona, conteste las siguientes preguntas, sin preocuparse por una respuesta «perfecta».

1. Piense en un lugar que Ud. visitaba o conocía muy bien de niño(a). ¿Ha regresado allí recientemente? ¿Qué cambios ha observado (o son muy probables, si no ha vuelto)?
2. Ahora, ¿qué cambios cree Ud. que encontraría un campesino puertorriqueño al volver a su isla muchos años después?

---

* *The Round Trip*

† Jacobo Morales, actor y escritor puertorriqueño contemporáneo.

Ésta es la historia, señores,
de un jíbaro borincano°
que se fue pa' los *niuyores*°
con líos de sinsabores°
5   y una cajita° en la mano.

Acá dejaba a Mercedes,
a Confesor, a Dolores;°
y a sus queridos hermanos.
Eran ocho: flacos, «jinchos», barrigones.°

10   Fue en nave° de dos motores
que alzó su vuelo Ramón.°
¡Y que verse en un avión,
más alto que un guaraguao!°
Él, que nunca había trepao°

15   más allá del tamarindo.°
El cielo le pareció lindo
y trató de ver a Dios,
pero un ruido de motor
lo sacó de sus ensueños°

20   y abajo en la tierra vio
algo como un cementerio: Nueva York.

Un mal entendido° hubo
porque nadie lo esperó.°
De momento se sintió
25   como un becerro perdío.°
—¡Ay Dios mío!, ¿y ahora qué me hago yo?—
dijo Ramón.

Se acercó a un guardia pecoso°
al que preguntó asustao:°
30   —¿Usted ha visto a Sinforoso?
Es uno que es primo mío,
es bajito y «percudío»,°
medio «enjiyío»° y calmoso.

El guardia le contestó:—*What do you say?*
35   Ramón se sentó en la caja
y dijo pa' sus adentros:°
«Esto no es ningún mamey».°
Pero al° mes ya decía *okey.*

El resto es historia vieja:
40   El trabajo, un reloj, horas extra,
el *subway,*

jíbaro... campesino
puertorriqueño

pa'... a Nueva York

líos... *bundles of problems*

little box

Mercedes... nombres
de mujeres

flacos... *thin, pale, stomachs swelled by malnutrition*

avión / alzó... *Ramón took flight*

pájaro que vuela muy
alto / (trepado)
climbed
árbol frutal bastante
bajo

daydreams

mal... *misunderstanding*

was waiting for

becerro perdío (perdido) *lost calf*

freckled

(asustado) con miedo

dark-skinned

medio... *half-stooped*

pa'... a sí mismo

ningún... cosa fácil

después del

«*No portoricans*», «*No dogs*»,
y en un cuarto dormir seis.
Y un pensamiento a las siete,
45   y un pensamiento a las diez:
«Volver a la tierra amada;
hacer «chavos» ° y volver.   dinero
¿Cuándo? Mañana...Mañana».

Mientras tanto los inviernos,
50   los muchachos en la calle,
la droga, la marihuana.

«Volver...mañana;
los nenes ° hablan inglés,   niños
a la doña ° le da asma,   la esposa

55 hay que «trabajar corrido» °
   y todita la semana;
   pero volver...
   pa'° nacer otra vez en la tierra,

   pa' nacer otra vez en la calma,
60 pa' sembrar° de flores la *yarda*,
   digo, el batey;° ay virgen. Volver...
   pa' respirar madrugada,°
   pa' tomarme mi café
   antes de ordeñar° la vaca».

65 Fue en siete cuarentisiete°
   que alzó su vuelo Ramón.
   A su lao° su mujer, sus hijos,
   y en el resto del avión:
   mulatos, soldados,
70 tomateros,° «tecatos»,°
   un abogado, un doctor,
   y quién sabe en qué lugar
   también se encontraba Dios.
   De pronto, el pelo se le erizó;°
75 —Nos han secuestrao°—gritó,
   —aquello no es Puerto Rico,
   no se ve más que concreto,
   ni siquiera un arbolito.

   Llegó.

80 A un guardia le preguntó:
   —*Where I am?* Digo, ¿dónde estoy yo?
   —En San Juan—le contestó.
   —Gracías.
   —*Okey.*
85 Y en un taxi se montó.°

   El resto es historia vieja:
   El trabajo, un reloj, horas extra,
   humo,° fábricas,° chimeneas,
   extranjeros° y camas,
90 niños en las calles,
   desahucios° y marihuana.

   «Y pensar que ya es mañana
   y yo no quepo° en el hoy.
   ¿En dónde están mis caminos?
95 ¿Hacia adónde voy»?

Glosses: sin períodos de descanso; (para); plantar; Puerto Rican word for yard; dawn; to milk; siete... 747, tipo de avión; (lado); tomato pickers / adictos a las drogas; stood on end; (secuestrado) hijacked; se... entró; smoke / factories; foreigners; evictions; fit

Comprensión

Preguntas

1. ¿Quién se fue para Nueva York? ¿Qué le pareció el vuelo en avión?
2. ¿Cuál fue su primera impresión de Nueva York? ¿Cómo se sintió Ramón en el aeropuerto? ¿Por qué?
3. Describa Ud. la «historia vieja» del puertorriqueño y su familia en Nueva York.
4. En sus sueños de volver a Puerto Rico, ¿qué cambios ve Ramón en la isla? ¿Cómo se siente al final del poema? ¿Por qué?

Discusión

¿Cree Ud. que este poema es cómico o triste? ¿Por qué?

Actividad

¿Volver o no volver?

Con otro(a) estudiante, comente la siguiente pregunta; luego comparta sus respuestas con la clase.

Dicen que «Es mejor no regresar» porque así se preservan intactos los recuerdos felices de algún lugar. ¿Estás de acuerdo? ¿Por qué?

Chiste

S-O-C-K-S

Una señora puertorriqueña, recién llegada a Nueva York, quería comprar unos calcetines para sus hijos. Hablaba muy poco inglés, y no sabía la palabra para «calcetines». Entró en una tienda grande, y trató de explicar a la dependienta lo que quería, pero la dependienta no entendió. Por fin, la dependienta decidió llevar a la señora a los varios mostradores, esperando encontrar directamente el artículo deseado.

—*Is it this?*—preguntó la dependienta.

—No, no es eso—respondió la señora.

—*This?*

—No, tampoco es eso.

—*How about this?*

—No, eso no es.

Por fin llegaron al mostrador de los calcetines y la señora exclamó felizmente:

—¡Eso sí que es!

—*Well,*—dijo la dependienta, un poco perpleja,—*if you can spell it, why can't you say it?*

La protesta

*Luis Quero-Chiesa**

Anticipación

Estrategia: Identificación del conflicto central

Miles de inmigrantes a Estados Unidos han tratado de olvidarse de sus orígenes y convertirse en «norteamericanos típicos». Generalmente la adaptación es falsa y crea un conflicto interior porque el pasado es una parte esencial de nuestra identidad. Un conflicto de este tipo forma el tema central del siguiente cuento escrito por el conocido pintor y autor puertorriqueño, Luis Quero-Chiesa. Busque el párrafo hacia el comienzo donde se menciona por primera vez el conflicto interior del protagonista, y conteste estas preguntas:

1. En general, ¿qué pensaba el Dr. Max Medina de las manifestaciones y los piquetes? ¿Por qué?
2. ¿Por qué ha venido a Harlem ese día?
3. ¿Qué contradicciones ve Ud. en las emociones o pensamientos de este hombre?

Lea el cuento para ver si el Dr. Medina soluciona su conflicto.

Cuando el Dr. Max Medina llegó al edificio, ya los policías ocupaban sus puestos° ante la entrada principal. Al verlos— fuertes, sólidos, impasibles bajo la llovizna gruesa° de octu- bre—sintió una agradable sensación de seguridad. Después 5 de todo, había que andar con cuidado con aquella gentuza° de Harlem.

       Pasó junto a ellos con una sonrisita de aprobación, como para indicarles que él estaba de su parte. Cruzó la calle y entró en un pequeño restaurante. Ordenó una taza de café y 10 fue a sentarse cerca de la ventana, desde donde podía observar discretamente la escena.

       Afuera, empezó a caer el aguacero.° Era una de esas calles estrechas° y melancólicas del antiguo Nueva York en la parte baja de la ciudad. Como algo incongruente en aquella 15 vecindad prosaica° y rota, se levanta el moderno edificio de uno de los diarios° más importantes de la ciudad.

       ¿Por qué había venido? A él le repugnaba todo aquello.

posiciones

llovizna... steady drizzle

riff-raff, scum

lluvia fuerte de poca duración

narrow

vecindad... barrio ordi- nario

periódicos

---

* Luis Quero-Chiesa (n. 1911), cuentista y pintor puertorriqueño que, como el personaje principal de «La protesta», nació en Puerto Rico y vivió muchos años en Nueva York. Es uno de los pocos autores que escribe sobre el éxito que ha logrado la clase profesional puertorriqueña en este país. Otros autores escogen con más frecuencia el tema de la miseria de la clase humilde.

Hombre de libros y de paz, odiaba las manifestaciones° *political demonstra-*
populares. Para él, los más complicados problemas se resolvían *tions*
20 entre las cuatro paredes de su estudio. El «piquete»° era, a su *demostración pública*
entender, una forma de protesta violenta, vulgar; instrumento
predilecto° de organizaciones subversivas. Por eso, cuando *favorito*
recibió la circular anunciando el que se iba a tender° alrededor *el... la demostración*
del edificio del periódico, lo arrojó al canasto° con desprecio. *que iba a exten-*
25 Con fino olfato,° había reconocido entre los auspiciadores° *derse / lo... he threw*
varios *trouble-makers*. No; él no iba a inmiscuirse° en aquel *it in the wastebas-*
asunto. Sin embargo, a medida que° se acercaba la fecha *ket / nose / suppor-*
había ido creciendo° en él una honda° preocupación, un *ters / to get mixed*
extraño° deseo de presenciar° la protesta, de verla fracasar,° *up*
30 como habían fracasado tantas otras cosas en el barrio. *a... as / había... there*
had been growing /
profunda / strange /
ver

Aquella mañana había llegado temprano a la Universidad. *fail*
Había dictado° su primera cátedra° automáticamente, con el *dado / lecture*
pensamiento fijo° en el maldito° piquete que se llevaría a *fixed / damned*
cabo° a las once. Ya a las diez no pudo más. Recogió° sus *se... would be carried*
35 libros y papeles, se declaró indispuesto° y tomó el tren hacia *out / He gathered*
la parte baja de la ciudad. *up / enfermo*

En los portales de algunos edificios se refugiaban de la
lluvia hasta media docena de puertorriqueños. Él los conocía

a leguas.°—Con esta lluvia y la falta de puntualidad de los
40 puertorriqueños—dijo para sus adentros°—aquí no va a
pasar nada.

Sacó del bolsillo una copia del periódico en que aparecía
el último de los artículos sobre la emigración puertorriqueña.
Terminó de leerlo. No había duda: aquellos artículos estaban
45 un poco fuertes. Sobre todo, las fotografías. Eso era lo que a
él más le molestaba: aquellas fotografías de jíbaros a caballo,
de chozas derruidas.° ¡Con tantos automóviles que había en
Puerto Rico! ¡Y aquellas hermosas residencias de Santurce!°
¡My Lord! Si esta gentuza que estaba llegando de Puerto Rico
50 era...¡era tremenda! A él le daba hasta vergüenza° decir
que era puertorriqueño. Más de una vez se hizo pasar por
argentino; y como no era trigueño y rebejío...° Todo pudo
remediarse° con una carta al Director del periódico. Una
cartita redactada° en buen inglés, cortés, firme, si se quiere.
55 Pero esta gente había echado las cosas a perder° con su
dichoso° piquete.

A través de la calle, bajo sus impermeables, los policías
se paseaban a lo largo de la acera.° Del edificio del periódico
cruzó corriendo uno de los trabajadores y entregó al mozo
60 una vasija° para que se la llenase de café caliente:

—Mal tiempo, ¿eh Joe?

—Yeah: ¿qué pasa, por qué tantos policías?

—Esperamos piquete. Los spicks...°

La palabra hiriente° fue como un latigazo.° El Dr. Medina
65 se volvió iracundo.° Pero no hizo nada. La culpa° no era de
aquella gente ignorante. Los verdaderos culpables eran los
puertorriqueños, que por su conducta deplorable se hacían
tan odiosos. A él nunca le llamaron spick. Jamás fue víctima
del prejuicio° o la injusticia social en los Estados Unidos.
70 Esta nación había sido buena con él. En ella encontraron
generosa recompensa° sus esuferzos;° a su sombra se había
labrado un puesto° de prestigio y holganza° económica. Los
insultos, las injusticias los había sufrido en Puerto Rico.

Nació pobre. Creció° entre símbolos de fracaso. Recor-
75 daba su humilde pueblo, agonizante° entre los cafetales.° Su
hogar:° caserón derruido que alojó en lujo y holgura° a sus
abuelos; su pobre padre, defendiendo a dentelladas° su
miserable empleo. Y cogido° en tanta miseria, él, joven,
ambicioso, heredero° del amor a la vida aristocrática de sus
80 antepasados.°

¡Cuántas humillaciones encerraba° su niñez! Los domingos...A través de tantos años le dolían aún aquellos domingos

---

Glosas al margen:

a... desde muy lejos
para... *to himself*

chozas... casas rústi-
cas en ruinas
una ciudad en Puerto
Rico
shame

trigueño... *dark and
small* / resolverse
escrita
había... había arrui-
nado las cosas /
blasted
sidewalk

container

término despreciativo
e insultante usado
por algunos anglos
para referirse a los
puertorriqueños
wounding / *whiplash*
se... se puso furioso /
fault
discriminación racial

reward / *efforts*
a... *in her (the nation's)
protective shade he
had fashioned for
himself a position /
ease* / *He grew up* /
muriendo / *coffee
plantations* / casa /
alojó... *housed in lux-
ury and comfort* /
a... con los dientes /
atrapado / *heir* / an-
cestors / contenía

de su juventud. A la una de la tarde ya estaba en la plaza, esperando a sus amigos ricos. Llegaban, vestidos de nuevo,
85 listos para la fiesta del casino. Él se pegaba° a ellos, obsequioso, lleno de chistes, con la vaga esperanza de que alguien lo invitase a la bachata.° Pero nunca sucedió.° Llegadas las tres, se oían los primeros acordes° de la música; alguien decía:— Vamos para arriba—y como si él no existiese desaparecían
90 por el amplio zaguán° del casino.

      Una gran desesperación se apoderaba° entonces de su alma.° La triste plazuela le parecía más triste, más desolada...

      La sirena de un carro de la policía sonó calle arriba.° El automóvil se detuvo frente al edificio y el sargento se acercó
95 y saludó al oficial. Allí no iba a pasar nada. Una vez más, los puertorriqueños habían demostrado su irresponsabilidad. Seguramente, a última hora se habían peleado° los unos con los otros. ¡Qué falta de disciplina! ¿Por qué no aprenderían con los americanos? Había perdido miserablemente la mañana. Se
100 arrebujó° en su abrigo, y salió a la calle. Echó° a caminar hacia el *subway*.

      De pronto, llegó a sus oídos un ruido sordo de vocerío.° Entonces, vio una apretada muchedumbre que, desbordándose por todo lo ancho° de la calle, avanzaba hacia el edificio
105 del periódico. De un brinco,° se refugió en el hueco° de un portal.

      En unos instantes pasaron junto a él. Una compacta masa humana: hombres, mujeres y niños. Los había de todas las clases, de todos los tipos. En sus semblantes,° había una
110 gran firmeza de propósito, una grave dignidad que sobrecogió° al Dr. Medina.

      Los policías entraron en acción rápidamente. Un grupo se plantó a la entrada del edificio, agarrando° nerviosamente las macanas.°
115   La línea de protesta se organizó con prontitud. Surgieron° directores que distribuyeron el gentío° en pequeñas patrullas;° se repartieron° los cartelones.° La marcha comenzó pausada y firme, bajo la lluvia. Alguien lanzó° con voz vibrante el primer grito de protesta: «¡Las mujeres puertorri-
120 queñas no son prostitutas!» Los grupos lo recogieron° y lo ampliaron en una nota poderosa de indignación.

      Frente a aquella multitud vociferante, entre policía y fotógrafos de prensa° corriendo de un lado para otro, el Dr. Medina sentía un susto° indomable. Las manos y las rodillas
125 le temblaban. Sin embargo, avanzó hacia la línea de protesta. Al borde° de la acera, se detuvo a observar de cerca el piquete.

se... he stuck

merrymaking / *ocurrió*
chords

vestíbulo

se... took possession
soul

sonó... sounded up the street

combatido

Se... He wrapped himself up / *Empezó*

ruido... muffled noise of shouting

apretada... tightly-packed crowd which, overflowing along the entire width

jump / *opening*

caras
sorprendió

clutching
police sticks

Aparecieron / *multitud*
grupos / *distribuyeron* / *placards*
launched
lo... picked up on it

periódicos y revistas
miedo

curb

Le sorprendió ver entre los que marchaban a varias figuras destacadas° de la colonia,° damas de distinguida presencia, miembros de sectas religiosas. Pero la gran mayoría

130   eran simples paisanos,° eminentemente puertorriqueños en sus gestos y fisonomías. Su calmada actitud, sus rostros° serenos y graves difundían un gran respeto. No; aquella gente no era la horda inculta y violenta que él se había imaginado. Eran simples seres humanos—buenos y malos—que en

135   aquellos momentos olvidaban sus discordias y se unían para protestar. ¡Protestar!...Él nunca protestó. Él lloró de rabia,° él aduló; pero nunca tuvo valor° para protestar.

Escudriñando° rostros, llegó a reconocer algunos de ellos. Eran gentes de pueblo que no había visto en tantos

140   años. Los vio pasar en apretado grupo y tuvo deseos de llamarlos; pero no pudo recordar un solo nombre. Se paró° frente a ellos. Pasaron sin reconocerlo. Sintió de nuevo la vieja y desesperada soledad de los domingos de su juventud.

Vio entonces caminando hacia él a una niñita de rostro

145   triste, que indiferente al viento frío, mojada° por la lluvia, apretaba° amorosamente contra su pecho una banderita° puertorriqueña enmarcada bajo vidrio.° Él no conocía a aquella chiquilla de su tierra; pero en aquellos momentos le pareció un símbolo.

150   Cuando la niña pasó junto a él, Maximino Medina se llevó la mano al sombrero y se descubrió.° Luego, recogió un cartelón que alguien había abandonado y lo izó° sobre su cabeza. Siguió andando hacia la patria.

Margin glosses:
distinguidas / barrio
campesinos
caras
furia
courage
Examinando
He stood
soaked
was pressing / little flag / enmarcada... encased in glass
se... se quitó el sombrero
he raised

.... Comprensión

Resumen de la acción

Trabajando solo(a) o en grupos pequeños, llene cada espacio en blanco con una palabra o frase apropiada para completar el resumen del cuento. En algunos casos hay varias maneras correctas de llenar el espacio.

Cuando el Dr. Medina llegó al barrió puertorriqueño, los policías ya estaban en frente del edificio moderno de uno de los _____ más importantes de Nueva York. El profesor había venido a observar una _____ popular, una forma de protesta que odiaba porque él era un hombre de _____. Al Dr. Medina le daba _____ admitir que era puertorriqueño. Aquellos jíbaros que participaban en los piquetes eran los verdaderos _____ del término «spick»; él, en cambio, había logrado un puesto de _____ en los Estados Unidos.

Su niñez en Puerto Rico había sido triste. Sus abuelos llevaron una vida aristocrática, pero él _____ entre símbolos de fracaso y pobreza. Sufrió muchas humillaciones, especialmente el día de _____, porque sus amigos nunca lo invitaron a entrar en el _____.

Cuando por fin empezó el piquete, el profesor Medina observó una multitud de personas con una gran dignidad en sus caras. De repente pasó una _____, mojada por la lluvia, que llevaba una _____ puertorriqueña. En un gesto de respeto Maximino Medina se quitó el _____, luego formó parte de la procesión, caminando con los otros.

Preguntas

1. ¿Por qué protestaban los puertorriqueños?
2. ¿Por qué le molestaban al Dr. Medina las fotografías de los periódicos?
3. ¿Cómo reaccionó al oír la palabra «spick»? ¿Qué haría Ud. si alguien lo insultara con un término racial, religioso, sexual, etc.? ¿Por qué?
4. ¿Qué contrastes hay entre la vida del niño Maximino en Puerto Rico y la del adulto en Nueva York?
5. ¿Cuántas veces había participado él en una protesta? ¿Por qué?
6. ¿Qué motivó al Dr. Medina a unirse a esta manifestación?
7. ¿Cómo interpretaría Ud. la última frase del cuento. «Siguió andando hacia la patria»? ¿Qué piensa Ud. de Max Medina?

.... Expansión de vocabulario

Identifique la palabra que no pertenece (*belong*) al grupo, luego explique por qué.

1. llovizna   impermeable   sol   aguacero
2. vergüenza   dignidad   respeto   valor

3. vida aristocrática   miseria   lujo   prestigio
4. piquete   manifestación   protesta pública   carta
5. doctor   paisano   campesino   jíbaro

·· **Actividad**

¿Cómo lo sabemos?

«La protesta» presenta una serie de transformaciones en la vida y las actitudes del Dr. Max Medina. Trabajando con otra persona, busque las secciones del cuento que indican cómo cambian los siguientes aspectos del doctor. En palabras sencillas, describa Ud. cada uno de estos cambios, luego comparta sus observaciones con la clase.

su nombre
la distancia física entre él y los manifestantes
su percepción de las masas

·· **Discusión**

Muchos psicólogos sostienen que la niñez es la época más importante de la vida porque es entonces cuando uno adopta actitudes que pueden persistir por décadas. Imagínese que Ud. es psicólogo(a). ¿Qué incidentes o factores en la vida del joven Maximino Medina cree Ud. que influyeron en la formación del adulto? ¿Hay alguien en su familia—un abuelo, una tía, un hermano, Ud. mismo(a)—en quien ha influido fuertemente una experiencia de su niñez?

·· **Composición**

¿Cómo demuestra «La protesta» los problemas y los éxitos de los puertorriqueños en Nueva York?

Los cubanoamericanos: En la « Pequeña Habana »

Colegio de Belén...Restaurante Camagüey...Asociación de Pes-
cadores° Libres...pero, ¿dónde estamos? ¿Es posible que ésta   *Fishermen*
sea una ciudad de los Estados Unidos? Pues, ¡sí! Estamos en
la sección cubana de Miami («*Little Havana*»), que ha crecido
5 tan rápidamente y con una prosperidad tan obvia que no
deja de impresionar° a cualquiera. A partir del año 1959,   *no... does not fail to*
vinieron gran número de cubanos, situándose no sólo en   *impress*
Miami, sino en todos los EE.UU. Hoy la población cubana de

Caminado por la calle Ocho en *"Little Havana"* de Miami.

este país ha llegado a más de un millón de personas.* En
10 general, se han incorporado fácilmente a la clase media
norteamericana gozando de un éxito extraordinario. ¿Por qué
vinieron los cubanos? ¿Cómo lograron° tanto en tan pocos   *did they accomplish*
años? Para contestar estas preguntas, vamos a repasar las
razones históricas que han causado el «fenómeno cubano».
15   Colón llegó a la isla de Cuba en 1492. La población
indígena° desapareció pronto principalmente a causa de las   *de indios nativos*
nuevas enfermedades traídas por los colonizadores. Después,
cuando empezaron las plantaciones de azúcar, los españoles
trajeron un gran número de negros para trabajar en los
20 campos. Por eso, en contraste con los mexicanos, cuya cultura
se caracteriza por la combinación de lo español y lo indio, la
cultura cubana muchas veces refleja la mezcla° del elemento   *combinación*
español con el africano, especialmente en la literatura y la
música.

Comprensión

1. ¿Por qué llaman a una sección de Miami *"Little Havana"*?
2. ¿Qué pasó a la población indígena de Cuba después de la llegada de los
   españoles?

---

* Las estadísticas en éste y otros párrafos del ensayo son del *U.S. Bureau of the Census. The Hispanic
Population in the U.S.: March 1991* y *Statistical Abstract of the United States, 1991.*

La intervención norteamericana

25   Cuba no se liberó definitivamente de España hasta 1898, después de la intervención norteamericana en la guerra de independencia cubana. Usando como pretexto la explosión de uno de sus barcos, el *Maine*, en el puerto de la Habana, EE.UU. le declaró la guerra a España y la venció° fácilmente.   *defeated*

30   Así Cuba—junto con Puerto Rico y las Filipinas—pasó a ser una posesión norteamericana.

EE.UU. retiró su ejército° en 1902, pero obligó a los   *fuerzas armadas*
cubanos a aceptar la Enmienda° Platt que autorizaba su   *Amendment*
intervención en los asuntos internos de la nueva república.

35   Aunque durante la ocupación de los EE.UU. Cuba recibió beneficios técnicos y educativos, las compañías estadouniden- ses se apropiaron de la mayor parte de la industria del azúcar, y los gobiernos cubanos se vieron muy limitados por la continua intervención. Sin embargo, después se revocó la

40   Enmienda Platt, y Cuba disfrutó° de un régimen bastante   *enjoyed*
democrático hasta 1952, cuando Fulgencio Batista derribó° el   *hizo caer*
gobierno constitucional y estableció una dictadura° militar,   *dictatorship*
provocando así un levantamiento° que terminó finalmente en   *uprising*
1959 con el triunfo de Fidel Castro.

Comprensión
¿Qué ventajas y desventajas tuvo para Cuba la ocupación estadounidense?

La Cuba de Fidel

45   Al principio muchos creían que Fidel iba a restablecer la constitución e instalar un gobierno democrático, pero muy pronto Castro buscó el apoyo° de la antigua Unión Soviética   *support*
y otras naciones comunistas. Así se creó° el primer país   *estableció*
comunista de Hispanoamérica.

50   Durante los treinta y tantos años de su régimen, Castro ha traído muchos beneficios a Cuba: el analfabetismo° ha   *illiteracy*
sido en gran parte eliminado, el nivel de mortalidad infantil es uno de los más bajos del mundo, el entrenamiento científico y técnico es bastante avanzado y por cada 300 habitantes se

55   encuentra un médico. Por otra parte, no ha existido la libertad de expresión ni de prensa durante su régimen y siempre ha habido escaseces° de comestibles y medicamentos. Con la   *shortages*
disolución de la Unión Soviética y el endurecimiento del embargo económico estadounidense, Cuba ha entrado en una

60   crisis económica muy profunda en los años 90. Mientras que antes dependía de la Unión Soviética por 85% de su ayuda

Bob Martínez, de ascendencia cubana, sirvió como gobernador de la Florida y jefe de la DEA (Drug Enforcement Administration).

financiera y sus importaciones, ahora la isla tiene que sobrevivir casi tan sólo con lo que produce. Debido a la falta de gasolina y petróleo, los caballos, bueyes° y bicicletas han   *oxen*
65 reemplazado los tractores, autobuses y coches en muchos lugares. En un esfuerzo especial de reducir al máximo el consumo de energía, ciertos días de la semana se prohibe el uso de ascensores, aire acondicionado, lavadoras, hornos°,   *ovens*
etc. Castro espera superar las dificultades con una campaña
70 para aumentar las exportaciones y fomentar el turismo pero, en la opinión de algunos observadores, Cuba se encontrará en una situación precaria por muchos años.

Comprensión
1. ¿Qué beneficios ha traído Fidel Castro a Cuba?
2. ¿Qué restricciones o problemas existen en la Cuba de Castro?

Los primeros refugiados

Por razones políticas y económicas, miles y miles de cubanos han abandonado la isla. La primera gran ola de refugiados
75 llegó a los EE.UU. durante los años 60, algunos de ellos escapándose en pequeños barcos o balsas° y muchos otros   *rafts*
en vuelos organizados por el gobierno norteamericano. Por

tratarse de un grupo de refugiados del comunismo, la actitud
de los norteamericanos en general fue acogedora.° A diferencia   de mucha hospita-
80   de los mexicanos, puertorriqueños y varios otros inmigrantes,   lidad
muchos de estos cubanos ya sabían inglés y tenían una
profesión.* Y eran predominantemente blancos, lo cual es
desgraciadamente una ventaja° en nuestra sociedad. Al princi-   factor favorable
pio la mayoría de los refugiados pensaban que su exilio iba a
85   durar poco, pero después del desastre de la Bahía de Cochinos,† su esperanza de liberar a Cuba disminuyó.°   se redujo

Comprensión

1. ¿Cómo y por qué vino el primer grupo de cubanos a los EE.UU.?
2. ¿Qué factores ayudaron a estos cubanos especialmente?

El poder económico y político

El éxito económico de los cubanos es más visible en Miami,
la «capital» de la América Latina, según el chiste corriente.
Si en Miami la conversación no es siempre en español, la vida
90   y el comercio de la ciudad sí lo son. Hay periódicos, ballet,
hospitales, hoteles, escuelas, compañías de seguros,° barberos   *insurance*
y arquitectos cubanos. Se dice que allí se puede ir del
nacimiento a la muerte completamente en español.
Y no sólo es el español de los cubanos. Hoy, el 67% de
95   los hispanos en Miami son de origen cubano, pero los demás
son de todas partes del mundo hispánico. En la década de
los 80 llegaron miles de inmigrantes de Nicaragua, el Salvador,
Honduras, Colombia, Puerto Rico y México. Se instalaron en
«*Little Havana*» mientras que la población cubana se extendió
100 a las comunidades de Hialeah, Westchester y Miami Beach.
Estos nuevos inmigrantes no gozan del mismo nivel educacio-
nal y económico que los cubanos, pero se han integrado con
facilidad a la comunidad hispana.
El 70% de los votantes inscritos° en Miami son hispanos.   *registered*
105 Eligieron a un alcalde cubano en Miami y Hialeah y los
cubanos también forman una mayoría de los comisionados°   *Commissioners*
de las dos ciudades.

---

* Aproximadamente el 30 por ciento había terminado la secundaria, y el 12.5 por ciento había asistido
cuatro años o más a la univesidad, según Arnulfo D. Trejo, en el *Wilson Library Bulletin*, marzo de
1972.

† En 1961 un grupo de cubanos exiliados, apoyados por la *Central Intelligence Agency* de los EE.UU.,
invadió la Bahía de Cochinos en la costa sur de Cuba. El plan—según los invasores—fracasó
porque EE.UU. no los protegió con la aviación y con el poderío naval que se les había prometido.

Sin embargo, esta misma «cubanización» o «españoliza-
ción» de la ciudad ha provocado resentimientos por parte de
110 algunos anglos que ven la presencia hispana en sus antiguos
barrios y el predominio del español casi como una ocupación
extranjera. Además, dentro de la población negra hay los que
ahora se sienten ciudadanos° de tercera categoría, olvidados   *citizens*
por los anglos y los cubanos.

Comprensión

1. ¿Cuál ha sido el impacto económico, político y cultural de los cubanos en Miami?
2. ¿Qué tensiones ha causado su presencia?

Los refugiados cubanos llegan a los Estados Unidos de distintas maneras: por barco, por avión, por balsa.

Los «Marielitos» y los «balseros»°   *people floating on rafts*

115 En 1980, 125.000 refugiados salieron en barco del puerto
cubano de Mariel, entre ellos gente de clase humilde y algunos
criminales profesionales. Poco después de su llegada a Miami,
los votantes° del Condado° de Dade designaron el inglés   *personas que votan*
como lengua oficial dentro de los servicios gubernamentales   *county*
120 del distrito. Hoy día la mayor parte de los «Marielitos» se
han integrado a la comunidad cubana, compartiendo con los
demás la ambición por superarse.°   *get ahead*

Otro grupo nuevo de cubanos ha llegado a Miami: miles
y miles de «balseros» que se lanzaron en balsas pequeñas
125 para escaparse de las gravísimas condiciones en Cuba en los
años 90. Su presencia, junto con la de los centroamericanos,
es el capítulo más reciente en la historia de los inmigrantes
hispanos en Miami.

130   Aun con las tensiones de años recientes, se puede decir que entre todos los inmigrantes a nuestro país, los cubanos son los que han subido más rápidamente. Durante años su salario anual y nivel de educación han sido casi tan altos como los del anglo. La presencia cubana es ya una contribución permanente tanto a Miami como al diverso carácter étnico de
135   los EE.UU.

.... Comprensión

Opciones múltiples

1. Frecuentemente la literatura y la música de Cuba reflejan la mezcla de elementos (*a*) indios y españoles (*b*) españoles y africanos (*c*) indios, españoles y africanos

2. ¿Cómo pasó Cuba de ser un territorio de España a ser una posesión norteamericana? (*a*) Los cubanos votaron por entrar en los EE.UU. (*b*) España vendió a Cuba por 30 millones de dólares. (*c*) EE.UU. intervino en la guerra entre Cuba y España.

3. ¿Qué acción de Batista en 1952 provocó un levantamiento? (*a*) Suspendió la constitución y se hizo dictador. (*b*) Revocó la Enmienda Platt. (*c*) Se apropió de la industria del azúcar.

4. ¿Qué hizo Fidel Castro después de vencer a Batista en 1959? (*a*) Prohibió totalmente la salida de la isla a los cubanos desconformes. (*b*) Estableció un gobierno democrático. (*c*) Inició el primer gobierno comunista de Hispanoamérica.

.... Actividad

 ## El futuro de Cuba

En grupos pequeños, comenten las siguientes preguntas, luego compartan sus respuestas con la clase.

¿Cúal es la situación de Cuba hoy en día? ¿Qué consecuencias tiene? En su opinión, ¿cómo será Cuba en diez años?

Chiste

Un hombre de negocios venezolano cenaba en un restaurante cubano en «*Little Havana*» de Miami. Su camarero era un chino recién llegado de Shanghai, que hablaba bastante bien el español y que estaba obviamente orgulloso de su progreso en dominar la lengua.

El venezolano se quedó muy impresionado y decidió mencionarlo al dueño del restaurante.

—Ese joven chino habla un español maravilloso, ¿verdad?

—Es cierto—respondió el dueño—Pero no se lo diga a él. Cree que está aprendiendo inglés.

Los amigos en Miami

*Eladio Secades**

Anticipación

El reciente éxodo de los balseros (*persons on rafts*), que se huyen de las pésimas condiciones económicas de Cuba, agrega un capítulo nuevo a la historia de los exiliados cubanos en este país. Cuando llegan a los EE.UU., muchos de ellos pasan por un choque cultural que les hace sentir incómodos y aislados. Pero con el tiempo, se acostumbran a las diferencias culturales y hasta se ríen de ellas. La siguiente selección fue escrita por Eladio Secades, un escritor cubano que vino en la primera ola de refugiados políticos que estaban en contra del comunismo. A continuación, él nos ofrece una perspectiva humorística sobre las experiencias del exilio.

Estrategia: Aprovecharse de su conocimiento previo

Trabajando solo(a) o con otra persona, conteste las siguientes preguntas libremente, sin preocuparse por una respuesta «perfecta».

1. ¿Qué contrastes culturales cree Ud. que existen entre los latinos y las otras culturas dentro de los EE.UU.? ¿Puede Ud. hablar de una experiencia directa que ilustre un contraste?
2. ¿Qué costumbres especiales o étnicas se preservan en su familia? ¿Qué importancia tienen para Ud.? ¿Por qué?

Ahora, leamos sobre las costumbres de los cubanos en Miami.

Ahora resulta que medio° Miami es nuestro. Por lo menos, nos lo figuramos° así. Hay legiones infinitas de cubanos en Miami. Se repite con asombro° que en las calles de Miami sólo se oye hablar español. En realidad, el éxodo ha sido
5 tremendo. Pero no se olvide que los norteamericanos van por las aceras, callados° y con prisa...Nosotros, inevitablemente, vamos hablando. Por lo mismo que repudiamos la gravedad excesiva, la etiqueta y el silencio absoluto, no escondemos los sentimientos. Dejamos que salgan. Y formando bulla° además.
10 Hablamos con efusión. Y llevamos el compás° con las manos.

half
nos... nos parece
sorpresa

silenciosos

ruido
ritmo

---

* Eladio Secades, escritor cubano famoso por sus estampas humorísticas sobre tipos y costumbres. Vivió muchos años en los EE.UU.

Para las cubanas que vemos por Flagler,° los escaparates° de las tiendas no son simple motivo de contemplación. Aunque no vayan a comprar algo, todo lo curiosean. Todo lo juzgan. Y todo lo glosan.° «Aquel modelito de algodón.° Tan
15 triste y tan soso.° El de encajes° de al lado, está monísimo.° Lástima de ese lazo tan cursi°...» Los cubanos hacemos un alto° ante el escaparate de modas masculinas. Y si nos parece alto el costo del traje que nos gusta, dejamos constancia° pública del abuso. «Esto marcha sin remedio a la inflación».
20 Y hasta parece que increpamos al maniquí,° como si tuviera la culpa.

Hay el matrimonio° cubano que el domingo decide ir al restaurante. Con toda la prole° y entusiasmo de pic-nic bajo techo.° Los niños llaman al dependiente al mismo tiempo. A
25 la impaciencia sigue sin remedio un coro de silbidos.° Para que traigan por lo menos la cesta° del pan. Que es muy nuestro eso de haber acabado° con el pan y la mantequilla antes de que traigan la sopa. La mamá dice que parecen guajiros.° Y jura° que no los volverá a sacar. El papá cree el
30 instante indicado para ejercer su autoridad. «Está bueno ya».° Pero completa al alboroto° leyendo el menú en voz alta.

	una calle de Miami
	display windows
	comentan / modelito...
	little cotton outfit
	insípido / *lace / very*
	cute / lazo... *cheap*
	looking bow
	hacemos... *we stop*
	evidencia
	increpamos... *we scold*
	the mannequin
	married couple
	niños
	bajo... *indoors*
	whistles
	basket
	Que es... Es muy
	típico de nosotros
	terminar
	campesinos cubanos /
	proclama
	Está... *That's enough*
	now. / confusión

No habrá seguramente en la historia de todos los exilios del mundo algo tan entrañable,° humano y simpático como la visita a Miami del cubano que ha encontrado su segundo
35 hogar° en otras latitudes. Es posible que al entrar al hotel

heartwarming

casa

envolvamos al gerente en un abrazo largo, cálido, muy apretado.° Es López, el profesor de matemáticas de las muchachitas. La cara de la telefonista nos parece familiar. La señora que maneja el ascensor. Otoñal,° uniformada, tiesa,° nos dice
40 que si somos cubanos, tendremos que conocerla. Es la viuda° de un gerente de «El Encanto».° La abrazamos también. ¡Qué sonrisa más triste, más bella la de ella!...Todavía antes de que las maletas lleguen a la habitación del hotel de la Playa, nos dan noticias de Dominguito. ¡Notario de nuestras escrituras°
45 y compañero de nuestro club! Ya ha aprendido a hacer ensaladas. Iremos a la cocina a saludarlo.

      Cada exiliado sabe lo que dejó atrás. Y el dolor que le costó dejarlo. Más en broma que en serio, este relato es una pintura de lo que el cubano decente, culto° o inculto, pobre,
50 de la clase media o rico, soporta, sufre y supera,° lo que somos capaces de ser y de hacer.

envolvamos... we envelop the manager in a long, warm, tight embrace / Middle-aged / formal

widow / nombre de una tienda grande de la Habana

Notario... our notary public

educado

overcomes

Comprensión

1. Según el autor, ¿por qué se notan más los cubanos de Miami que los norteamericanos?
2. ¿Qué hacen las cubanas y los cubanos al mirar los escaparates de la calle Flagler?
3. Describa Ud. a la familia cubana que va al restaurante.
4. ¿Qué le pasa al cubano de otra parte del país, al entrar en un hotel de Miami?
5. Según el autor, ¿qué demuestra este relato de una visita a Miami?
6. ¿Qué partes de esta selección son cómicas? ¿Cuáles le parecen tristes? ¿Por qué?

Actividad

Los norteamericanos en el extranjero

Con otra persona o en grupos pequeños, comente la siguiente pregunta, luego comparta sus observaciones con la clase.

      ¿Cómo describiría Ud. a los norteamericanos que viajan por Europa? ¿Qué hacen al caminar por las calles, al comer en los restaurantes o al encontrarse con otros norteamericanos?

Declaración

*Uva A. Clavijo**

Anticipación

El tema de la nostalgia es muy fuerte para los cubano-americanos. A pesar de que muchos llevan dos o tres décadas en los Estados Unidos, todavía persiste el deseo de regresar algún día a su tierra natal. El siguiente poema expresa los sentimientos de una mujer que nació en Cuba pero que ha pasado la mayor parte de su vida en EE.UU.

Estrategia: Aprovecharse de su conocimiento previo

Trabajando solo(a) o con otra persona, piense en estas preguntas.

1. Para Ud., ¿qué es la nostalgia? (El verbo **echar de menos** = *to miss* le ayudará.) ¿Qué emociones asocia con este sentimiento?
2. ¿Qué cosas echa Ud. de menos de su familia o su pueblo natal? Pero, ¿qué ventajas (puntos positivos) hay de su vida ahora en la universidad? ¿Dónde prefiere estar y por qué?

Estrategia: Búsqueda de información

Lea Ud. rápidamente los diez primeros versos del poema. Encuentre tres cosas que ligan (*tie*) a la poetisa a los Estados Unidos.

(1) _____ (2) _____ (3) _____

Ahora, lea todo el poema para ver dónde preferiría estar la poetisa—en Cuba o en los EE.UU.

Yo, Uva A. Clavijo,
que salí de Cuba todavía una niña,
que llevo exactamente
la mitad de mi vida en el exilio,
5   que tengo un marido con negocio propio,
dos hijas nacidas en los Estados Unidos,
una casa en los «suburbios»
(hipotecada° hasta el techo)   *mortgaged*
y no sé cuántas tarjetas de crédito.
10   Yo, que hablo el inglés casi sin acento,
que amo a Walt Whitman
y hasta empiezo a soportar el invierno,

---

* Uva A. Clavijo (n. 1944) poetisa, cuentista y ensayista; ha ganado premios literarios en Cuba, Estados Unidos y Francia. Vino a EE.UU. en 1959 y actualmente reside en Miami.

declaro, hoy último lunes de septiembre,
que en cuanto pueda lo dejo todo

15   y regreso a Cuba.

Declaro, además, que no iré
a vengarme de nadie,
ni a recuperar propiedad alguna,
ni, como muchos, por eso

20   de bañarme en Varadero°,   *una playa cerca de la*
Volveré, sencillamente,   *Habana*
porque cuanto° soy   *todo lo que*
a Cuba se lo debo.

Comprensión

1. En sus propias palabras, describa la adaptación de la poetisa a los EE.UU. ¿Cree Ud. que está infeliz en este país? Explique.
2. ¿Cómo interpreta Ud. los últimos dos versos del poema? ¿Siente Ud. lo mismo por su patria? ¿Por qué?

Actividades

El tema central

Con otra persona, decida cuál mejor expresa el tema central del poema. Luego explique en una frase por qué *no* escogió los otros.

1. La americanización de la poetisa
2. El descontento con el régimen político de Cuba
3. Una diferencia de valores
4. La necesidad de regresar a Cuba
5. (Ninguno de los de arriba) El tema central es: _____

 ### *El modo de ser norteamericano*

Con otra persona o en grupos de tres o cuatro, comente la siguiente pregunta. Después, comparta sus respuestas con la clase.

Si Ud. tuviera que salir de su país y vivir en otro lugar, qué echaría de menos de este país? ¿Por qué? (Si ya ha salido de su país, ¿qué echa de menos?)

Juego imaginativo: El futuro es ahora

Imagine que la poetisa ha regresado a Cuba este año. En forma oral o escrita, describa sus impresiones. Si quiere, prepare otra «Declaración».

La educación bilingüe

Anticipación

Estrategia: Aprovecharse de su conocimiento previo

El problema de la educación afecta a todos los inmigrantes a los EE.UU. que hablan en casa una lengua que no sea el inglés. Durante años un gran número de niños de estos grupos ha fracasado en el sistema monolingüe predominante. En Boston, una de varias ciudades que están pasando por una crisis con la educación de sus habitantes hispanos, uno de cada dos alumnos latinos abandona la escuela secundaria y, de los que se quedan, poquísimos asisten a la universidad.

Aunque en general la educación no ha sido un problema grave para los cubanos, debido en parte a su situación económica favorable, persisten problemas de comunicación, como ilustra la siguiente selección por el escritor cubano-americano Roberto Fernández. Antes de empezar, piense Ud. en las siguientes preguntas y contéstelas sin preocuparse por una respuesta «perfecta».

1. ¿En qué consiste la educación bilingüe? ¿Por qué existen tantos programas hoy día?
2. ¿Cómo cree Ud. que se siente un(a) niño(a) que no entiende inglés en la clase?
3. ¿Qué problemas de comunicación pueden existir entre padres que nacieron en Cuba, por ejemplo, y sus hijos, que nacieron en los EE.UU.?

Micky

*Roberto Fernández**

—¡Qué casualidad° encontrarte aquí en la guagua°!
Me has caído del cielo. Figúrate tú que me quiero
bajar en la 27° y no se lo puedo decir al guagüero°
Pero bueno, gracias al cielo que me he topado°

5   contigo.
—What?
—Sí, ¡ha sido la gran casualidad!
—Excuse me, I can't understand you.
—¿Tú no eres el hijo de Serafina?

10 —I'm sorry, but I can't understand you.
—Claro que sí onderstand mí, si yo he oído
cuando tu madre te grita: M-I-G-U-E-L-I-T-O M-A-I-Q-U-I a
comer.
—Please. I don't want to undestand you.

15 —Sí. Tú mismo eres Miguelito Hernández, el hijo de Serafina.
—My name is Micky. I don't understand you.

circunstancia acciden-
tal / autobús (cuba-
nismo)

calle 27 / conductor
del autobús

bumped into

---

* Roberto Fernández nació en Cuba en 1951 y vino a los EE.UU a la edad de diez años. Sus novelas
y cuentos (escritos en inglés y español) describen la vida diaria de los cubanos (nacidos en Cuba)
en exilio en Miami, una cultura que se está desapareciendo, según Fernández.

.... Comprensión

1. ¿Por qué está feliz el señor al ver a Miguelito (Micky)?
2. Micky repite varias veces la frase «*I don't understand you*». ¿Es verdad esto? ¿Cuál cree Ud. que es su motivo por insistir en que no comprende?
3. Si Ud. es de ascendencia alemana, china, hispana, italiana, etc., ¿se ha preservado esa lengua materna en su familia? Explique.

.... Actividades

¿Una solución?

Con otra persona, comente la siguiente pregunta, luego comparta sus conclusiones con otros de la clase.

¿Cuál de los dos—Micky o el señor—es buen candidato para la educación bilingüe? ¿Por qué?

Minidebates

Trabajando solo(a) o con otra persona, explique en una o dos frases por qué Ud. está de acuerdo o no con las siguientes declaraciones:

1. La mejor manera de adaptarse a un país nuevo es aprender la lengua predominante y olvidarse del pasado.
2. Todos los inmigrantes merecen tratamiento especial, incluyendo programas bilingües.

.... Debate o Discusión

Recientemente, el debate sobre el bilingüismo ha adquirido proporciones políticas en varios lugares donde los hispanos forman una mayoría, como en Miami, o donde la población latina está creciendo velozmente, como en California y Tejas. En algunos estados se ha declarado el inglés la lengua oficial en los asuntos gubernamentales, un acto que ha dado lugar a mucha controversia entre los que defienden el uso exclusivo del inglés («Sólo inglés») y los que proponen el multilingüismo («Inglés más otras lenguas»).

Las personas en las fotografías—todos habitantes de California—reaccionan ante la pregunta «¿Qué piensa Ud. de la ley "Sólo inglés"»?

¿Sólo inglés o inglés más otras lenguas?

En grupos pequeños, discutan las posiciones expresadas en la página 263. ¿Cuáles defienden? ¿Cuáles critican? ¿Por qué? Después, pueden organizar un debate entre los defensores de «Sólo inglés» e «Inglés más».

¿Y a ti qué te parece lo de "Sólo Inglés?"

Armando Rendon
Pres. de la Asociación de
Ancianos de El Sereno.

"Tiene que haber comunicación y por eso estoy totalmente a favor de esta ley".

Antonia Herrera
Madre

"No creo que fuera necesaria. La Constitución establece que hay libertad de expresión para todos y esa ley o regla debería seguirse."

Justino Aguila
Senior, Garfield High School

"En cierto modo está bien porque todos tienen que hablar inglés para conseguir un trabajo para sobrevivir ... pero esta ley no significa que no podamos hablar español entre nosotros, entre la raza."

Father Boyle
Iglesia Misión de Dolores.

"Creo que es una ley mezquina y discriminatoria que cierra puertas a la gente".

Los niños aprenden lo que viven

Anónimo

Si un niño vive criticado
   aprende a condenar
Si un niño vive con hostilidad
   aprende a pelear
Si un niño vive avergonzado
   aprende a sentirse culpable
Si un niño vive con tolerancia
   aprende a ser tolerante
Si un niño vive con estímulo
   aprende a confiar
Si un niño vive apreciado
   aprende a apreciar
Si un niño vive con equidad
   aprende a ser justo
Si un niño vive con seguridad
   aprende a tener fe
Si un niño vive con aprobación
   aprende a quererse
Si un niño vive con aceptación y amistad
   aprende a hallar amor en el mundo

··· **Comprensión**

Trabajando solo(a) o con otra persona, conteste estas preguntas.

1. ¿Qué versos del poema expresan valores negativos? ¿Y positivos? ¿Cuál le parece el verso más importante? ¿Por qué?
2. Si Ud. fuera padre o madre, ¿qué trataría de enseñarles a sus hijos?

Vocabulario

A few items that will help you use this vocabulary

1. Words beginning with **ch, ll,** and **ñ** are found under separate headings, following the letters **c, l,** and **n,** respectively. Similarly, words containing **ch, ll,** and **ñ** are placed alphabetically after words containing **c, l,** and **n,** respectively. For example, **achacar** comes after **acostumbrar, allá** after **almacén,** and **año** after **anual.**

2. If a verb has a stem (radical) change (such as **dormir–duerme, durmió**), this change is indicated in parentheses next to the infinitive: (**ue, u**).

3. Idioms are generally listed under the more important or unusual word. **De regreso,** for example, is under **regreso.** In doubtful cases we have cross-referenced the expression.

   The following types of words have been omitted: (1) cognates we judge to be easily recognizable, including regular verbs that with removal of the infinitive or conjugated ending very closely approximate English verbs in form and meaning (such as **abandonar, ofender, decidir**), and most words ending in **-ario** (-*ary*), **–ivo** (–*ive*), **–ico** (–*ic*), **-ancia** (-*ance*), **–encia** (–*ence*), **–ente** (–*ent*), **–ción** (–*tion*), **–izar** (–*ize*); (2) low-frequency words that are explained in the marginal notes; (3) verb forms other than the infinitive (except for irregular past participles and a few uncommon present participles and preterite forms); (4) articles and personal, demonstrative, and possessive adjectives and pronouns (except in cases of special use or meaning); (5) adverbs that end in **—mente** when the corresponding adjective appears; (6) most ordinal and cardinal numbers; (7) common diminutives (**–ito, –ita**) and superlatives (**–ísimo, –ísima**). When we have not been certain that a word would be easily understood, we have included it. Finally, we have only given meanings that correspond to the text use.

Abbreviations

adj.	adjective	*inf.*	infinitive	*p.p.*	past participle
adv.	adverb	*lit.*	literature	*pres. p.*	present participle
colloq.	colloquial	*m.*	masculine (noun)	*prep.*	preposition
dial.	dialect	*Mex.*	Mexico	*pret.*	preterite
dim.	diminutive	*n.*	noun	*pron.*	pronoun
f.	feminine (noun)	*pl.*	plural		

·································· **A**

a at; by; to; on; for; in; from; of; into
abajo down; below, underneath; downstairs; **hacia**—downwards; **¡Abajo...!** Down with ... !
abandono *m.* abandonment
abdicar to abdicate
abeja *f.* bee
abierto, -a *p.p. of* **abrir** & *adj.* open; frank; opened
abismo *m.* abyss; trough (of a wave)
abnegado, -a self-sacrificing
abnormalidad *f.* abnormality
abogado, -a *m.* & *f.* lawyer
abono *m.* fertilizer
abortar to abort
aborto *m.* abortion
abrasar to burn
abrazar(se) to embrace; to cling to
abrazo *m.* hug; embrace
abreviado, -a abbreviated
abreviar to shorten
abrigar:—**una esperanza** to harbor a hope
abrigo *m.* coat
abrir to open
absoluto, -a absolute; **en**—at all
absorber to absorb; to consume
absorpción *f.* absorption
abstraer to abstract
abuelo, -a *m.* & *f.* grandfather; grandmother;—**s** grandparents
abultado, -a bulky
abundar to abound
aburrido, -a bored; boring
aburrir to bore;—**se** to be or become bored
abusar (de) to take advantage of; to misuse; to abuse
abuso *m.* abuse; misuse
a.C. B.C. (before Christ)
acá here
acabar to finish, end;—**de**

+ *inf.* to have just ... ; to put an end to
acantilado *m.* cliff
acaso perhaps
acatar to observe; to respect
acceso *m.* access
acelerar to accelerate
acento *m.* accent
acentuar to emphasize, accentuate
aceptación *f.* acceptance
aceptar to accept
acequia *f.* irrigation channel
acera *f.* sidewalk
acerca:—**de** about, with regard to
acercar(se) (a) to draw close; to approach; to come (go) up (to)
ácido, -a acid; sour
aclarar to clarify
acogedor, -a friendly; hospitable; cozy
acomodado, -a well-off
acomodar to accommodate; to arrange
acompañar to accompany
acomplejado, -a with complexes
acondicionado, -a conditioned
aconsejar to advise
acontecimiento *m.* event
acordarse (ue) (de) to remember
acortar to shorten
acoso *m.* harrassment;—**acoso sexual** sexual harrassment
acostar (ue) to put to bed;—**se** to go to bed; to lie down
acostumbrar(se) to be accustomed; to get used (to)
actitud *f.* attitude
actividad *f.* activity
actriz (*pl.* **actrices**) *f.* actress
actual present, present-day
actualidad *f.* present time
actuar to act
acudir to come (to aid); to go (in response to a call)

acuerdo *m.* agreement; **estar de**—to be in agreement; **de**—**con** in accordance with
acuidad *f.* sharpness
acumular to accumulate
acusar to accuse; to prosecute
achicamiento *m.* reduction
Adán Adam
adaptabilidad *f.* adaptability
adecuado, -a adequate
adelantar(se) to get ahead; to move toward
adelante ahead; **más**—later on
ademán *m.* gesture
además moreover, besides;—**de** besides, in addition to
adentro inside
adepto, -a *m.* & *f.* follower
adherir (ie, i) to stick
adicto *m.* & *adj.* addict; addicted
adinerado, -a wealthy
adiós *m.* goodbye, farewell
adivinar to guess
adjetivo *m.* adjective
administrar to administer
admirador, -a admiring
adobe *m.* dried brick
adorar to worship
adormecer to lull to sleep
adornar to decorate; to adorn
adorno *m.* decoration
adquirir (ie) to acquire
aduana *f.* customs (border inspection)
advenimiento *m.* coming
advertir (ie, i) to warn; to notice
aéreo, -a air
aeropuerto *m.* airport
afectar to affect, have an effect on
afecto *m.* affection
afición *f.* hobby; fondness
aficionado, -a *m.* & *f.* fan
afinado, -a in tune
afinar to sharpen, to refine

afirmar to assert, affirm
afortunado, -a fortunate
afrenta *f.* affront; disgrace
afuera outside
afueras *f. pl.* suburbs; outskirts
agarrar to grab
agencia *f.* agency
agobiado, -a bent; bowed under
agobiante oppressive; heavy
agonía *f.* agony
agonizante *m. & f. & adj.* dying person; dying
agotar to exhaust
agradable pleasant
agradar to please
agradecer to thank for; to be grateful for
agravarse to get worse
agraviado, -a offended, wronged
agregar to add
agresividad *f.* aggressiveness
agresor, -a *m. & f.* aggressor, assailant
agrícola agricultural
agua *f.* water
aguacate *m.* avocado
aguacero *m.* rain storm
aguafuerte *m.* etching
aguantar to put up with, endure
aguardar to await; to wait
agudo, -a sharp
águila *f.* eagle
aguja *f.* needle; knitting needle
aguzado, -a sharpened
ahí there
ahora now, at present;—**bien** now then
ahorrar to save
ahumado, -a smoky
aire *m.* air
airecillo *m.* little breeze
aislar to isolate; to separate
ajeno, -a of others; foreign
ajo *m.* garlic
ajustar to adjust
al:— + *inf.* upon, on -ing
Alá *m.* Allah

alabar to praise
alarde *m.* display
alargarse to extend
alarmante alarming
alba *f.* dawn
albergar to shelter, lodge
alboroto *m.* uproar
alcalde *m.* mayor
alcanzable attainable
alcanzar to attain, reach
alcance: al—within reach
alcoba *f.* bedroom
aldea *f.* village
alegar to allege; to argue
alegato *m.* argument
alegrar to gladden, please;—**se** to be glad, rejoice
alegre happy
alegría *f.* joy, gaiety, merriment
alejarse (de) to go away (from) leave; to go far away
alemán, alemana *m. & f. & adj.* German
Alemania Germany
alérgico, -a allergic
aletargado, -a drowsy, lethargic
alfombra *f.* rug
algo *pron. & adv.* something; somewhat
algodón *m.* cotton
alguien someone, somebody
algún, alguno, -a some; any;—**s** some; various
aliado, -a *m. & f.* ally
alianza *f.* alliance
aliento *m.* breath
alimentación *f.* nourishment
alimentar to feed, nourish
alimento *m.* food, nourishment
aliviar to relieve, alleviate
aljibe *m.* water reservoir
alma *f.* soul; person
almacén *m.* storehouse; department store, store
almohada *f.* pillow
alojamiento *m.* lodging
alquilar to rent
alquiler *m.* rent

alrededor (de) around
alrededores *m. pl.* surroundings
alto, -a tall; high; noble; **a— as horas** in the late hours
alta: en voz—aloud
altura *f.* height
aludir to allude
alumbrar to light, give light
aluminio *m.* aluminum
alumno, -a *m. & f.* student
alzar to raise;—**se** to get up
allá there; (applied to time) far-off times, in times of old; **más**—**de** beyond
allí there, in that place
ama:—**de casa** *f.* housewife
amado, -a *m. & f. & adj.* loved one; beloved
amalgamar to combine
amanecer *m.* dawn; (verb) to rise at daybreak
amante *m. & f.* lover
amar to love
amargo, -a bitter
amarillo, -a yellow
ambicioso, -a ambitious
ambiental environmental
ambiente *m.* environment; atmosphere
ámbito *m.* area
ambos, -as both
amenaza *f.* threat
amenazante threatening
amenazar to threaten, endanger
amigo, -a *m. & f.* friend
aminoración *f.* lessening
amistad *f.* friendship
amnistía *f.* amnesty
amo, -a *m. & f.* master; mistress
amontonadero *m.* accumulation
amor *m.* love;—**es** love affairs
amoroso, -a loving, amorous
ampare: Que Dios los—**a los dos** May God protect them both
ampliación *f.* enlargement; amplification

ampliar to amplify
amplio, -a broad, extensive
amplitud *f.* breadth, extent
analfabetismo *m.* illiteracy
analfabeto, -a illiterate
análisis *m.* analysis; test
(medical)
anarquista *m. & f.* anarchist
ancianidad *f.* old age
anciano, -a *m. & f. & adj.*
old person; old
ancho, -a wide, broad
Andalucía Andalusia (province in southern Spain)
andaluz, -a (*m. pl.* **andaluces**) *m. & f. & adj.* Andalusian
andante: caballero— knight
errant
andar to walk; to go about;
andando los tiempos
with the passage of time;
¡Anda! Go ahead!; **¿Cómo
andas?** How are you? How
are things going?
anexar to annex, attach
anfitrión, –riona host,
hostess
anglo *m. & adj.* white
American
angloparlante English-
speaking
anglosajón, anglosajona *m.
& f. & adj.* Anglo-Saxon
ángulo *m.* angle
angustia *f.* anguish
angustiado, -a anguished;
anxious
angustioso, -a anguishing,
full of anguish
anhelar to desire anxiously,
long or yearn for
anhelo *m.* longing, yearning
anhídrido carbónico *m.* carbon dioxide
animado, -a animated
anímico: estado— *m.* mood
ánimo *m.* courage; energy;
estado de— mood
animoso, -a spirited
anómalo, -a anomalous
anónimo, -a anonymous

ansia *f.* anguish; yearning
ansiedad *f.* anxiety, uneasiness
ansioso, -a anxious
Antártida Anarctica
ante before; in the presence
of;**—todo** above all
antebrazo *m.* forearm
antecedente *m.* antecedent;
(*pl.*) backround
antepasado *m.* ancestor
anterior previous; earlier
antes (de) before
anticastrista *m. & f.* person
against Fidel Castro
anticipación: con— in advance
anticipar to anticipate; to advance
anticonceptivo *m.* contraceptive
antigüedad *f.* antiquity
antiguo, -a ancient, old; of
long standing
antónimo *m.* antonym, opposite word
anualmente yearly
anunciar to announce
anuncio *m.* advertisement
añadir to add
año *m.* year
apacible gentle
apagar to put out; to turn
off (the light);**—se** to die
out; to go out
aparato *m.* apparatus; (TV)
set
aparecer to appear
aparición *f.* appearance; apparition
apariencia *f.* appearance
apartar(se) to separate; to remove; to move away
aparte apart, aside; **—de** besides
apasionado, -a passionate
apatía *f.* apathy
apelar to appeal
apellido *m.* surname
apenas scarcely; hardly
apetitoso, -a appetizing
aplanar to smooth, to level

aplastar to crush; to flatten;
to destroy
aplicar to apply; to lay on
Apocalipsis Apocalypse
apoderarse (de) to seize; to
take over
apodado, -a nicknamed
aportar to bring
apoyar to support
apoyo *m.* support
apreciar to appreciate
aprender to learn
apretado, -a compact;
pressed together
apretón:—de manos handshake
aprisionar to imprison
aprobación *f.* approval; approbation
aprobar (ue) to approve; to
pass
apropiado, -a appropriate;
correct
apropiarse to take possession; to confiscate
aprovechar(se) (de) to take
advantage of
aproximadamente approximately
aproximarse to approach,
move near
apto, -a apt, fit
apuración *f.* anguish
apurado, -a in a hurry
apuro *m.* need; difficulty
aquejado, -a suffering
aquel, aquella that; **aquél,**
etc. that one; **aquello** that
(thing)
aquí here
aquietar to quiet down
arancel *m.* customs duty or
tariff
árbol *m.* tree
arbusto *m.* bush
arcaico, -a archaic
archivo *m.* archives
arco *m.* bow
arena *f.* sand
árido, -a arid, dry; barren
arma *f.* armor; weapon
armado, -a armed

armadura *f.* armor

armar to put together; to arm

armario *m.* cabinet, closet

armonía *f.* harmony

arquitectónico, -a architectural

arraigado, -a rooted

arraigo: tener— to have influence

arrancar to start (a car); to tear out

arrasar to demolish

arrastrar to drag along

arrebato *f.* rapture; fit

arredrar to frighten, scare away

arreglar to fix, arrange; to adjust

arrepentirse (ie, i) to repent, be sorry

arriba up, above; high; **calle—** up the street

arribo *m.* arrival

arrimado, -a pressed close to

arrogarse to assume

arroyo *m.* small stream, arroyo

arroz *m.* rice

arrugar to wrinkle

arruinar to ruin; to destroy

artesano, -a *m.* & *f.* artisan, craftsperson

artículo *m.* article

arzobispo *m.* archbishop

asalariado, -a salaried

asamblea *f.* assembly, group

asar to roast

asco *m.* disgust

ascendencia *f.* ancestry

ascender (ie) to ascend, climb; to promote

ascenso *m.* promotion

ascensor *m.* elevator

asegurar to assure

asentado, -a fixed; well-established

asesinar to murder; to assassinate

asesinato *m.* murder

asesino, -a *m.* & *f.* murderer, assassin

asfalto *m.* asphalt

así thus; like that, in this way; so;—**que** and so

asiento *m.* seat

asignar to assign

asilo *m.* asylum

asimilación *f.* assimilation

asimilar(se) to assimilate

asimismo likewise, also

asir to seize, grasp

asistencia *f.* aid, assistance;—**pública** welfare

asistir(a) to attend (school)

asociar to associate

asolearse to sunbathe; to dry in the sun

asomar to begin to appear or show in a door or window;—**se** to look out (window)

asomo *m.* sign

asombrar to startle, astonish

asombro *m.* astonishment, amazement

asombroso, -a startling, astonishing

aspecto *m.* aspect; look, appearance

áspero, -a harsh, rough

aspirar (a) to aspire (to)

astro *m.* star

astucia *f.* cunning, slyness

asturiano, -a *m.* & *f.* Asturian (person from Asturias, Spain)

asumir to assume

asunto *m.* topic; business matter; affair

asustador, -a frightening

asustar to frighten, scare;—**se** to become frightened

atacar to attack

atado, -a tied together

atañer to concern

ataque *m.* attack; **contra—** counterattack

atar to tie

atarantado, -a restless

atardecer *m.* late afternoon

atender (ie) to take care of; to attend, pay attention

atenerse (a) to abide by

atentar (contra) to endanger; to commit an outrage against

atento, -a attentive

ateo, -a *m.* & *f.* atheist

aterrador, -a terrifying, frightening

aterrorizar to frighten, terrify

atinar to discover; to succeed

atleta *m.* & *f.* athlete

atmósfera *f.* atmosphere

atónito, -a astonished, amazed

atormentar to worry; to torment

atraer to attract

atrapar to trap

atrás back; behind

atravesar (ie) to pass through

atreverse to dare

atrevido, -a daring

atribución *f.* power

atribuir to attribute

atrofiar(se) to atrophy

aturdido, -a stunned, bewildered

aula *f.* classroom

aumentar to increase

aumento *m.* increase

aun even; **aún** still, yet

aunque although

ausencia *f.* absence

ausentarse (de) to leave; to absent oneself

ausente absent; *m.* & *f.* absent person

auténtico, -a authentic

autoafirmación *f.* self-affirmation

autoafirmarse to affirm oneself

autoaprendizaje *m.* self-instruction

autobús *m.* bus

autodestrucción *f.* self-destruction

autogobierno *m.* self-government

automóvil *m.* car, automobile

automovilístico, -a pertaining to automobiles

autonombrarse to name or appoint oneself

autonomía *f.* self-government; autonomy

autónomo, -a autonomous

autor, -a *m.* & *f.* author

autoridad *f.* authority

autoritario, -a authoritarian

autorizar to authorize

autosuficiente self-sufficient

auxiliado, -a helped, aided

auxiliar auxiliary, helping

auxilio *m.* aid, help

avaluar to appraise

avance *m.* advance

avanzar to advance, move forward

avaro, -a *m.* & *f.* & *adj.* stingy, miserly; miser

ave *f.* bird; **¡Ave María!** (from Latin for *Hail Mary*) Good heavens!

avecinarse to approach, to be coming

aventura *f.* adventure; (love) affair

aventurar(se) to venture

avergonzarse (üe) to be ashamed

avería *f.* breakdown

averiguar to find out; to investigate

aviación *f.* air force; aviation

ávido, -a greedy; eager

avión *m.* airplane

avisar to advise

aviso *m.* notice; information

avizorar to spy

ayllu (aíllo) *m.* line or family group of people (*Bol.,* *Perú*)

ayuda *f.* help, aid

ayudante *m.* assistant

ayudar to help, aid

ayunar to fast

ayuno *m.* fast

azúcar *m.* sugar

azul blue

azulado, -a bluish

····························· **B**

báculo *m.* staff, walking stick

bailar to dance

baile *m.* dance

baja *f.* decrease

bajar to bring down; to come down; to go down;—**se de** to get off, out of (a vehicle)

bajeza *f.* baseness; lowliness

bajo, -a low; short; *prep.* under, underneath;—**mundo** underworld

balada *f.* ballad

balancear(se) to balance

baloncesto *m.* basketball

balcón *m.* balcony

balneario *m.* spa, watering place, resort

balsa *f.* raft

balsero, -a *m.* & *f.* person afloat on a raft

bancario, -a banking

banco *m.* bank

bandeja *f.* dish; tray

bandera *f.* flag

bando *m.* faction

banquero, -a *m.* & *f.* banker

bañar to bathe

baño: cuarto de— bathroom

baranda *f.* roof balcony

barato, -a inexpensive, cheap

barba *f.* beard

barbaridad *f.* atrocity, barbarity; **¡Qué—!** How awful!, That's terrible!

barco *m.* boat, ship

barra *f.* bar (of gold, iron, etc.)

barranca *f.* ravine; cliff

barrendero, -a *m.* & *f.* street sweeper

barrer to sweep clean

barrera *f.* barrier

barriga *f.* belly

barrio *m.* neighborhood; section;—**bajo** slum

barro *m.* clay

barroco, -a baroque

basar to base;—**se** to be based

base *f.* basis, base, foundation; **a—de** on the basis of

bastante enough, sufficient; quite, rather

bastar to be enough

bastardilla: en— in italics

bastón *m.* cane, walking stick

basura *f.* garbage;—**orgánica** compost

basurero, -a *m.* & *f.* garbage dump; garbage can

batalla *f.* battle

bautismo *m.* baptism

bebé *m.* baby

beber to drink

bebida *f.* drink, beverage

becerro *m.* calf

béisbol *m.* & *f.* baseball

beisbolista *m.* baseball player

Belén Bethlehem

belleza *f.* beauty

bello, -a beautiful

bencina *f.* benzine; gasoline (*Chile*)

bendición *f.* blessing; benediction

bendito, -a blessed

beneficiar(se) to benefit, do good

beneficio *m.* benefit

beneficioso,—-a beneficial

benéfico, -a kind, charitable

besar to kiss

beso *m.* kiss

bestia *f.* beast

bestialidad *f.* brutality; bestiality

biblia *f.* bible

bíblico, -a biblical

biblioteca *f.* library

bibliotecario, -a *m.* & *f.* librarian

bicicleta *f.* bicycle; **montar en**—to ride a bicycle
bien *adv.* well, perfectly; *m.* good;—**es** goods; possessions; resources;—**está** that's all right; **si**—although;—**buena** very good
bienestar *m.* well-being
bilingüe bilingual
biodegradabilidad *f.* biodegradability
biología *f.* biology
biológico, -a biological
biólogo, -a *m. & f.* biologist
bióxido:—**de carbono** carbon dioxide
bisabuelo, -a *m. & f.* great grandfather, great grandmother
bisonte *m.* bison, buffalo
blanco, -a white; **espacio en**—blank space
blando, -a soft; bland
blasfemia *f.* blasphemy
bloque *m.* block
blusa *f.* blouse
boca *f.* mouth
bocado *m.* bite, mouthful
boda *f.* wedding
bodega *f.* cheap bar or wine store; grocery store; warehouse
boga: estar en—to be in fashion
boicoteo *m.* boycott
bola *f.* ball
bolsa *f.* bag; pocket; stock market
bolsillo *m.* pocket
bolso:—**de mano** *m.* handbag
bombardear to bomb
bombardeo *m.* bombing
bombero *m.* firefighter
bondad *f.* goodness; kindness
bondadoso, -a goodnatured
bonito, -a pretty
borde *m.* border; edge; **al**—**de, de**—on the brink of
boricua *m. & f. & adj.* Puerto Rican

borrachera *f.* drunkeness; drunken spree
borrador *m.* rough draft
borrar to rub out, wipe out; to erase
bosque *m.* woods, forest
botánico, -a *m. & f.* botanist
botar to throw away
bote *m.* small boat; can
botella *f.* bottle
bracero *m.* day laborer hired for temporary contract
bramar to bellow
bravo, -a harsh, ill-tempered; brave; angry
brazo *m.* arm
Bretaña: Gran—Great Britain
breve brief
brillante brilliant
brillar to shine
brillo *m.* brightness
brincar to jump
brindar to offer; to make a toast
broma *f.* jest, joke
bronce *m.* bronze
brotar to spring forth
brutalidad *f.* brutality
bruja *f.* witch
brusco, -a abrupt
buceador, -a *m. & f.* diver, scuba diver
buceo *m.* diving;—**con tanques** scuba diving
bueno, -a *adj.* good; *adv.* well then, well now, all right
buey *m.* ox
bufete *m.* office
bufo, -a comic
bufón, -ona *m. & f.* (court) jester; clown
bulto *m.* bulk; body
bulla *f.* uproar
bullicio *m.* noise
buque *m.* boat
burgués, burguesa *m. & f. & adj.* bourgeois, person of the middle class
burguesía *f.* bourgeoisie, middle class

burla *f.* mockery; jest; deception
burlarse to deceive; to fool around
burocracia *f.* bureaucracy
burro *m.* jackass, donkey
busca: en—**de** in search of, looking for
buscar to look for, seek
búsqueda *f.* search
butaca *f.* armchair

···································· C

caballería *f.* chivalry; **libros de**—chivalric novels
caballero *m.* gentleman; knight;—**andante** *m.* knight errant
caballo *m.* horse
cabaña *f.* hut, cabin
cabello *m.* hair
caber to fit; **no cabe duda** there is no doubt
cabeza *f.* head; **tener**—**para** to have the brains for
cabida *f.* room
cabizbajo, -a crestfallen
cabo: al—**de** after (a period of time); **llevar a**—to carry out, accomplish
cabra *f.* goat
cacahuate *m.* peanut
cacto *m.* cactus
cada each;—**vez más** more and more;—**cual** every one
cadena *f.* chain
caer to fall; **dejar**—to drop
café *m.* coffee; coffee house, café
caída *f.* fall
caja *f.* case, box
calabaza *f.* pumpkin; squash
calabozo *m.* jail, calaboose
calcetín *m.* sock
calcinado, -a burned, charred
calcomanía *f.* sticker, decal
calcular to calculate

cálculo *m.* calculation; estimate

calefacción *f.* heating

calendario *m.* calendar

calentar (ie) to warm, heat

calidad *f.* quality

calificado, -a qualified

cálido, -a warm

caliente hot

calificación *f.* qualification

calificado, -a qualified

calmado, -a calm

calmar to calm; to relieve

calmoso, -a calm; slow; phlegmatic

calor *m.* heat

caluroso, -a hot

callado, -a quiet

callar to silence, make quiet;**—se** to become quiet; **¡Cállate!** Shut up!

calle *f.* street

cama *f.* bed

Camagüey a province in Cuba

camarero, -a *m.* & *f.* waiter; waitress

camarón *m.* shrimp

camastro *m.* rickety cot

cambiante changing

cambiar to change

cambio *m.* change; rate of exchange (money); **en—** on the other hand; **a—de** in exchange for

caminar to walk

caminata: hacer—s to take walks or excursions

camino *m.* road, way, path

camión *m.* truck; bus (*Mex.*)

camioneta *f.* station wagon; van

camisa *f.* shirt

camote *m.* sweet potato

campana *f.* bell

campaña *f.* campaign

campesino, -a *m.* & *f.* farmer; peasant

campo *m.* field; country, countryside; camp

canal *m.* channel (on T.V.)

canas *f. pl.* white or gray hair(s)

cancel: puerta— *m.* inner door to keep out drafts

canción *f.* song;**—de cuna** lullaby

cancha:—de tenis *f.* tennis court

cándido, -a naive; guileless

candil *m.* oil lamp

cano, -a gray, white

canoa *f.* canoe

cansarse to be or become tired

cantante *m.* & *f.* singer

cantar to sing

cantidad *f.* quantity, amount

canto *m.* song

caña:—brava tall bamboo plant

caos *m.* chaos

caótico, -a chaotic

capa *f.* layer, stratum

capacidad *f.* capacity; capability, ability, talent

capacitación *f.* preparation, training

capataz *m.* foreman

capaz (*pl.* **capaces**) capable, able

capital *m.* capital, funds

capitán *m.* captain

capítulo *m.* chapter

capricho *m.* caprice, whim

caprichoso, -a capricious

captar to captivate; to grasp

cara *f.* face

carácter *m.* character; nature

característica *f.* characteristic

caracterizar to characterize

¡caramba! confound it!, darn it!

carbón *m.* coal; charcoal

carbono *m.* carbon

cárcel *f.* jail

carecer (de) to lack

carencia *f.* lack, deficiency

carga *f.* burden

cargar to impose; to carry; **—con** to assume (responsibility): **—se de** to load or fill oneself up with

cargo: alto— high office, position

Caribe *m.* Caribbean

caridad *f.* charity

cariño *m.* affection; dear

cariñoso, -a affectionate

carísimo, -a very dear; dearest

carne *f.* meat; flesh; **—de vaca, res** beef

carnet *m.* identity card

caro, -a expensive; dear; *adv.* at a high price

carpintería *f.* carpentry

carpintero, -a *m.* & *f.* carpenter

carrera *f.* career; profession; race

carretera *f.* road

carro *m.* car; cart

carta *f.* letter; playing card

cartelón *m.* placard

cartón *m.* cardboard

casa *f.* house, home

casado,—a married

casarse (con) to get married (to)

caserón *m.* large (ramshackle) house

casi almost

caso *m.* case; **hacer—** to pay attention

castellano *m.* Spanish

castigar to punish, castigate

castigo *m.* punishment

castillo *m.* castle

castrista *m.* & *f.* person in favor of Fidel Castro

casualidad *f.* coincidence; **por—** by chance, by accident

catalán, catalana *m.* & *f.* & *adj.* Catalonian (person from Cataluña); *m.* language spoken in Cataluña

catalítico, -a catalytic; **convertidor—** catalytic converter

Cataluña Catalonia (province in northern Spain)

categoría; de— high quality; prominent

caucho *m.* rubber

caudillo *m.* chief, leader

causa *f.* cause; **a—de** because of

causante causing, occasioning

causar to cause

cautividad *f.* captivity

cautivo, -a *m. & f. & adj.* captive

caza *f.* hunting

cazador, -a *m. & f.* hunter

cazar to hunt

cebada *f.* barley

cebolla *f.* onion

ceder to cede, transfer; to yield, surrender

celebrar to celebrate

célebre famous

celeste celestial; sky blue

celos *m. pl.* jealousy; **tener—** to be jealous

celoso, -a jealous

celta *m. & f.* celt

cementerio *m.* cemetery

cena *f.* dinner

cenar to eat supper

censura *f.* censorship

censurar to censor

centavo *m.* cent

central nuclear *m.* nuclear power station

centenario *m.* centennial; **quinto centenario** 500th anniversary

centrarse to center on; to be based on

centro *m.* center; middle, downtown; **—s nocturnos** night clubs

cepillar to brush

cerca nearby; **—de** near

cercano,—a near

cerdo *m.* pig

cerebro *m.* brain

ceremonia *f.* ceremony

cerquita *dim. of* **cerca** really close

cerradura *f.* lock

cerrar (ie) to close

certeza *f.* certainty

certidumbre *f.* certainty

cerveza *f.* beer

cesar to cease

César Caesar (Roman emperor symbolic of power)

cetro *m.* sceptre; rod

cíclico, -a cyclical

ciclo *m.* cycle

ciego, -a blind

cielo *m.* sky; heaven

ciencia *f.* science

científico, -a *m. & f. & adj.* scientist; scientific

ciento *m.* hundred; **por—** percentage

cierto, -a certain

cifra *f.* figure, number

cigarrillo *m.* cigarette

cimarrón *m.* fugitive slave

cine *m.* movie(s); movie house

cintura *f.* waist

circulación *f.* traffic

circular to circulate; to move in traffic

círculo *m.* circle

circundar to surround

circunstancia *f.* circumstance

cirugía *f.* surgery

cirujano, -a *m. & f.* surgeon

cita *f.* appointment, engagement; quotation

citado, -a aforementioned

cítricos *m. pl.* citrus fruits

ciudad *f.* city

ciudadano, -a *m. & f.* citizen

civil *m.* civilian; *adj.* civil

clamar to shout, clamor

clandestino, -a underhanded; clandestine

claridad *f.* clarity

claro, -a *adj.* clear, light; *adv.* clearly; **—que** naturally; **—está** of course; **¡—que sí!** sure!, of course! **poner las cosas en—** to make things clear

clase *f.* class, kind, type; classroom; **—baja** lower class; **—media** middle class

clásico, -a classic(al)

clavado, -a nailed

clave *f.* key

clérigo *m.* clergyman

clero *m.* clergy

cliente *m. & f.* customer

clima *m.* climate

clínica *f.* clinic

clínico, -a clinical

cobertor *m.* quilt, bedspread

cobrador, -a *m. & f.* collector

cobrar to collect; to charge

cocaína *f.* cocaine

cocina *f.* kitchen

coctel *m.* cocktail party

coche *m.* car

codicia *f.* greed, covetousness

código *m.* code

codo *m.* elbow; bend (in hallway)

coger to catch; to take

cognado *m.* cognate

coincidir to coincide; to agree

colapso *m.* collapse, breakdown

colchón *m.* mattress

coleccionar to collect

colega *m. & f.* fellow worker, colleague

colegio *m.* school, academy

colgar (ue) to hang

colgado, -a *p.p. of* **colgar** hanging

colina *f.* hill

colmillo *m.* eye tooth; tusk

colocación *f.* placement, arrangement

colocar to place

colombiano, -a *adj. & n.* Columbian

Colón (Christopher) Columbus

colonizador, -a *m. & f.* colonizer

colorado, -a red, reddish; colored

colosal colossal

columna *f.* column; **—vertebral** spine, backbone

comadre *f.* woman friend; godmother

combatir to fight, combat

combustible *m.* fuel

comedor *m.* dining room

comentarista *m. & f.* commentator

comenzar (ie) to begin

comer to eat

comercio *m.* commerce, trade; business

comestibles *m. pl.* food

cometer to commit

cómico, -a humorous, funny

comida *f.* food; meal

comienzo *m.* beginning

comillas *f. pl.* quotation marks; name of comic strip character invented by Roberto Escudero

comité *m.* committee

como as; like; inasmuch as; as long as; **¿cómo?** how?; **¡cómo no!** of course!

comodidad *f.* convenience; comfort

cómodo, -a comfortable

compadecer (de) to have pity on

compadre *m.* friend

compañero, -a *m. & f.* companion, comrade

compañía *f.* company; firm

comparación *f.* comparison

compartir to share

compás: llevar el— to keep time, rhythm

compatriota *m. & f.* fellow countryman

compelido, -a compelled

competencia *f.* competition

competir (i) to compete

complacer to please

complejidad *f.* complexity

complejo -a complex;**—de inferioridad** inferiority complex

completo: por— completely; **tiempo—** full-time

complicar to complicate;**—se** to become complicated

componer to compose, make up

comportamiento *m.* behavior, conduct

comportar to bear

compra *f.* purchase

comprar to buy

comprender to understand

comprensión *f.* understanding; comprehension

comprensivo, -a understanding

comprimido, -a crushed

comprobar (ue) to verify

comprometerse to commit oneself; to become engaged

compromiso *m.* obligation; engagement

compuesto *p.p. of* **componer** composed

computadora *f.* computer

común common

comuna *f.* commune

comunal common (belonging to the community)

comunicar to communicate

comunidad *f.* community

con with; **—todo** however, nevertheless

concordar (ue) to agree; to reconcile

concebir (i) to imagine; to conceive

conceder to concede; to admit

concentrarse to concentrate

conciencia *f.* conscience; consciousness, awareness

concierto *m.* concert

concluir to conclude; to finish

concha *f.* shell; shellfish

conde *m.* count

condena *f.* sentence, punishment

condenación *f.* condemnation

condenar to condemn

condición *f.* condition; status; **a—de** on the condition that, provided that;

estar en—es de to be in a position to

condicionamiento *m.* conditioning

condimento *m.* seasoning

condominio *m.* condominium

conducir to lead, conduct; to behave; to drive

conducta *f.* behavior, conduct

conductor, -a *m. & f.* driver

condujo *pret. of* **conducir** (it) lead

conejo *m.* rabbit

confianza *f.* confidence, trust; **tener—en** to trust

confiar to confide; to entrust, trust

confín *m.* boundary, limit

conformarse to conform

confrontar to face; to confront

confundir to confuse; to bewilder

confuso, -a indistinct; confused

congelado, -a frozen

congénere *m. & f.* kindred person

congestión vehicular *f.* traffic jam

Congreso *m.* Congress

conjeturar to surmise, conjecture

conjugar to fit together

conjunción *f.* union; conjunction

conjunto *m.* ensemble

conmoción *f.* commotion

conmovedor, -a moving; stirring

conmovido, -a moved, stirred

conocer to know, be familiar with; to meet

conocimiento *m.* knowledge

conquista *f.* conquest

conquistador, -a *m. & f.* conqueror

conquistar to conquer

consagrar to consecrate; to sanction; to establish

consciente conscious, aware

conscripción *f.* conscription, military draft

consecuencia *f.* consequence; result; **como**—as a result

consecuentemente consequently; logically

conseguir (i) to obtain, get; to manage to; to get (somebody) to

consejero, -a *m.* & *f.* adviser

consejo *m.* council; advice; **—de guerra** court martial

consenso *m.* consensus, general assent

conservador, -a conservative

conservar to keep, preserve

consigo with himself (herself, themselves, etc.)

consistir (en) to be composed of; to consist of

consolador, -a comforting

consolar (ue) to console, comfort

conspiración *f.* conspiracy

constancia *f.* evidence, proof

constante *f.* & *adj.* unchanging quality; constant

constatar to show; to verify

consternación *f.* dismay; panic; consternation

constituir(se) to form, constitute

construir to build, construct

consuelo *m.* comfort, consolation

consumar to consummate, complete

consumidor, -a *m.* & *f.* consumer

consumir to consume; to use up

consumo *m.* consumption

contagiarse de to become or be infected with

contagio *m.* contagion

contaminación *f.* pollution

contaminador, -a contaminating

contaminar to contaminate, pollute

contaminante *m.* pollutant; *adj.* polluting

contar (ue) to count; to recount, tell; **—con** to count on; to have

contemplar to watch, gaze at, contemplate

contemporáneo, -a contemporary

contener to contain; to hold in, restrain

contenido *m.* contents

contentamiento *m.* contentment

contestar to answer

continuación: a—as follows; below; following this

continuar to continue, go on

continuidad *f.* continuity

continuo, -a continuous; constant

contorno *m.* contour;**—s** *pl.* surroundings

contra against; **estar en—de** to be against; **—ataque** counterattack

contrabandista *m.* & *f.* smuggler, contrabandist

contrabando *m.* smuggling

contradecir to contradict

contraer to contract

contrapartida *f.* counterpart

contraposición: estar en— to be at odds, in opposition

contrariado, -a thwarted

contrario *m.* opposite, contrary; **al—, por el—** on the contrary

contratar to hire

contrato *m.* contract

contravenir to infringe; to violate

contribuir to contribute

contundente forcible

convencer to convince

convenir (ie) to be neces-

sary; to be agreeable; to suit; to be a good idea

convertidor:—catalítico, *m.* catalytic converter

convertir (ie, i) to convert, change; **—se en** to change into, to become

convivencia *f.* living together

convulso, -a convulsed

conyugal conjugal

cónyuge *m.* & *f.* spouse

copa *f.* goblet, cup, glass; drink; tree-top

copiar to copy; to cheat; to imitate

coraje: le dio—it made him angry

Corán *m.* Koran (sacred book of Moslems)

coraza *f.* armor plate

corazón *m.* heart

corbata *f.* tie

cordillera *f.* high mountain range

cordón *m.* string, cord

coro *m.* chorus

corolario *m.* corollary

corona *f.* crown

correcto, -a proper correct

corredizo, -a running, slipping

corredor *m.* corridor

corregir (i) to correct; to discipline (children)

correo *m.* mail; postal service

correr to run; to hasten; to throw out

corresponder to pertain, belong; to correspond

correspondiente corresponding

corrida:—de toros *f.* bull fight

corriente *f.* current; *adj.* regular, usual; current

corromper to corrupt

cortar to cut

corte *f.* court *m.* cut

cortés courteous

cortesano, -a *m.* & *f.* courtier, courtesan; royal

attendant; of the court, courtly.

cortesía *f.* courtesy

cortina *f.* curtain

corto, -a short

cosa *f.* thing, matter; **no ser gran—**not to be much; not to amount to much

cosecha *f.* harvest, crop

cosechero, -a *m.* & *f.* grower

coser to sew

costa *f.* coast; **a toda—**at all costs; **a mi—**at my expense

costar (ue) to cost

coste, costo *m.* cost

costoso, -a costly; expensive

costumbre *f.* custom; **como de—, según—**as usual, as is customary

cotidianamente daily

cráneo *m.* skull

creador, -a *m.* & *f.* creator; *adj.* creative; **poder—***m.* creativity

crear to create

crecer to grow (up)

creciente growing, increasing; *f.* river flood

crecimiento *m.* growth

credo *m.* creed

creencia *f.* belief

creer to believe

crepúsculo *m.* dusk

creyente *m.* & *f.* believer

cría *f.* breeding

criado, -a *m.* & *f.* servant, maid

crianza *f.* raising, upbringing

criar to raise

crimen *m.* crime

cristal *m.* crystal; glass

cristiano, -a Christian

Cristo Christ

Cristóbal Christopher (*man's name*)

criterio *m.* standard, criterion

crítica *f.* criticism

criticar to criticize

crítico, -a *m.* & *f.* & *adj.* critic; critical

crucigrama *m.* crossword puzzle

crueldad *f.* cruelty

crujido *m.* creaking; crunching

cruz *f.* cross

cruzada *f.* crusade

cruzar to cross; **—se** to pass one another

cuadro *m.* painting, picture

cual who, which; **¿cuál?** which? what?

cualidad *f.* quality; characteristic

cualquier, -a any; anyone, anybody; **de—modo** in any case

cuando when; **de vez en—** from time to time; **¿cuándo?** when?

cuanto, -a as much as, as many as; all that;**—más...más** the more ... the more; **en—**as soon as; **en—a** as for, with regard to; **¿cuánto, -a?** how much?; **¿cuántos, -as?** how many?; **¡cuánto!** how much!, how!

cuarta *f.* quarter (part)

cuarto *m.* room; quarter (of an hour)

cubano, -a *m.* & *f.* & *adj.* cuban

cubículo *m.* cubicle

cubierta *f.* cover

cubrir to cover

cuchillo *m.* knife

cuello *m.* neck; throat

cuenca *f.* basin

cuenta *f.* count; calculation; account; bill; **darse—(de)** to realize; **dar—**to answer for

cuentista *m.* & *f.* short story writer

cuento *m.* short story; story, tale

cuerda *f.* cord

cuerdo, -a sane

cuerno *m.* horn (of an animal); **llevar—s** to have an unfaithful spouse, to be a cuckold

cuero *m.* hide, skin, leather; **en—s** stark naked

cuerpo *m.* body

cuestión *f.* issue; question

cuestionar to question

cueva *f.* cave

cuidado *m.* care, attention; **tener—**to be careful

cuidadoso, -a careful

cuidar (de) to take care of

culebrón *m.* serpent; soap opera (in Venezuela)

culpa *f.* guilt; blame; **tener la—**to be to blame, to be guilty; **echar la—**to blame

culpable guilty; blameworthy

cultivar to cultivate

cultivo *m.* cultivation; crop

culto, -a educated, cultured *m.* worship

cultura *f.* culture

cumpleaños *m.* birthday

cumplir (con) to perform one's duty; to fulfill; to comply; to carry out;**— años** to turn or become (so many) years old

cupón *m.* coupon

cúpula *f.* dome

cura *m.* priest

curación *f.* cure

curar to cure

curiosear to observe with curiosity

curiosidad *f.* curiosity

curioso, -a curious; strange, unusual

cursi cheap, vulgar, flashy

curso *m.* course

custodia *f.* custody; escort

cuyo, -a whose

·································· **CH**

chaqueta *f.* jacket, coat

charco: brincar el—to

cross the pond (or the ocean)

charlar to chat

chasqui *m.* (Incan) messenger

chavo *m.* cent;**—s** money (*Puerto Rican*)

chicano, -a *m.* & *f.* & *adj.* Mexican-American

chico, -a *m.* & *f.* child; friend, old buddy; *adj.* small

chicha *f.* beer made from corn or other grains

chile *m.* chili, red pepper

chileno, -a Chilean

chillón, –ona loud, gaudy

chino, -a Chinese

chiquillo, -a *m.* & *f.* little boy; little girl

chiquito, -a *m.* & *f.* little boy; little girl

chiste *m.* joke

chofer *m.* driver

choque *m.* collision; clash; shock

chorro *m.* jet; spout; gush

chorrete *m.* little spurt or gush

choza *f.* hut, cabin

··· **D**

dado:—que given that

dama *f.* lady; noble or distinguished woman

dañar to harm, damage

dañino, -a harmful

daño *m.* harm, damage

dar to give;**—un paseo** to take a walk; **—una vuelta** to take a walk; **—vueltas** to walk in circles; **— muerte a** to kill; **—por bueno y completo** to consider good and complete; **—a entender** to hint, imply; **—a luz** to give birth; **—con uno en tierra** to throw one to the

ground; **—le a uno por** to take to; **—le a uno coraje** to make one angry; **—se cuenta** to realize

datar:—de to date from

dato *m.* datum, fact; **—s** data

d.C. A.D. (after Christ)

de of; from; about; concerning; **—...en** from ... to

deán *m.* dean (church official)

debajo under, beneath;**—de, por—de** underneath

debatir to debate

deber to owe; to have to (must, should, ought); **se debe a** is due to; *m.* duty; homework

debidamente properly; appropriately

debido:—a due to

débil *adj.* & *n.* weak; weak person

debilidad *f.* weakness

debilitación *f.* weakening

debilitar to weaken;**—se** to become weak

década *f.* decade

decaído *p.p. of* **decaer** & *adj.* decayed; declining

decente respectable; decent

decepcionado, -a disillusioned

decir to say, tell; **es—** that is to say

decisivo, -a decisive, conclusive

decorar to decorate

decretar to decree

decreto *m.* decree

dedicar to dedicate; **—se (a)** to devote oneself (to)

dedo *m.* finger

defender (ie) to defend

defensor, -a *m.* & *f.* defender

deficiencia *f.* deficiency

definir to define

definitivo, -a definitive, conclusive, final

defraudar to defraud

deidad *f.* deity

dejar to leave; to allow, let; to quit; **—caer** to drop; **—de** to stop, cease; **—en paz** to let alone; **—se matar** to let oneself die or be killed

delante before, in front; **—de** ahead of, in front of

delfín *m.* dolphin

delgado, -a thin

deliberado, -a deliberate, intentional

delicadeza *f.* tenderness; delicateness; **con—** delicately

delicado, -a delicate

delicioso, -a delightful, delicious

delirio *m.* delirium, temporary madness

delito *m.* crime

demás: los, las— the others; *adj.* other; **por lo—** as to the rest, moreover

demasiado too; too much

demográfico, -a demographic (pertaining to the population)

demora *f.* delay

demorado, -a delayed

demostración *f.* proof, demonstration

demostrar (ue) to show, demonstrate

dentro within, inside;**—de** within, inside of, in; **por—** on the inside

denuncia *f.* denunciation; accusation of someone to the authorities

denunciar to denounce

depender (de) to depend (on)

dependiente, -a *m.* & *f.* waiter; waitress; clerk

deporte *m.* sport

deprimente depressing

depuesto (*p.p. of* **deponer**) deposed

derecha *f.* right (side or direction); right wing (in politics)

derechista *m.* & *f.* rightwinger

derecho right; **tener—a** to have the right to; **en—**by law

derrame *m.* spill

derribar to overthrow; to tear down, demolish

derrocamiento *m.* overthrow

derrota *f.* defeat

derrocar to overthrow

derrochar to squander; to waste

derruido, -a in ruins

desabilidad *f.* disability

desabrochar to undo

desacostumbrado, -a unusual

desacuerdo *m.* disagreement

desafío *m.* challenge

desagradable disagreeable, unpleasant

desagradecido, -a *n.* & *adj.* ungrateful (person)

desahuciado, -a hopelessly ill

desamparado, -a abandoned

desaparecer to disappear

desarraigo *m.* uprooting

desarrollar to develop

desarrollo *m.* development; **en—**developing

desastre *m.* disaster

desastroso, -a disastrous

desayunar to have breakfast

desayuno *m.* breakfast

desazón *f.* annoyance; discomfort

descalzo, -a barefoot

descansar to rest

descanso *m.* rest

descaro *m.* brazenness

descender (ie) to descend, go down; to get off (a bus)

descenso *m.* descent

descifrar to decipher

descollar (ue) to stand out; to be prominent

descomponer to ruin; to put out of order

desconcertante disconcerting, disturbing

desconectar to disconnect

desconforme *n.* & *adj.* nonconformist; not in agreement

desconocido, -a unknown

descontento, -a unhappy

descontrolado, -a uncontrolled

descortesía *f.* discourtesy; uncouthness

describir to describe

descubierto, -a uncovered; bareheaded; discovered

descubrimiento *m.* discovery

descubrir to discover;**—se** to take off one's hat

descuidar: descuida don't worry

desde from; since

desdén *m.* disdain

desdibujar to fade, to blur

desdicha *f.* misfortune

desdichado, -a *m.* & *f.* wretch, unfortunate person

desdoblar to straighten; to unfold

deseable desirable

desear to desire, wish, want

desechar to reject; to discard

desembarcar to disembark

desembocar to lead or flow into

desempleado, -a unemployed

desempleo *m.* unemployment

desenganchar(se) to unhook, detach (oneself)

desengaño *m.* disillusionment

desenvuelto developed; evolved

deseo *m.* desire, wish

deseoso, -a eager, desirous

desequilibrio *m.* imbalance

desértico desert-like

desesperación *f.* despair

desesperado, -a desperate; despairing

desfavorable unfavorable

desgracia *f.* misfortune

desgraciado, -a unfortunate, hapless

deshacerse (de) to get rid of

deshielo *m.* thaw

deshonrar to dishonor, disgrace

deshumanizar to dehumanize

desierto *m.* desert

designar to designate, appoint

desigualdad *f.* inequality

desilusión *f.* disillusionment; disappointment

desilusionarse to become disillusioned

desinflado, -a deflated; **rueda/llanta—**flat tire

deslumbrado, -a dazed

desmantelamiento *m.* dismantlement

desnudar to undress

desnudo, -a naked, unclothed; nude (figure in art)

desocupar to empty, vacate

desodorante *m.* deodorant

desoír to turn a deaf ear to; to refuse

desolado, -a desolate

desorbitado, -a with bulging eyes; out of proportion

desorden *m.* disorder

desorientar to disorient, confuse; **—se** to get or become lost

despacho *m.* dispatch; office; study

despectivo, -a derogatory

despedida *f.* farewell

despedir (i, i) to give off; to dismiss; **—se (de)** to say or bid goodbye (to)

desperdiciar to waste

desperdicios *m. pl.* garbage, waste

despertador *m.* alarm clock

despertar(se) (ie) to awaken, wake up

despierto, -a awake

despistar to throw off the track

desplazamiento *m.* displacement

desplazarse to move; to travel

desplegar (ie) to unfold

desplomarse to fall over; to collapse

despoblado, -a unpopulated

despreciar to look down upon, despise, scorn

desprecio *m.* scorn, contempt

desprenderse to issue from

desprendido, -a loose

desprestigio *m.* loss of credit or prestige

desproporcionado, -a disproportionate

después afterwards; later; then; —**de** after

destacar to make stand out; —**se** to stand out

destape *m.* opening up; uncovering

desterrado, -a banished, exiled

destinado, -a destined, fated

destinatorio-, a *m. & f.* addressee

destino *m.* destiny

destreza *f.* skill, ability

destruir to destroy

desuso *m.* disuse; obsolescence

desvalido, -a helpless; destitute

desvarío *m.* whim; nonsense

desvelarse to remain awake

desventaja *f.* disadvantage

detalle *m.* detail

detener(se) to stop

detentar (ie) to hold

deteriorado, -a deteriorated

deteriorarse to deteriorate; to become damaged

deterioro *m.* deterioration

determinado, -a certain, particular

determinante decisive

determinar to determine

detonación *f.* explosion

detrás (de) behind; **por—** from behind

detuvo *pret. of* **detener** stopped

deuda *f.* debt

devolver (ue) to return

devorar to devour

devuelto returned

día *m.* day; **de—**by day; **hoy—**nowadays; **al— siguiente** (on) the following day

diablo *m.* devil

diabólico, -a diabolical, devilish

diagnosticar to diagnose

dialogar to take part in a dialogue

diamante *m.* diamond

diariamente daily

diario, -a daily; *m.* (daily) newspaper; diary

dibujante *m. & f.* line artist, person who draws, sketcher

dibujar to draw; to sketch

dibujo *m.* sketch; drawing

diccionario *m.* dictionary

dictado, -a dictated, given, *e.g.* **dictado en inglés** given in English

dictador, -a *m. & f.* dictator

dictadura *f.* dictatorship

dicha *f.* happiness; good luck, fortune

dicho *p.p. of* **decir** said; aforementioned; **mejor—** rather

Diego James (man's name)

diente *m.* tooth

diestro, -a skillful

diferencia *f.* difference; **a— de** in contrast to; unlike

diferenciar to differ; to differentiate; —**se** to distinguish oneself; to differ

difícil difficult; hard; improbable

dificultad *f.* difficulty

dificultar to make difficult

difundir to spread

difunto, -a *m. & f.* deceased, dead

difuso, -a diffuse; diffused

dignidad *f.* dignity

digno, -a worthy; dignified

dinero *m.* money

dios *m.* god; **Dios** God; **¡Vaya por—!** God's will be done!; **diosa** *f.* goddess

diputado, -a *m. & f.* representative; deputy

dirección *f.* address; direction

dirigir to lead, direct; —**se a** to address (a person); to go to or toward

discernido discerned; appointed

disco *m.* record; disk

discordancia *f.* discord

discrepante dissenting; discrepant

discreto, -a discreet; clever

discriminar to discriminate (against)

disculpa *f.* apology

disculpable excusable

disculparse to excuse oneself; to apologize

discurso *m.* speech

discutir to discuss, argue

diseñador. -a *m. & f.* designer

diseñar to design

diseño *m.* design

disfrutar (de) to enjoy

disgregarse to scatter, be disintegrated

disimulo *m.* reservedness

disminución *f.* drop, decrease

disminuir to diminish, decrease

disolver (ue) to dissolve

disperso, -a dispersed, scattered

disponer to order; to dispose; **—de** to have the use of; to have at one's disposal

disponible available

disposición: a—de at the service or disposal of

dispuesto, -a disposed; ready; fit; smart; clever

disputa *f.* dispute, fight

disputar to fight, dispute

distinguir to distinguish

distinto, -a distinct, different

distorsionar to distort

distraer to distract;**—se** to amuse oneself

distraído, -a distracted; absent-minded

distribuir to distribute

distrito *m.* district

disyuntiva *f.* alternative; dilemma

divergencia *f.* divergency; divergence

divertirse (ie, i) to have a good time, amuse oneself

dividido, -a separated; spread out

divisar to perceive at a distance

divorcio *m.* divorce

divulgar to divulge, reveal

doblar to fold

doble:—jornada double work day

docena *f.* dozen

dócilmente docilely

doctorado *m.* doctorate

dólar *m.* dollar

doler (ue) to hurt, ache

dolor *m.* pain; grief

dolorido, -a grieving

doloroso, -a painful

domado, -a tamed; conquered

dominante dominant; prevailing

dominar to dominate; to master

domingo *m.* Sunday

dominicano, -a *m.* & *f.* person from the Dominican Republic

dominio *m.* mastery; dominion; domain

don Don (title of respect used before male names)

donde where; **¿dónde?, ¿a—?** (to) where?

dondequiera anywhere, wherever

doña Doña (title of respect used before female names)

dorado, -a golden

dormido, -a sleeping, asleep

dormir (ue, u) to sleep;**—se** to fall asleep

dormitorio *m.* bedroom

dotado, -a endowed

dote *f.* dowry; natural gift, talent

drama *m.* play

dramaturgo, -a *m.* & *f.* playwright

droga *f.* drug

drogadicto, -a *m.* & *f.* drug addict

dualidad *f.* duality

duda *f.* doubt; **no cabe—** there is no doubt

dudar to doubt

dueño, -a *m.* & *f.* owner; master

dulce sweet

dulcificar to sweeten; to soften

dulzura *f.* sweetness

duplicar(se) to double, duplicate

durante during; for

durar to last

duro, -a hard; severe

·· **E**

e (= **y** before words beginning with **i** or **hi**) and

eco *m.* echo

ecología *f.* ecology

ecológico, -a ecological

ecólogo, -a *m.* & *f.* ecologist

economía *f.* economy

echado, -a lying down

echar to throw, toss; to

throw out;**—a andar** to set or place in motion; **—la culpa** to blame; **—se a reír** to burst out laughing; **—se a perder** to be or become ruined**—a correr** to run away

ecuestre equestrian

edad *f.* age; **de—mediana** middle aged; **—oscura** Dark (Middle) Ages

edénico, -a paradisiacal

edificar to build, construct

edificio *m.* building

educación *f.* education; upbringing

educador, -a *m.* & *f.* educator

educar to educate; to bring up

educativo, -a educational

EE.UU. abbreviation for **Estados Unidos** (United States)

efecto *m.* effect; **en—** in fact;**—invernadero** *m.* global warming (greenhouse effect)

efectuar to effect, bring about

eficaz (*pl.* **eficaces**) efficient

efímero, -a ephemeral

efusión *f.* effusion, unrestrained expression of feeling

efusivo, -a effusive

egipcio, -a *m.* & *f.* & *adj.* Egyptian

egoísta selfish

ejecución *f.* carrying out; execution

ejecutar to execute

ejecutivo, -a *m.* & *f.* & *adj.* executive

ejemplar exemplary, model

ejemplificar to exemplify

ejemplo *m.* example; **por—** for example

ejercer to exert; to perform

ejercicio *m.* exercise

ejército *m.* army

electorado *m.* electorate

electricidad *f.* electricity

elegir (i) to choose, elect

elemental elementary

elevar to elevate, raise

eliminar to eliminate

ello *pron.* it

embajador, -a *m. & f.* ambassador

embarazada pregnant

embarazo *m.* pregnancy

embarcado, -a engaged (in)

embargo: sin— nevertheless, however

emborracharse to get drunk

embriagado, -a intoxicated

embrutecer to render brutish; to dull the mind

emigrar to emigrate; to migrate

emisión *f.* broadcast

emitir to emit

emocionado, -a moved, touched, affected

emocionante exciting

emotivo, -a emotional

empaquetar to package; to put in a package

empeoramiento *m.* worsening

empeorar to worsen

emperador, *m.* emperor;

empero however, nevertheless

empezar (ie) to begin

empleado, -a *m. & f.* employee

emplear to use; to employ, hire

empleo *m.* employment, job; use

emplumado, -a feathered

empobrecerse to become impoverished

emprender to undertake; to begin

empresa *f.* enterprise; company, business

empresario, -a *m. & f.* businessman; businesswoman; contractor

empujar to push, shove

en in; on; at; during; to; **de...** —from ... to

enajenar to alienate

enamorado, -a in love, enamored

enamorarse (de) to fall in love (with)

encabezado, -a headed

encabezar to head

encaminarse to start out on a road

encarcelado, -a imprisoned

encantado, -a delighted; satisfied

encantador, -a *m. & f.* sorcerer; sorceress

encanto *m.* enchantment, spell

encargado, -a *m. & f.* person in charge or entrusted

encargar to entrust;—**se (de)** to take charge (of)

encendedor *m.* lighter

encender (ie) to light

encerrar (ie) to enclose; to encircle; to shut in, confine; to contain;—**se** to lock oneself up, go into seclusion

encima (de) on; upon; on top of

encinta pregnant

encontrar (ue) to find; to encounter;—**se** to be; to be found;—**se con** to come across, meet up with

encrucijada *f.* crossroads, intersection

encuentro *m.* encounter; **ir al—de** to go to meet

encuesta *f.* poll

enchufar to plug in

endurecimiento *m.* hardening

enemigo, -a *m. & f.* enemy

energía *f.* energy

enérgico, -a energetic

enfadar to displease, anger;—**se** to become angry

énfasis *m.* emphasis; **hacer—en** to emphasize

enfático, -a emphatic

enfatizar to emphasize

enfermarse to become sick

enfermedad *f.* sickness, disease

enfermería *f.* nursing

enfermero, -a *m. & f.* nurse

enfermizo, -a sickly

enfermo, -a sick; *m. & f.* sick person

enfocar to focus

enfrentarse (con) to face, confront

enfrente (de) opposite, in front

engañar to deceive; to cheat

engaño *m.* deceit, fraud

engordar to grow fat; to increase in size

engranaje *m.* gear; connection

enlace *m.* tie, connection

enmarañar to (en)tangle, muddle (up)

enmienda *f.* amendment

enojar to make angry

enojo *m.* anger

enorme enormous

enrigidecer to make rigid;—**se** to become rigid

enriquecer to enrich;—**se** to get rich

enrollado, -a wrapped around, coiled around

ensalada *f.* salad

ensangrentarse (ie) to become covered with blood

ensayar to test; to try

ensayista *m. & f.* essayist

ensayo *m.* essay

enseñanza *f.* teaching; education; training

enseñar to teach; to show

ensordecer to deafen

ensuciarse to get dirty

entender (ie) to understand

enterarse to find out

entero, -a entire, whole, complete

enterrar (ie) to bury

entibiar to take the chill off;—**se** to cool down

entidad *f.* entity
entonces then
entornado, -a half-closed (eyes)
entornar to half close
entrada *f.* entry
entrante: el año— (the) next year
entrañar to contain; to carry within
entrar to enter
entre between, among;— **líneas;** between the lines
entrega *f.* surrender
entregar to hand over;—**se** to devote oneself wholly
entrenamiento *m.* training
entrenar to train
entretanto meanwhile
entretener to amuse; to entertain
entretenido, -a *p.p.* of **entretener** amusing, entertaining
entrevista *f.* interview
entristecerse to become sad
entusiasmado, -a enthused
entusiasmo *m.* enthusiasm
entusiasta enthusiastic
envalentonado, -a emboldened
envase *m.* container
envenenamiento *m.* poisoning
envenenar to poison
enviar to send
envidia *f.* envy
envuelto, -a wrapped up; enveloped
época *f.* epoch; age; time; season
equidad *f.* fairness, equity
equilibrio *m.* equilibrium, balance
equipado, -a equipped
equipo *m.* team
equivocarse to be mistaken; to make a mistake
erigirse to set oneself up
erosionar to erode
erradicar to eradicate

erróneo, -a incorrect, erroneous
erudito, -a erudite, learned
esbozo *m.* outline
escala *f.* scale; **a—menor** on a smaller scale
escalar to scale, climb
escalera *f.* staircase
escalón *m.* step
escandalizar to shock, scandalize
escándalo *m.* tumult, noise; scandal
escandaloso, -a scandalous
escaparate *m.* display window
escapar(se) to escape; to flee; to slip away
escarcha *f.* frost
escasear to be scarce
escasez (*pl.* **escaseces**) *f.* shortage
escaso, -a scarce; scant; in small quantity
escena *f.* scene
escenario *m.* scenery; backdrop
esclavitud *f.* slavery
esclavo, -a *m.* & *f.* slave
escoger to choose, select
escolar academic, scholastic
escolástico, -a scholastic
esconder(se) to hide
escribir to write
escrito, -a *adj.* written;—**s** *m. pl.* writings
escritor, -a *m.* & *f.* writer
escritura *f.* writing
escrúpulo *m.* scruple
escuchar to listen (to)
escudo *m.* shield
escuela *f.* school
escueto, -a concise
escultura *f.* sculpture
escurrir to drain
esencia *f.* essence
esencial essential
esfera *f.* sphere
esforzarse (ue) to make an effort
esfuerzo *m.* effort
esmero *m.* great care

eso that; that thing; that fact; **por—**therefore, for that reason
espacial: nave—spaceship
espacio *m.* space
espacioso, -a spacious
espada *f.* sword
espalda *f.* back; **a mis—s** behind my back
espantar to frighten, scare;—**se** to become frightened; **No te espantes** Don't get frightened
espanto *m.* fright, horror
espantoso, -a frightful, terrifying
España Spain
español, -a *m.* & *f.* & *adj.* Spaniard; Spanish
especializado, -a specialized
especie *f.* kind, type; species; idea
espectáculo *m.* spectacle; show
espectador, -a *m.* & *f.* spectator; viewer
espejo *m.* mirror
espera *f.* wait, waiting; **en—de** in the expectation of
esperanza *f.* hope
esperar to hope for; to wait for; to expect
espesante *m.* thickening agent
espesar to thicken
espesura *f.* thicket, dense wood
espía *m.* & *f.* spy
espiar to spy, watch
espíritu *m.* spirit
esplendor *m.* splendor; radiance
espontáneo, -a spontaneous
esposo, -a *m.* & *f.* husband; wife; spouse
esqueleto *m.* skeleton
esquema *m.* outline, plan
esquemático, -a schematic, summarized
esquí *m.* skiing
esquina *f.* corner
estabilidad *f.* stability

establecer to establish
establecimiento *m.* establishment
estación *f.* season; station
estadio *m.* stadium
estadística *f.* statistic
estado *m.* state; condition; **Estados Unidos** United States
estallar to explode, burst
estampa *f.* picture; image; print
estampilla *f.* stamp
estanque *m.* reservoir; basin; pond
estar to be, to be present; —**de acuerdo (con)** to agree (with)
estatal (pertaining to the) state
estático, -a static, stationary
estatua *f.* statue
estatura *f.* stature, height
estatuto *m.* statute; by-law
este *m.* east
estereotipado, -a stereotyped
estereotipar to stereotype (someone or something)
estereotipo *m.* stereotype
estéril sterile
esterilización *f.* sterilization
estigma *m.* stigma, mark of disgrace
estilo *m.* style
estimación *f.* esteem
estimar to esteem, respect; to estimate
estimulante stimulating
estimular to stimulate
estímulo *m.* stimulus; stimulation
estirpe *f.* race; breed; stock
esto this; this thing; this matter
estoicismo *m.* stoicism
estómago *m.* stomach
estornudar to sneeze
estrago *m.* havoc, ruin
estrangular to strangle
estratagema *f.* stratagem, trick

estrategia *f.* strategy
estrato *m.* stratum, layer
estrechez *f.* austerity
estrecho, -a narrow; close
estrella *f.* star
estrés *m.* stress (*anglicism*)
estribillo *m.* refrain
estrictamente strictly
estridencia *f.* stridence, flashiness
estrofa *f.* stanza
estructura *f.* structure
estruendo *m.* great noise
estudiante *m. & f.* student
estudiar to study
estudio *m.* study
estupidez *f.* stupidity
ETA Basque separatist group in Spain that sometimes uses terrorist tactics in their campaign for regional independence
etapa *f.* stage; period
etéreo, -a ethereal
eterno, -a eternal
ético, -a ethical; *f.* ethics
etimológico, -a etymological (history of words)
etiqueta *f.* formality; etiquette
étnico, -a ethnic
europeo, -a *m. & f. & adj.* European
eutanasia *f.* euthanasia, mercy killing
Eva Eve
evadir to evade
evaluar to evaluate
evitar to avoid
evocar to evoke
exabrupto *m.* impolite outburst
exactitud *f.* exactness
exacto, -a exact; *adj.* exactly
exagerar to exaggerate
examinar to examine; to inspect
excedencia *f.* leave of absence; excess
excentricidad *f.* eccentricity
exceso *m.* excess

excitación *f.* stimulus; excitation
exclamar to exclaim
excluir to exclude
ex-coronel *m.* ex-colonel
exhausto, -a exhausted
exhibir to show, display, exhibit
exigencia *f.* demand; requirement
exigir to demand, require
exiliado, -a *m. & f. & adj.* exile; exiled
exilio *m.* exile
éxito success; **tener**—to be a success, be successful
éxodo *m.* exodus, mass migration
expedir (i, i) to send, dispatch
experimentar to experience, feel, undergo; to experiment
explicar to explain
explotación *f.* exploitation; development
explotador, -a operating; exploiting
explotar to exploit; to explode; to develop
exponer to expound; to expose
expositor, -a *m. & f.* commentator
expulsar to expel
exquisito, -a exquisite
extender(se) (ie) to extend; to spread out;—**la mirada** to cast a glance
extenso, -a extensive, vast, spacious
externo, -a external; outside
extinguir to extinguish; to put out;—**se** to go out, die
extradición *f.* extradition (forcible deportation)
extranjerizar to introduce foreign ways in
extranjero, -a foreign
extrañar to miss; to seem strange

extraño, -a strange, foreign; *m.* & *f.* stranger
extremado, -a extreme

································· **F**

fábrica *f.* factory
fabricación *f.* manufacture
fabricar to manufacture; to make
fácil easy
facilidad *f.* ease, facility; **con—**easily
facilitar to facilitate, make easy
Falange (la) the Fascist Party in Spain
falda *f.* skirt; lap
falsedad *f.* falsehood, lie
falsificar to falsify
falta *f.* lack; absence; **hacer—**to be necessary; **sin—**without fail; **por—de** for want of
faltar to be lacking;**—le a uno algo** to be lacking something;**—al trabajo** to be absent from work; **no faltaba más** that was the last straw
falto lacking, deficient
fama *f.* fame, reputation
famélico, -a hungry, famished
familiar (pertaining to the) family; familiar
famoso, -a famous, well-known
fantasía *f.* fantasy
fantasma *m.* apparition; phantom
farmacéutico -a pharmaceutical
farolillo *m.* small lantern
farsante *m.* & *f.* actor; sham
fascinar to fascinate, charm
fase *f.* phase
fastidiosamente in an annoying or a bothersome way
fatalidad *f.* fatality

fatalista fatalistic
fatiga *f.* fatigue
fatigado, -a tired
favor: estar a—de to be in favor of; **por—**please
favorecer to favor
fe *f.* faith
febril feverish
fecundación *f.* fertilization, fecundation
fecha *f.* date
felicidad *f.* happiness
feliz (*pl.* **felices**) happy
feminidad *f.* femininity
fenicio, -a *m.* & *f.* Phoenician
fenómeno *m.* phenomenon
feo, -a ugly
feroz (*pl.* **feroces**) fierce
ferrocarril *m.* railroad
fervor *m.* fervor, zeal
fervorosa(mente) fervent(ly), ardent(ly)
feto *m.* fetus
fiable reliable
fiar (en) to trust (in)
ficción:—científica science fiction
ficticio, -a fictitious
fidelidad *f.* faithfulness, fidelity
fiel faithful
fiesta *f.* party
figurarse to imagine
fijar to fix;**—se en** to notice
fijeza *f.* firmness; **mirar con—**to stare
fijo, -a fixed, firm, secure
fila *f.* row
filial *f.* subsidiary
Filipinas the Philippines
filólogo, -a *m.* & *f.* philologist; expert in the study of words and their origin; linguist
filosofía *f.* philosophy
filosófico, -a philosophical
filósofo, -a *m.* & *f.* philosopher
filtrar to filter
fin *m.* end; purpose; **a—de** in order to; **al—**at last, at

the end; **al—de cuentas** after all;**—de semana** weekend; **a—es de, de—es de** toward the end of; **en—**in short
final *m.* end; **al—**at the end
finalidad *f.* purpose; goal
finalizar to end
financiero, -a financial
finanza *f.* finance
finca *f.* farm
fino, -a delicate
firmamento *m.* sky, firmament
firmar to sign
firme firm, solid; stable
firmeza *f.* firmness
físico, -a physical
fisionomía *f.* facial expression
flama *f.* flame
flamenco *m.* flamingo (bird); rhythmic style of music characteristic of Spanish gypsies
flaqueza *f.* weakness; frailty
flecha *f.* arrow
flor *f.* flower
florecer to flourish; to bloom
florecimiento *m.* flourishing, flowering
flotante floating
fomentar to encourage
fondo *m.* bottom, depth; back;**—s** funds; **a—** deeply
forcejar to struggle
forestal *adj.* forest
forjar to form
forma *f.* form, shape; **de esta—**in this way
formalidad *f.* formality
formar to form; to constitute, make up
fortaleza *f.* fortress
fortuito, -a accidental
forzar (ue) to force
forzoso, -a obligatory, compulsory
fotografía *f.* photograph
fracasar to fail

fracaso *m.* failure
fragante fragrant
fragilidad *f.* fragility
francés, francesa *m. & f. & adj.* French person; French
Francia France
franquear to free; to clear
franqueo *m.* postage
franquista *m. & f.* supporter of Spanish dictator Francisco Franco; *adj.* pertaining to Franco
frase *f.* phrase; sentence
frecuencia *f.* frequency
frecuente frequent
frenar to put on the brakes; to slow down
frenesí *m.* frenzy, madness
frente *m.* front; **al —de** in front of; **—a** facing, in front of; *f.* forehead
fresco, -a fresh
frescura *f.* freshness, coolness; ease
frialdad *f.* coldness
frío, -a cold
frívolo, -a frivolous
frontera border; boundary
fronterizo, -a border
frustrar to frustrate; **—se** to be or become frustrated
fruta *f.* fruit
frutero, -a fruit, of fruit
fruto *m.* result; fruit (any organic product of the earth)
fuego *m.* fire
fuente *f.* fountain; source
fuera outside; away; **—de** outside of, beyond
fuere: sea cual— be what it may
fuerte strong; harsh
fuerza *f.* force, strength; **a— de** by dint of; **deshaciendo—s** correcting injustices; **de por—** by force; **por su propia—** without help, by itself
fumar to smoke
funcionar to function; to work, run (said of machines)

funcionario, -a *m. & f.* public official, civil servant
fundamentado, -a based
fundamento *m.* foundation
fundar to found, establish; to base
fundir to merge; to melt
funerario, -a funeral
furia *f.* rage, fury
furioso, -a furious; frenzied
furor *m.* fury, anger, rage
fusil *m.* gun, rifle
fútbol *m.* football; football game; soccer

·········· **G**

galán *m. & adj.* suitor; loverboy; gallant
galeote *m.* galley slave
galería *f.* corridor; gallery
Galicia Galicia (province in northwestern Spain)
gallego *m.* language spoken in Galicia
gana *f.* desire, will; **darle la—** to feel like; to choose to; **tener—s** to feel like
ganadería *f.* livestock
ganado *m.* cattle; herd; livestock
ganador, -ra *m. & f.* winner
ganancia *f.* profit; gain
ganar to gain; to win; to earn;**—el pan,—se la vida** to earn a living
garante *m. & f.* guarantor
garantía *f.* guarantee
garantizar to guarantee; to vouch for
garganta *f.* throat
garrotazo *m.* blow
gastar to spend; to wear down
gasto *m.* expense
gato, -a *m. & f.* cat; *m.* jack
gaucho *m.* Argentinian and Uruguayan cowboy
general: por lo— generally
generar to generate

género *m.* kind; type; gender; genre, literary form
generoso, -a generous
genética *f.* genetics
genial jovial, pleasant
genio *m.* genius, spirit
gente *f.* people
gentuza *f.* riffraff, scum
gerente *m.* manager
germen *m.* origin, source
gestionar to take steps to arrange
gesto *m.* expression; grimace; gesture
gigantesco, -a gigantic
ginecológico, -a gynecological
girar to rotate, turn
giro *m.* turn
gitano, -a *m. & f. & adj.* gypsy
Glaciar: Período—Ice Age
globo *m.* globe; world
glorificar to glorify
gobernador, -a *m. & f.* governor
gobernante *m. & f.* ruler
gobernar (ie) to govern, rule
gobierno *m.* government
goce *m.* enjoyment, pleasure
golpeado, -a bruised; beaten up
golpe *m.* hit, blow; **dar—s** to strike, hit; **—de mano** surprise attack
golosina *f.* sweet morsel
gordo, -a fat
gorro *m.* cap
gozar (de) to enjoy
gozo *m.* joy
grabadora *f.* tape recorder
gracia *f.* grace, charm;**—s** thank you
gracioso, -a charming; comical
grado *m.* grade; degree
graduar(se) to graduate
gráfico, -a *m. & f. & adj.* graph; chart; graphic
gran,—de large, big; great; grand
grandeza *f.* greatness

grandiosamente magnificently, grandiosely
granizo *m.* hail; hailstorm
grano *m.* grain (of cereals)
grasa *f.* grease
gratificación *f.* tip; additional fee
gratificar to gratify
gratis free of charge, gratis
gratuito, -a gratuitous; without justification; uncalled for
grave serious, grave
gravedad *f.* seriousness; gravity
gravitar to press on; to gravitate
griego, -a *m.* & *f.* & *adj.* Greek
gris gray
gritar to shout
grito *m.* shout, cry; **dar—s** to cry, shout
grosero, -a crude; **palabras—s** dirty words
grupo *m.* group
guagua *f.* (*in Cuba*) bus
guagüero *m.* (*in Cuba*) bus driver
guajiro, -a *m.* & *f.* Cuban peasant
guanábana *f.* custard-apple fruit
guante *m.* glove
guarda *m.* & *f.* guard, keeper
guardar to guard, watch over; to keep, save; to take care of
guardería *f.* daycare center
guardia *m.* guard, guardsman;—**de noche** night watchman
guardián *m.* guardian, watchman
guarida *f.* den, lair (of wild animals)
gubernamental governmental
guerra *f.* war; **Guerra Mundial** World War
guerrero, -a *m.* & *f.* soldier, warrior

guerrilla *f.* band of guerrilla fighters
guía *m.* & *f.* guide
guiar to guide
guión *m.* script, scenario
guisa *f.* manner; way
guitarra *f.* guitar
gula *f.* gluttony
gustar to like; to please
gusto *m.* pleasure; taste; **estar a—** to be comfortable; **dar—** to please

·· H

ha *form of* **haber** (*see* **haber**)
Habana Havana
haber (*auxiliary verb*) to have;—**de** + *inf.* to be to; to be obliged to; to be going to, *e.g.* **si he de morirme** if I am to die
hábil skillful
habilidad *f.* ability, skill; talent
habitación *f.* room; apartment
habitado, -a inhabited
habitante *m.* & *f.* inhabitant
habitar to live in, inhabit
habituarse to become accustomed, to get used to
habla: de—española Spanish-speaking
hablador, -a *m.* & *f.* talker
hablar to talk, speak; **el— español** speaking Spanish, the speaking of Spanish
hacer to make; to do;— **buen (mal) tiempo** to be good (bad) weather; — **calor (frío, sol)** to be warm (cold, sunny); —**se** to become, to change into;—**se tarde** to be getting late;— + *time expression* ago, *e.g.* **hace un siglo** one century ago; — **un papel** to play a role or part; —**saber** to make

known;—**manos** to acquire experience
hacia toward, to
hacha *f.* axe
hallar to find
hamaca *f.* hammock
hambre *f.* hunger
hambriento, -a hungry
harto, -a: estar—de to be fed up with, sick and tired of
hasta even; until; to; up to
hastiado, -a (de) weary (of)
hay *form of* **haber** there is, there are:—**que** + *inf.* one must ...
he aquí here is, here you have
hecho, -a made, done; *m.* fact; act
helado *m.* ice cream
hembra *f.* female
hembrismo *m.* exaggeratedly feminine actions and attitudes
hembrista *f.* & *adj.* female who believes in or practices **hembrismo**
hemisferio *m.* hemisphere
hemofilia *f.* hemophilia
heredar to inherit
heredero, -a *m.* & *f.* heir, successor
herencia *f.* inheritance; heritage; heredity
herida *f.* injury
herir (ie, i) to hurt; to wound
hermano, -a *m.* & *f.* brother; sister
hermoso, -a beautiful
hermosura *f.* beauty
héroe *m.* hero
heroicidad *f.* heroism
herramientas *f. pl.* set of tools
híbrido, -a. *m.* & *adj.* hybrid
hielo *m.* ice
hierro *m.* iron
higiéncio, -a hygienic
hijo, -a *m.* & *f.* child; son; daughter;—**de la puta** bas-

tard; son of a bitch;**—s**
children; sons; daughters
hilo *m.* thread; string; thin
wire
hinchado, -a swollen
hipocresía *f.* hypocrisy
hipócrita *m. & f.* hypocrite
hipoteca *f.* mortgage
hipotecado, -a mortgaged
hispánico, -a Hispanic
hispano, -a *m. & f.* Hispanic
person, Spaniard or Span-
ish-American; *adj.* Hispanic
Hispanoamérica Latin
America
hispanoparlante Spanish-
speaking
historia *f.* history; story
historiador, -a *m. & f.* his-
torian
histórico, -a historical
historieta *f.* story; comic
strip
hogar *m.* home
hogareño, -a domestic
hoguera *f.* fire
hoja *f.* leaf; page
holgazán, holgazana *m. & f.*
loafer, bum
hombre *m.* man; mankind;
¡hombre! indeed!, you
don't say! **ser muy—**to be
a real man
hombro *m.* shoulder
homenaje *m.* homage;
tribute
homicida homicidal
homicidio *m.* murder, ho-
micide
hondo, -a deep, profound
honestidad *f.* decency; de-
corum
honra *f.* honor
honradez *f.* honor
honrado, -a honorable;
honest
honrar to honor, glorify
hora *f.* hour; time
horario *m.* timetable
horda *f.* horde
horizonte *m.* horizon
hormiga *f.* ant

hormona *m.* hormone
horrorroso, -a horrid;
hideous
hospedar to lodge
hospitalidad *f.* hospitality
hostilidad. *f.* hostility
hostilmente with hostility
hoy today; nowadays;**—día**
nowadays
huelga *f.* strike (of workers);
rest, merriment; **hacer—**
to strike; **—de hambre**
hunger strike
huella *f.* track
hueso *m.* bone
huesped *m.* guest
huesudo, -a bony
huevo *m.* egg
huir to flee, escape
húmedo -a humid
humanidad *f.* humanity
humeante smoky
humildad *f.* humility
humilde humble
humillación *f.* humiliation
humillado, -a humiliated
humo *m.* smoke; fume
humorístico, -a humorous

·· I

ibérico, -a Iberian (from Iberian Peninsula: Spain and
Portugal)
idealizado, -a idealized
idéntico, -a identical
identidad *f.* identity
identificar—se to be identi-
fied; to identify
ideología *f.* ideology
idioma *m.* language
ídolo *m.* idol
iglesia *f.* church
ignorar not to know, to be
ignorant of
igual equal; the same; similar; **por—**equally;**—que**
the same as, similarly
igualdad *f.* equality
igualitario, -a egalitarian
ilimitado, -a unlimited

iluminar to illuminate, light
up
ilusión *f.* hopeful anticipa-
tion; illusion
ilustrar to illustrate
imagen *f.* image
imaginar to imagine;**—se** to
imagine, picture to oneself
imitar to imitate
impaciencia *f.* impatience
impasibilidad *f.* insensitivity;
impassivity
impasible impassive
impedir (i) to prevent,
impede
impedido, -a (physically or
mentally) handicapped or
challenged
impedimento *m.* handicap,
physical or mental chal-
lenge or impediment
imperar to reign, rule
imperante ruling
imperdonable unpar-
donable, unforgivable
imperio *m.* empire
impermeable *m.* raincoat
imperar to prevail
ímpetu *m.* impetus
implicar to imply; to involve
implorar to beg, implore
imponente imposing
imponer to impose
importación *f.* import; im-
portation
importar to be important; to
matter
importe *m.* amount (of bill)
impresionante impressive
impresionar to impress
impuesto *m.* tax; **cobrar—s**
to collect taxes; *p.p. of* **imponer** imposed
impulso *m.* impulse; impetus, momentum
impureza *f.* impurity
inalienablemente inali-
enably
inca *m. & f.* Inca (Indian of
the Incan culture)
incaico, -a Incan (of or pertaining to the Incas)

incapacidad *f.* incapacity
incapaz (*pl.* **incapaces**) incapable
incauto, -a incautious, unwary
incendiar to set on fire
incendio *m.* fire
incertidumbre *f.* uncertainty
incierto, -a uncertain
incinerado, -a burned, incinerated
inclinarse to bend over; to bow
incluir to include
incluso including; even
incómodo, -a uncomfortable
incomprensivo, -a ignorant; not understanding
inconcebible inconceivable
inconfesable unspeakable, shameful
inconformidad *f.* disconformity
inconsciente unconscious; unaware
incontenible uncontrollable
incontrolado, -a uncontrolled
inconveniente *m.* objection; drawback; *adj.* inconvenient
incorporarse to sit up
incredulidad *f.* disbelief, incredulity
increíble unbelievable, incredible
incrementar to increase
inculto, -a uneducated, uncultured
indebido, -a improper; unlawful
indefenso, -a defenseless
independista (**independentista**) *m.* & *f.* supporter of independence
indicado, -a appropriate; proper
indicar to indicate, point out
índice *m.* index
indicio *m.* indication

indígena *m.* & *f.* & *adj.* native inhabitant; Indian
indignidad *f.* indignity
indio, -a *m.* & *f.* & *adj.* Indian
indiscreto, -a indiscreet; imprudent
individuo *m.* individual, person
indominable uncontrollable
indudablemente undoubtedly
indulto *m.* pardon; reprieve
industrioso, -a industrious
inescrupuloso -a unscrupulous
inestabilidad *f.* instability
inestable unstable
inexistente nonexistent
inexpresivo, -a expressionless, without expression
infame infamous
infancia *f.* infancy, childhood
infelicidad *f.* unhappiness
infeliz (*pl.* **infelices**) unhappy
inferioridad *f.* inferiority
inferir (**ie, i**) to suggest; to infer
infidelidad *f.* unfaithfulness
infiel unfaithful
infierno *m.* hell
infinidad *f.* infinity
influir to influence
influjo *m.* influence; influx
informador, -a *m.* & *f.* informant
informe *adj.* shapeless; *m.* report
infortunado, -a *m.* & *f.* & *adj.* unfortunate (person)
infortunio *m.* misfortune
infracción *f.* violation
inframundo *m.* underworld
infundir to infuse, inspire, imbue with
ingeniería *f.* engineering
ingeniero, -a *m.* & *f.* engineer
ingenio *m.* creative or inventive talent

ingenioso, -a ingenious, clever
ingerir (**ie, i**) to ingest, take in
Inglaterra *f.* England
inglés, inglesa *m.* & *f.* & *adj.* English person; English
ingresar to enter
ingreso *m.* entrance; income
inhabilidad *f.* inability
inhibición: en estado de— unconscious
iniciador, -a *m.* & *f.* initiator
iniciar to begin, initiate
ininteligible unintelligible, not understandable
ininterrumpido, -a uninterrupted
injusticia *f.* injustice
injustificable unjustifiable
injusto unfair, unjust
inmediato, -a immediate; adjoining; **de—** immediately
inmensidad *f.* vastness; immensity
inmenso, -a immense; limitless
inmiscuirse to meddle or interfere in the affairs of others
inmigrante *m.* & *f.* & *adj.* immigrant
inmigrar to immigrate
inminente imminent
inmortalidad *f.* immortality
inmóvil immobile
inmunidad *f.* immunity
innegable undeniable
inocuo, -a innocuous
inolvidablemente unforgetably
inoperante inoperative
inquietar to disturb; to worry
inquieto, -a restless; worried
inquietud *f.* restlessness; anxiety; uneasiness
inquilino, -a *m.* & *f.* tenant
Inquisición *f.* (Spanish) Inquisition
insaciable insatiable, incapable of being satisfied

insalubre unhealthy
inscribir(se) to register
inseguridad *f.* insecurity
inseguro, -a uncertain; unsafe
insensato, -a foolish
insensible insensitive
insinuación *f.* innuendo; insinuation
insinuar to insinuate, suggest
insoluble insolvable; insoluble
insomnio *m.* insomnia, sleeplessness
insoportable unbearable, intolerable
instalaciones *f. pl.* facilities
instalado, -a settled
instalar to install, set up;—**se** to settle
instantáneo, -a instantaneous
instante *m.* instant, moment; **al**—at once
instaurar to establish
instintivamente instinctively
instinto *m.* instinct
instrucción *f.* education; instruction
instruido, -a educated
insuficiencia *f.* deficiency; insufficiency
insultante insulting
integrar to form, make up; to integrate
integridad *f.* integrity
intensidad *f.* intensity
intentar to try
intensificar to intensify
intercambiar to exchange; to interchange
interés *m.* interest
interesante interesting
interesar to interest
interferir (ie, i) to interfere
interior inner; inside, interior
intermediario, -a *m. & f.* middleman
intermedio, -a intermediate

internar(se) to penetrate into the interior of a country
interno, -a internal
interrogar to question, interrogate
interrumpir to interrupt
intervenir (ie) to intervene
intimidar to intimidate, scare
íntimo, -a intimate; close
intranquilo, -a restless; uneasy; worried
intrigante intriguing
intrincado, -a intricate
introductor, -a *m. & f.* introducer; *adj.* introductory
intruso, -a *m. & f.* intruder
intuir to sense; to have an intuition of
inundación *f.* flood
inundar to flood, inundate
inútil useless
inutilidad *f.* uselessness
invadir to invade
invasor, -a *m. & f.* invader
invencibilidad *f.* invincibility
invento *m.* invention
invernadero *m.* greenhouse; **efecto**—global warming (greenhouse effect)
inversión *f.* investment
invertir (ie, i) to invest
investigación *f.* research; investigation
investigador, -a *m. & f.* researcher; investigator
investigar to investigate
invierno *m.* winter
inyectar to inject
ir to go; to be; —**de mal en peor** to go from bad to worse; **se va familiarizando** he begins to become familiar; —**se** to go out, to leave; to go away
ira *f.* anger, ire
irlandés, irlandesa *m. & f. & adj.* Irish
irreal unreal
irremisiblemente without pardon; irremissibly

irrespirable unbreathable
irresponsabilidad *f.* irresponsibility
irreverencia *f.* irreverence, display of lack of respect
irritar to irritate, annoy
irrumpir to interrupt; to enter abruptly
isla *f.* island
Italia Italy
itinerario *m.* timetable; schedule; itinerary
izquierdista *m. & f.* leftist
izquierdo, -a *f.* left (side or direction); left wing (in politics)

·· J

¡ja! ha!
jadeo *m.* panting, breathlessness
jamás never, not ever
jamón *m.* ham
jardín *m.* garden; yard;— **zoológico** zoological gardens (zoo)
Japón *m.* Japan
jaula *f.* cage
jefe *m.* (**jefa** *f.*) chief, leader; boss
jerarquía *f.* hierarchy
Jesucristo Jesus Christ
jíbaro, -a *m. & f.* Puerto Rican peasant
jinete *m.* horseman, rider
joder to mess up, to ruin; vulgar expression in some Hispanic countries
jornada *f.* working day; **doble**—double work day; **media**—half day
José Joseph
joven *m. & f.* young person, youth
joya *f.* jewel
jubilación *f.* retirement
jubilarse to retire; to be pensioned; to rejoice
judío, -a *m. & f.* Jew; *adj.* Jewish

juego *m.* game
juez (*pl.* **jueces**) *m.* & *f.* judge, justice
jugador, -a *m.* & *f.* player
jugar (ue) to play;—**a** + *sport* to play, e.g.,—**al fútbol** to play soccer
jugoso, -a juicy; meaty
juguete *m.* toy
jungla *f.* jungle
juntar to assemble; to bring together
junto, -a joined, united; —**a** near to, close to; —**con** along with;—**s** together;—**de** nearby, next to
juramento:—de Hipó- crates Hippocratic oath
jurar to swear, vow
jurídico, -a legal
jurista *m.* & *f.* lawyer; jurist
justicia *f.* justice
justificable justifiable
justificar to justify
justo, -a just, fair
juvenil young, juvenile
juventud *f.* youth
juzgar to judge; to try (in court)

·· **L**

laberinto *m.* labyrinth
labio *m.* lip
labor (*Mex.*) *f.* field
laboral (pertaining to) labor
laboriosamente laboriously
labrador, -a *m.* & *f.* peasant, farmer
lacrimoso, -a weeping, tearful
lado *m.* side; **al—**nearby; **por otro—**on the other hand
ladrón, ladrona *m.* & *f.* thief
lago *m.* lake
lágrima *f.* tear
laguna *f.* gap
lamentar to regret, lament
lámpara *f.* lamp
lana *f.* wool

lancha motora *f.* speedboat, powerboat
langosta *f.* lobster
lanza *f.* spear
lanzamiento *m.* pitching
lanzar(se) to hurl (oneself); to spout
lápiz (*pl.* **lápices**) *m.* pencil
largo, -a long; **a lo—de** along; throughout
lascivio, -a lascivious
lástima *f.* pity
lastimar to hurt
lastimarse (de) to feel pity (for)
lastimero, -a sorrowful; mournful
lata *f.* tin can
latino, -a Latin-American
latitud *f.* latitude (climate, region)
lavandera *f.* laundress
lavar to wash
Lázaro: San—Saint Lazarus
lazo *m.* knot; lasso; tie
leal loyal
lealtad *f.* loyalty; **Lealtad** the name of a street in Havana, Cuba
lector, -a *m.* & *f.* reader
lectura *f.* reading
leche *f.* milk
lecho *m.* bed
leer to read
legalizar to legalize
legumbre *f.* vegetable
lejano, -a distant, far away
lejos far; **a lo—**far away
lema *m.* motto
lengua *f.* language; tongue
lenguaje *m.* language
lenteja *f.* lentil
lentes *m. pl.* eyeglasses
lento, -a slow
leñador, -a *m.* & *f.* woodcutter
letanía *f.* litany
letra *f.* letter (of alphabet)
letrero *m.* sign
levantamiento *m.* uprising
levantar to raise, lift;—**se** to get up, arise; to rebel

leve light; slight
ley *f.* law
leyenda *f.* legend
liado, -a entangled; complicated
liberar to liberate, set free;—**se** to become free, escape
libertad *f.* liberty
libertador, -a *m.* & *f.* liberator
librar to free, set free;—**se** to save oneself, escape
libre free
libreta *f.* notebook
libro *m.* book
licor *m.* liquor
líder *m.* leader
lienzo *m.* canvas
ligar to tie
ligeramente slightly; lightly
limitar to limit; to restrict
limón *m.* lemon
limonada *f.* lemonade
limpiabotas *m.* & *f.* shoe shiner
limpiar to clean
límpido, -a clear, limpid
limpieza *f.* cleanliness; cleaning
limpio, -a clean
linaje *m.* lineage
lindo, -a pretty; delightful
línea *f.* line
lingüista *m.* & *f.* linguist
linterna *f.* lantern
lío *m.* bundle; mess, confusion
liquidar to liquidate
lírico, -a lyrical
lisiado, -a *m.* & *f.* cripple
lista *f.* list
listo, -a ready; clever
litigioso, -a litigious (fond of litigation)
livianidad *f.* levity; imprudence
lívido, -a livid, purplish
living (*colloq.*) *m.* living room
lo + *adj.* the ...; that which is ...; the ... thing, part or aspect;—**bueno** the good

thing (about it);—**con-trario** the opposite; —**in-dígena** the indigenous (native Indian) part; —**peor** the worst part; —**único** the only thing; —**su-ficiente** that which (what) is enough; —**que** that which, what

lobo *m.* wolf

lóbrego, -a dark; gloomy

localidad *f.* place

localizar to localize, locate

loco, -a crazy; *m. & f.* lunatic, crazy person; fool

locura *f.* madness

lógica *f.* logic; reasoning; *adj.* logical

lograr to achieve, accomplish; to obtain;— + *inf.* to succeed in

logro *m.* achievement; gain

loza *f.* porcelain; crockery

lozano, -a luxuriant

lúbrico, -a wanton, lascivious, lubricous

lucir to seem, appear

lucro *m.* gain, profit

lucha *f.* fight, struggle

luchar to fight, struggle

luego then; later;—**que** as soon as; **hasta**—goodbye, so long

lugar *m.* place; **en primer**—in the first place; **tener**—to take place; **en**—**de** instead of; **dar**—**a** to give rise to

lujo *m.* luxury

lujoso, -a costly; luxurious

lunar *m.* birthmark; *adj.* on the moon

lunes Monday

lupa *f.* magnifying glass

luz (*pl.* **luces**) *f.* light; lamp; **dar a**—to give birth

······················· LL

llama *f.* flame

llamada *f.* call

llamar to call;—**se** to be named, called;—**a la puerta** to knock at the door

llanta *f.* tire

llanto *m.* crying, weeping

llanura *f.* plain; flatness

llave *f.* key

llegada *f.* arrival

llegar to arrive; to come; to reach; to amount; —**a ser** to become

llenar to fill; —**se** to fill up; —**se de** to get or become filled

lleno, -a full

llevar to carry, bear, transport; to lead; to wear; to carry on; —**al poder** to bring to power; —**se** to take or carry away; —**siglos de vivir** to have lived centuries;—**a cabo** to carry out, accomplish;—**se** to carry off, take away;—**su merecido** to get what one deserves

llorar to cry

lloroso, -a tearful, weeping

llover (ue) to rain

llovizna *f.* drizzle

lluvia *f.* rain;—**de ideas** brainstorm

······················· M

macizo, -a massive; solid

machete *m.* large heavy knife, machete

machismo *m.* exaggeratedly masculine actions and attitudes

machista *m. & adj.* male who believes in or practices **machismo;** chauvinistic

macho *m. & adj.* male, manly

madera *f.* wood

madre *f.* mother

maduro, -a mature

maestría *f.* mastery

maestro, -a *m. & f.* teacher; master

magia *f.* magic

magnífico, -a magnificent, great

mago, -a *m. & f.* magician, wizard

magistrado *m.* magistrate

maíz *m.* corn

majestuoso -a majestic

mal *adv.* bad, badly; ill; *m.* evil; *adj.* bad; **ir de**—**en peor** to go from bad to worse

maldad *f.* evil

maldecir to curse; to damn

maldición *f.* curse

maléfico, -a harmful, evil

malestar *m.* discomfort, uneasiness

maligno, -a evil, malignant

maltratar to mistreat, abuse

maltrato *m.* abuse, mistreatment

mamá *f.* mother, mamma

manar to spring, flow

mancillar to stain, blemish

mancha *f.* spot; stain

manchado, -a soiled, stained

mandar to send; to rule; to order

mandato *m.* mandate, command

mando *m.* power; control;—**a distancia** remote control (for T.V.)

manejar to drive (car, etc.); to operate, run (elevator)

manera *f.* manner; way

manía *f.* whim; mania

manifestación *f.* demonstration

manifestante *m. & f.* demonstrator

manifestar (ie) to reveal, show, manifest

manipular to manipulate

mano *f.* hand;—**s a la obra** (Let's get down) to work;—**de obra** labor; **poner**—**a** to lay hands on; to grab

manojo *m.* bunch; bundle; handful

manso, -a gentle, soft

mantener to maintain; to keep; to support

mantequilla *f.* butter

manuscrito *m.* manuscript

manzana *f.* apple

mañana *f.* morning; **por la**—in the morning; *m.* tomorrow

mañanita *f.* bed shawl

manufacturero, -a manufacturing

manuscrito *m.* manuscript

mapa *m.* map

mapamundi *m.* world map

maquiladora *f.* assembly plant

máquina *f.* machine

mar *m.* & *f.* sea

maravilla *f.* wonder

maravilloso, -a marvelous; fantastic (of the fantasy or imagination)

marcar to mark

marco *m.* frame

marcha *f.* march; operation; **poner en**—to start up

marchar to travel; to march; **—se** to leave, go out; to march

marfil *m.* ivory

marginado, -a on the fringe

marido *m.* husband

«**Marielitos**» Cuban refugees named for port town (Mariel) from which they departed in small boats in 1980

marisco *m.* shellfish

marzo *m.* March

mas but

más more; most;**—bien** rather; **—o menos** more or less

masa *f.* mass; **en**—in a body; **las**—**s** the masses

máscara *f.* mask

masculinidad *f.* masculinity

mascota *f.* pet; mascot

matar to kill

matemáticas *f. pl.* mathematics

materia *f.* subject; matter; material

materna maternal; **lengua**—mother tongue (one's native language)

maternidad *f.* maternity

matricular to register

matrimonio *m.* marriage; married couple

máximo, -a top; highest; maximum

maya *m.* & *f.* & *adj.* Mayan Indian; Mayan

mayólica *f.* Majolica style of chinaware or tile

mayor greater; larger; older; greatest; largest; oldest

mayoría *f.* majority

meca *f.* mecca; goal

mecánico, -a mechanical

mecanizado, -a mechanized

medalla *f.* medal

media: Edad—Middle Ages

mediana: de edad—middle aged

medias: a—half; by halves

medicamento *m.* medicine, drug

médico, -a *m.* & *f.* doctor; *adj.* medical

medida *f.* measure

medio, -a half; middle; average; *m.* means; middle; medium; way;**—ambiente** environment—**s de comunicación** the media; **en**—**de** in the middle of, among; **—de consulta** means of reference; **por**— **de** by means of; **—este** Middle East; **—oeste** Middle West

mediodía *m.* midday, noon

medir (i) to measure

meditar to meditate

mediterráneo, -a Mediterranean

mejor better; best

mejora *f.* improvement

mejorar to improve, better

melancólico, -a melancholy

memoria *f.* memory

mencionar to mention

mendigo, -a *m* & *f.* beggar

menina *f.* maid of honor; lady-in-waiting

menor smaller

menos less; **a**—**que** unless; **al**—, **por lo**—at least

mensaje *m.* message

mensajero, -a *m.* & *f.* messenger

mentalidad *f.* mentality

mente *f.* mind

mentir (ie, i) to lie

mentira *f.* falsehood, lie

mentiroso, -a *m.* & *f.* & *adj.* lying, deceptive, false (person)

menudo *m.* small coins, change; **a**—often

mercado *m.* market

mercancía *f.* merchandise; goods

mercantil commercial; mercantile

merced *f.* grace, favor; mercy

merecer to deserve

merecido *p.p. of* **merecer** just deserts or punishment

mérito *m.* merit, worth

meritorio, -a worthy, deserving, meritorious

mero, -a mere

mes *m.* month

mesa *f.* table; **—redonda** round table (discussion)

mesero, -a *m.* & *f.* waiter; waitress

mestizo, -a *m.* & *f.* person of mixed Spanish and Indian ancestry

meta *f.* goal; objective

metano *m.* methane (gas)

metafísico *m.* metaphysician

metáfora *f.* metaphor

meteorología *f.* meteorology, study of climate and weather

meter to put in; **—se en** to get into

meticulosamente meticulously

metido, -a involved

método *m.* method

metro *m.* meter

méxica *n. & adj.* relating to the Mexica tribe in Mexico

méxico-americano, -a *m. & f.* Mexican-American

mezcla *f.* mixture

mezquino, -a mean-spirited

miedo *m.* fear

miedoso, -a fearful

miel: luna de—honeymoon

miembro *m.* member

mientras (que) while; whereas;—**tanto** meanwhile

miércoles *m.* Wednesday

migratorio, -a migratory

mil (*pl.* **miles**) thousand

milagro *m.* miracle

milagroso, —a miraculous

militar military; *m.* military man, soldier

milla *f.* mile

millón million

mimado, -a spoiled

mina *f.* mine

minifalda *f.* miniskirt

mínimo, -a minimum, minimal

ministerio *m.* department; ministry

minoría *f.* minority

minoritario, -a minority

minucia *f.* small detail

minuto *m.* minute; **a los pocos—s** a few minutes later

mirada *f.* look, glance, gaze

mirar to look at

misa *f.* mass

miseria *f.* misery; poverty

misericordia *f.* mercy

misericordioso, -a merciful

misionero, -a *m. & f.* missionary

misiva *f.* missive (letter)

mismo, -a same; self; very; **a sí**—to oneself; **lo**—the

same (thing); **por lo**—for the same reason

misterioso, -a mysterious

mita *f.* drafting of Indian laborers for public works (during Inca period); forced labor

mitad *f.* half

mito *m.* myth

mitología *f.* mythology

mitológico, -a mythological

mixto, -a mixed

moda: estar de—to be in style, fashionable

modelo *m. & adj.* model; example

moderado, -a moderate; *m. & f.* moderate person

modificar to modify

modo *m.* way; manner; **—de vivir** way of life; **de cualquier**—by any means, in any manner; **de—que** so that; **de ese**—like that

modismo *m.* idiom

mofarse de to make fun of; to sneer at

mojado, -a wet, damp; *m.* "wetback" (Mexican who arrives in the U.S.A. illegally, presumably by swimming the Rio Grande)

molestar to bother

molestia *f.* bother

molesto, -a upset, offended

molido, -a worn out; exhausted

momentáneo, -a momentary

monarca *m.* monarch

monarquía *f.* monarchy

monárquico, -a *m. & f.* monarchist

moneda *f.* coin

monja *f.* nun, sister of a religious order

mono *m.* monkey

monolingüe monolingual

monólogo *m.* monologue

monótono, -a monotonous

monstruo *m.* monster

monstruoso, -a monstrous

montaje *m.* assembly

montaña *f.* mountain

montar to assemble, set up; to mount; **—en bicicleta** to ride a bicycle

monte *m.* mountain; hill; forest; foothill

montón *m.* pile, heap

montura *f.* saddle

morado, -a purple

moraleja *f.* moral

moralidad *f.* morality

morder (ue) to bite

moreno, -a dark; dark-skinned, brunette

moribundo, -a dying

morir (ue, u) to die

mortal fatal, terminal (disease); mortal

mortificación (*Mex.*) *f.* worry; embarrassment

mosca *f.* fly

mostrador *m.* store counter

mostrar (ue) to show

mota (*Mex.*) *f.* grove

motín *m.* riot

motivar to motivate

motivo *m.* motif, theme; motive, reason

motocicleta *f.* motorcycle

mover(se) (ue) to move

movilizar to mobilize

movimiento *m.* movement

mozo, -a *m. & f.* young man, woman; waiter, waitress

muchacho, -a *m. & f.* boy; girl; child

mucho, -a much, a lot of; **—s** many; *adv.* much, a great deal, a lot

mudarse to move, change residence; change

mudo, -a silent

muebles *m. pl.* furniture

muerte *f.* death; **dar—a** to kill

muerto, -a *p.p. of* **morir** & *adj.* dead; *m. & f.* dead person

mugriento, -a grimy, dirty

mujer *f.* woman; wife

mulato, -a *m. & f.* person

with mixed Negro and Caucasian ancestry

multinacional *m.* multinational company or business

multiplicar to multiply

multitud *f.* crowd, multitude

mundial worldwide; **Guerra Mundial** World War

mundo *m.* world; **todo el—** everyone; **Tercer—**Third World: region (most of Asia, Africa, Latin America) which has not aligned itself to the two major blocs of nations: capitalist and communist

muñeca *f.* doll

murmurar to whisper, murmur; to gossip

muro *m.* wall

musculatura *f.* musculature

músculo *m.* muscle

musculoso, -a muscular

museo *m.* museum

música *f.* music

musicalidad *f.* musicality

músico, -a *m.* & *f.* musician

musulmán, musulmana *m.* & *f.* & *adj.* Moslem

mutuo, -a mutual

muy very; very much

∙∙∙∙∙∙∙∙∙∙∙∙∙∙∙∙∙∙∙∙∙∙∙∙∙∙∙∙∙∙∙∙∙ **N**

nacer to be born; to originate

nacimiento *m.* birth

nacional national; *m.* national, citizen; in Spanish Civil War, those seeking to overthrow the Republic

nada nothing, not anything; nothingness

nadar to swim

nadie no one, nobody

narcoguerrilla *f.* group of terrorists who aid drug smugglers

narcotraficante *m.* & *f.* drug dealer

nariz *f.* nose

narrador, -a *m.* & *f.* narrator

natación *f.* swimming

natal native

natalidad *f.* birth rate; **control de la—**birth control

naturaleza *f.* nature

nave:—espacial *f.* spaceship

Navidad *f.* Christmas

necesidad *f.* need, necessity

necesitar to need; to necessitate

negar (ie) to deny; **—se** to refuse

negociar to negotiate

negocio *m.* business; affair

negrilla *f.* boldface

negritud *f.* blackness; Black identity

negro, -a *m.* & *f.* & *adj.* black; dear, darling

nene *m.* baby boy

nevada *f.* snowfall

nevar (ie) to snow

ni neither, nor;**—...—**neither . . . nor; **—siquiera** not even

nicaragüense *m.* & *f.* & *adj.* Nicaraguan

nido *m.* nest

nieto, -a *m.* & *f.* grandchild; grandson; granddaughter

nieve *f.* snow

ningún, ninguno, -a none; no one; (not) any

niñez *f.* childhood

niño, -a *m.* & *f.* child; (baby) girl; (baby) boy; **—s** children; boys; girls; **de—**as a child

níspero *m.* medlar fruit

nítido, -a sharply defined

nivel *m.* level; **—de vida** standard of living

noble *m.* & *adj.* nobleman; noble

nobleza *f.* nobility

noche *f.* night; **de—, de la—, por la—**at night; **ser de—**to be night

nómada nomad, nomadic

nombrar to name; to appoint

nombre *m.* name

noreste *m.* northeast

noroeste *m.* northwest

norte *m.* north

norteamericano, -a *m.* & *f.* & *adj.* American (from the United States)

notar to notice, note

noticias *f. pl.* news;**—dar—** to notify

noticiario *m.* newscast, news program

notorio, -a well-known; evident

novedad *f.* novelty; piece of news

novedoso, -a novel

novel inexperienced, new

noviembre November

novio, -a *m.* & *f.* boyfriend; girlfriend; *pl.* engaged couple

nube *f.* cloud

nublazón *m.* gathering of storm

nudo *m.* knot

nuevo, -a new; **de—**again

nulo, -a null, void

número *m.* number

numeroso, -a numerous

nunca never; not ever

nupcias *f. pl.* wedding, nuptials

nutrir to feed, nourish

∙∙∙∙∙∙∙∙∙∙∙∙∙∙∙∙∙∙∙∙∙∙∙∙∙∙∙∙∙∙∙∙∙ **O**

o or;**—...—**either . . . or

obedecer to obey

obispo *m.* bishop

objetivo, -a *n.* & *adj.* objective

objeto *m.* object; purpose

obligar to obligate; to oblige

obra *f.* work;**—manos a la—** Down to work!

obrero, -a *m.* & *f.* worker, laborer;**—migratorio** migrant worker

obscenidad *f.* obscenity
obscuridad *f.* obscurity; darkness
obscuro, -a dark; **a—as** in the dark
obsequioso, -a obliging, obsequious
observador, -a *m. & f.* observer
observar to observe; to watch
obsesionado, -a obsessed
obstaculizar to block, obstruct
obstáculo *m.* obstacle
obstante; no— however; nevertheless
obstruir to obstruct
obtener to obtain, get; to attain
obvio, -a obvious
ocasionar to cause
occidental western, occidental
océano, *m.* ocean
ocio *m.* idleness; spare time
ocote *m.* (*Mex.*) torch pine
octubre October
ocultar(se) to hide
ocupar to occupy; **—se de** to pay attention to; to be interested in
ocurrir to occur; to happen; **—se** to occur (to one)
oda *f.* ode
odiar to hate
odio *m.* hatred, hate
oeste *m.* west
ofender to offend
oferta *f.* offer; supply
oficina *f.* office
oficio *m.* job; task; duty
ofrecer to offer
oído *m.* (inner) ear
oír to hear; **—decir** to hear it said
ojalá (que) I hope that, would that
ojeada: echar una— to cast a glance
ojo *m.* eye

ola *f.* wave
óleo *m.* oil (painting)
oleoducto *m.* pipeline
olfato *m.* smell, sense of smell
olimpíadas *f. pl.* Olympics
olímpico, -a *m. & f.* participant in Olympics
olor *m.* fragrance, smell
olvidar(se de) to forget
ombligo *m.* navel; center
omitir to omit; to neglect
onda *f.* wave
oneroso, -a onerous
ONU abbreviation for **Organización de Naciones Unidas,** UN (United Nations)
opaco, -a opaque
opción *f.* choice, option
opio *m.* opium
opinar to be of the opinion, **¿Qué opina Ud. de...?** What is your opinion of ...?
oponer(se) to oppose
oportunidad *f.* opportunity
opositor, -a opposing
opreso, -a *m. & f.* oppressed person
oprimir to oppress; to weigh down
oprobio *m.* disgrace; insult
optar to choose
optimista optimistic
óptimo, -a optimal
opuesto, -a opposite; opposed
oración *f.* sentence; prayer
orador, -a *m. & f.* speaker
orar to pray
oratorio, -a oratorical
orbe *m.* circle; sphere; world
órbita *f.* eye socket; orbit
orden *m.* order; *f.* order, command
ordenado, -a tidy, orderly
ordenar to arrange, put in order; to order
oreja *f.* (outer) ear
organizar to organize
orgullo *m.* pride; **tener—** to be proud

orgulloso, -a proud
oriental eastern
Oriente Orient, East
originar(se) to originate; to create
originario, -a original; native (to a particular place)
orilla *f.* border, bank (of river); edge
oro *m.* gold
orquesta *f.* orchestra; band
ortodoxo, -a orthodox
ortografía *f.* spelling
os you; yourselves
oscilar to fluctuate, oscillate
oscurecer to darken, obscure; **—se** to become cloudy; to become dark
oscuridad *f.* darkness
oscuro, -a dark; **a—as** in the dark; **Edad—** Dark (Middle) Ages
ostentar (se) to show; to show off
ostra *f.* oyster
otoño *m.* fall, autumn
otorgar to grant; to award
otro -a another, other
oveja *f.* sheep
oxígeno *m.* oxygen
ozono *m.* ozone

·· P

paciencia *f.* patience
paciente *m. & f. & adj.* patient
pacífico, -a peaceful, pacific
padecer (de) to suffer (from)
padre *m.* father; **—s** parents
pagar to pay; to pay for
página *f.* page
pago *m.* pay, payment
país *m.* country
paisaje *m.* landscape
paisano, -a *m. & f.* peasant
pajarillo *m.* little bird
pájaro *m.* bird
palabra *f.* word
palacio *m.* palace
paleolítico, -a paleolithic

palidecer to turn pale
pálido, -a pale
palma *f.* palm tree
palmada: dar—s to clap hands
palmera *f.* palm (tree)
palo *m.* stick; pole
paloma *f.* pigeon
palpar to feel, to touch
palpitar *m.* beating, palpitation
pan *m.* bread; **ganar el—** to earn a living
pandilla *f.* gang
pantalón *m.* pants; **llevar los—s** to wear the pants (to be the boss)
pantalla *f.* screen
pañuelo *m.* kerchief, handkerchief
papa *f.* potato; *m.* Pope
papá *m.* father, papa, dad
papagayo *m.* parrot
papel *m.* paper; role, part; **hacer un—** to play a role, a part
paquete *m.* package
par *m.* pair; **sin—** without equal
para for; in order to; **—qué** what for, why
parado, -a *adj.* stopped; standing up; *m. & f.* worker who has been laid off
paradoja *f.* paradox
paradójicamente paradoxically
paraguayo, -a *m. & f. & adj.* Paraguayan
paraíso *m.* paradise
paralizar to paralyze
paranoico, -a paranoic, paranoid
parar to stop
parasitario, -a parasitic
parcela *f.* plot
parecer to seem, appear; **—se a** to resemble; **¿Qué le (te) parece...?** What do you think of . . .?
parecido, -a alike; similar

pared *f.* wall
pareja *f.* couple, pair; partner
parentela *f.* relations
paréntesis *m.* parenthesis
pariente, –ta *m. & f.* relative
parque *m.* park
párrafo *m.* paragraph
parte *f.* part, portion; **en—** in part, partially; **en gran—** largely; **la mayor—** the majority, most; **ninguna—** nowhere; **por (de) una—** on the one hand; **por otra—** on the other hand; **por su—** on his/her own; **por todas—s** everywhere
participar to participate
participio *m.* participle; **—pasado** past participle
particularidad *f.* particularity
partida *f.* departure
partidario, -a *m. & f.* partisan; supporter
partido *m.* party (political); game (sports)
partir to split; to break; **a—de** from (some specified time) onward
pasado, -a past; **el año—** last year; *m.* past
pasaje *m.* passage; group of passengers
pasajero, -a *m. & f.* passenger; *adj.* passing, transitory
pasaporte *m.* passport
pasar to pass; to pass by; to happen, occur; to spend (the day); to cross; **—a ser** to become; **—de** to exceed, surpass; **¿Qué pasa?** What's the matter? What's going on?; **pasárſenos** to leave us
pasear to walk; to take a walk
paseo *m.* walk; **dar ▪n—** to take a walk
pasillo *m.* hall
pasividad *f.* passivity

paso *m.* step, pace; pass; passage; **—a—** step by step; **de—** in passing; by the way
pastel *m.* pastry
patentar to patent
paterno, -a paternal
patético, -a pathetic
patria *f.* fatherland, native country; **lengua—** native language
patriota *m. & f.* patriot
patrón, patrona *m. & f.* master; mistress; boss; landlord, proprietor; protector, patron, patroness; *m.* pattern
patronal patronal; religious
paulatinamente gradually, slowly
pausa *f.* pause, break
pausado, -a slow
pauta *f.* rule, guide; model, example
pavita *f.* tea kettle
pavo *m.* peacock
paz *f.* peace
pecado *m.* sin
peces (*pl. of* **pez**) *m.* fish
pechera *f.* shirt front
pecho *m.* chest; breast
pedazo *m.* piece
pedido *m.* order
pedir (i) to ask for, request; to order (food)
pedrada *f.* hit or blow with a stone
pegar to glue
peinar(se) to comb
pelea *f.* fight, quarrel
pelear to fight, quarrel
película *f.* film; movie
peligro *m.* danger
peligroso, -a dangerous
pelo *m.* hair
pelota *f.* ball; **en—** naked
peluquería *f.* hairdresser's
peluquero, -a *m. & f.* hairdresser
pena *f.* punishment; suffering, pain; worry;—**capital,—de muerte** capital

punishment; **valer la**—to be worth it

pendiente hanging; pending

péndola *f.* pen; quill

penetrar to enter; to penetrate

penoso, -a hard; burdensome

pensamiento *m.* thought

pensar (ie) to think, to think over;—**de** to think about, of (be of the opinion); — **en** to think about (direct one's thought to):— + *inf.* to plan, intend

peor worse; worst

pepino *m.* cucumber

pequeño, -a small, little

percatarse (de) to be or become aware (of)

percibir to perceive; to make out

perder (ie) to lose; to ruin, destroy; to miss;—**el tiempo** to waste time;—**se** to be lost

perdedor, -a *m. & f.* loser

perdición *f.* perdition, ruin

pérdida *f.* loss

perdido, -a lost

perdiz (*pl.* **perdices**) *f.* partridge

perdón *m.* pardon, forgiveness

perdonar to pardon, forgive

perenne perennial; perpetual

pereza *f.* laziness

perezoso, -a lazy

perfeccionar to perfect

perfil *m.* profile

periódico *m.* newspaper

periodista *m. & f.* journalist

perjudicar to damage; to injure

perla *f.* pearl

permanecer to remain

permiso *m.* permission; leave of absence

permitir to permit, allow

pero but

perpetuar to perpetuate

perplejo, -a perplexed

perro, -a *m. & f.* dog

perseguir (i) to pursue; to persecute

personaje *m.* character (*lit.*)

personificar to personify

perspectiva *f.* prospect; perspective

pertenecer to belong, pertain

perturbador, -a disturbing, perturbing

perturbar to disturb, perturb

perversidad *f.* perversity

pesadilla *f.* nightmare

pesado, -a boring, annoying

pesar to weigh; to cause regret; **a**—**de** in spite of

pesca *f.* fishing

pescado *m.* fish (for eating)

pescar to fish

pese a in spite of

pésimo, -a very bad, terrible

peso *m.* monetary unit of several Spanish-American countries; weight

pesquero, -a fishing

petate *m.* palm-mat

petición *f.* request

petróleo *m.* oil

peyorativo, -a insulting; pejorative

pez (*pl.* **peces**) *m.* fish

piadoso, -a compassionate, merciful; pious

picante (spicy) hot

picar to spur, incite; to bite; to itch

pico *m.* peak

pictórico, -a pictorial

pie *m.* foot; **a**—walking, on foot; **estar de**—, **ir de**— to be standing, on foot; **ponerse de**—to stand up

piedad *f.* pity; piety

piedra *f.* rock, stone

piel *f.* skin

pierna *f.* leg

pieza *f.* piece; play (drama)

pila *f.* pile

pilar *m.* pillar

píldora *m.* pill

pinchado, -a punctured, flat (tire)

pingüino *m.* penguin

pino *m.* pine tree

pintar to paint

pintor, -a *m. & f.* painter

pintoresco, -a picturesque

pintura *f.* painting; paint

piña *f.* pineapple

piquete *m.* picket (of strikers)

pirámide *f.* pyramid

pirata *m. & f.* pirate

Pirineos *m. pl.* Pyrenees

piruja (*Mex.*) *f.* prostitute

pisar to step onto; to tread upon

piscina *f.* swimming pool

piso *m.* apartment; floor

pistola *f.* gun, pistol

placa *f.* (*Mex.*) license plate

placer *m.* pleasure

plaga *f.* plague

planchar to iron (clothes)

planear to plan

planificar to plan

plano *m.* level

planta *f.* plant

plantear to establish; to state

plata *f.* silver; money (*L.A.*)

plátano *m.* banana

plato *m.* plate, dish

playa *f.* beach

plaza *f.* public square

plazo *m.* period (of time); deadline

plazuela *f.* small square (in a town or city)

plebe *f.* common people

plegaria *f.* supplication, prayer

pleito *m.* lawsuit

plenitud *f.* fulfillment

pleno, -a full, complete; fulfilled

plomo *m.* lead (metal)

pluma *f.* feather; pen

plumaje, *m.* plumage, feathers

población *f.* population
poblado, -a populated
poblar (ue) to populate
pobre poor; unfortunate
pobreza *f.* poverty
poco, -a little; **—s** few; *m.* a
little; **a—**shortly, in a
short time; **—a—**slowly, little by little; **a los—s minutos** a few minutes later;
tener en—to hold in low
esteem
poder (ue) to be able, can; to
have power or influence;
m. power; **en—de** in the
power of; **no—más** to
have had enough
poderío *m.* power; might
poderoso, -a powerful
podrido, -a rotten
poesía *f.* poetry; poem
poeta *m.* poet
poetisa *f.* poetess, poet
polémico, -a controversial;
polemic
policía *m.* police officer; *f.* police (force)
policíaco, -a (pertaining to
the) police
policial (pertaining to the)
police
política *f.* politics; policy
político, -a political; *m. & f.*
politician
poliuértano *m.* polyure-
thane; plastic foam
Polonia *f.* Poland
polvo *m.* dust
pompa *f.* pageant; pomp
ponderar to extol
poner to put; to place; **—en
marcha** to start up; **—se**
to become; to place one-
self; to set (the sun); to put
on (clothes) **—se de pie** to
stand up
poniente *m.* west; west wind
popularidad *f.* popularity
póquer *m.* poker; poker
game
por for; by; through; around;
on account of; for the sake
of; **—eso** for that reason,
because of that
porcentaje *m.* percentage
porciento *m.* percent
pornografía *f.* pornography
porque because; *m.* reason,
cause; **¿por qué?** why?
portafolio *m.* briefcase
portarse to behave
portátil portable
poseer to possess; to have
poseído, -a possessed
posibilidad *f.* possibility
postular to postulate; to request; to demand
postura *f.* position
potencia *f.* power; faculty
potro *m.* colt, foal
pozo *m.* hole; well; shaft
practicar to practice
práctico, -a practical; *f.*
practice
precario, -a precarious
precio *m.* price
precioso, -a precious, valuable
precisar to determine pre-
cisely
preciso, -a necessary,
precise
precolombino, -a pre-
Columbian
predecir (i) to predict,
foretell
predicar to preach
predilecto, -a favorite
predominar to predominate
pre-escolar *m. & f.* pre-
schooler
preferible preferable
preferir (ie, i) to prefer
pregunta *f.* question; **hacer
una—** to ask a question
preguntar to ask; **—se** to
wonder
prejuicio *m.* prejudice
preliminar preliminary
preludio *m.* prelude
premio *m.* prize
prender to seize; to arrest
prensa *f.* press
preñar to fill
preocupar(se) to worry
preparación *f.* preparation
(background, skills)
preparar to prepare, make
ready
presencia *f.* presence; appearance
presenciar to see; to
witness
presentar to introduce; to
present
presente: tener— to bear in
mind
preservar to guard, preserve
presidir to predominate
over; to preside over
presión *f.* pressure
preso -a *m. & f.* prisoner
prestar to lend; **—atención**
to pay attention
prestigio *m.* prestige
presuponer to presuppose
presupuestario, -a budg-
etary
presuroso, -a in a hurry;
quick
pretender to try, endeavor
pretérito *m.* past; past tense
prevalecer to prevail
prevaleciente prevalent
prevenir (ie) to prevent
prever to foresee
previo, -a previous
primavera *f.* spring
primero, -a first
primo, -a *m. & f.* cousin
princesa *f.* princess
principio *m.* principle; beginning; **al—, a—s** at the beginning, at first
prisa *f.* hurry; haste; **de—**
hurriedly; **tener—** to be in
a hurry
prisión *f.* prison, jail
prisionero, -a *m. & f.*
prisoner
pristino, -a pristine, original
privado, -a *adj.* private; *p.p.*
deprived
privativo, -a particular; belonging exclusively to
privilegio *m.* privilege

probabilidad *f.* probability
probar (ue) to prove; to try out; **—fortuna** to try one's luck
procedente coming from
proceder (de) to proceed; to originate (from)
procedimiento *m.* procedure
procesador, -a processor
procesamiento *m.* processing
proceso *m.* process
proclamar to proclaim
procurar to try
producir to produce
productividad *f.* productivity
productor, -a *m. & f.* producer
profanar to profane; to defile
profecía *f.* prophecy
profesor, -a *m. & f.* teacher, professor
profeta *m.* prophet
profetizar to phophesy, predict
profundo, -a profound, deep
programación *f.* programming
prohibir to prohibit
prójimo, -a *m. & f.* fellow being
prole *f.* offspring
promedio *m.* average
promesa *f.* promise
prometer to promise
promulgar to proclaim; to publish
pronosticar to forecast, foretell; to give a medical prognosis
pronóstico *m.* prediction
prontitud: con—quickly
pronto soon; quickly; **de—** suddenly
pronunciar to pronounce
propaganda *f.* propaganda; advertising, publicity
propiedad *f.* property
propietario, -a *m. & f.* owner, proprietor

propina *f.* tip
propio, -a (one's) own; appropriate; proper
proponer to propose
proporcionar to provide, supply, furnish
propósito *m.* intention, aim; purpose; **a—**by the way; **a—de** on the subject of
propuesto *p.p. of* **proponer** proposed
prosa *f.* prose
proseguir (i) to continue
próspero, -a prosperous
protector, -a protective
proteger to protect
provecho *m.* benefit; **en—tuyo** for your own good
proveer to provide
provenir (ie) (de) to come, originate (from)
provocador, -a provocative
provocar to provoke
proximidad *f.* proximity; closeness
próximo, -a next; near, close
proyectar to project
proyectil *m.* projectile, missile
proyecto *m.* project
prueba *f.* proof; test
psicoanálisis *m.* psychoanalysis
psicología *f.* psychology
psicológico, -a psychological
psicólogo, -a *m. & f.* psychologist
psiquiatra *m. & f.* psychiatrist
pubertad *f.* puberty
publicar to publish
publicidad *f.* advertising; publicity
pueblo *m.* town; people (of a region, nation)
puente *m.* bridge
puerco *m.* pig
puerta *f.* door;**—cancel** inner door
puerto *m.* port; harbor
puertorriqueño, -a *m. & f. & adj.* Puerto Rican

pues since; because; well; then; anyhow; **—bien** now then
puesto *p.p. of* **poner** placed, put; *m.* job, position; **—que** since
pulmón *m.* lung
punta *f.* point, tip
punto *m.* point; dot; **—de vista** point of view; **—de partida** point of departure; **a—de que** at the point when; **en—**exactly, on the dot
puntual punctual
puntualidad *f.* punctuality, promptness
puñada *f.* punch, blow with the fist; **dar—s** to punch
pupila *f.* pupil (of eye)
pureza *f.* purity; innocence
purificar to purify
puro, -a pure; clean; mere, only; sheer; **la—verdad** the honest truth
puta *f.* whore: **hijo de—**son of a bitch, bastard

························· Q

que who; which; that; **lo—**what; that which; **¿qué?** what? which? **¿Qué tal?** How are you? **¿Qué tal te gusta...?** How do you like ...? **¿para qué?** what for? **¿por qué?** why?
quebrado, -a broken
quebrantado, -a bruised, broken
quechua *m.* Quechua (language of the Inca Indians)
quedar(se) to remain, stay; to be
queja *f.* complaint
quejarse to complain
quejido *m.* moan
quemador *m.* burner
quemar to burn
querer to want, wish; to love; **—decir** to mean;

dondequiera wherever
querido, -a *m. & f.* lover; loved one
quien who, whom; **¿quién?** who? whom?
quieto, -a quiet, still; **déjame**—leave me alone (undisturbed)
quietud *f.* quiet; stillness; calmness
quinto, -a fifth *m.* fifth grade
quirúrgico, -a surgical
quitar to remove; to take away
quizá(s) perhaps, maybe

····································· **R**

rabia *f.* rage, fury
racimo *m.* cluster; branches or extensions of the ocean
ráfaga *f.* gust of wind
raíz (*pl.* **raíces**) *f.* root; origin
rama *f.* branch
ramificarse to ramify; to branch off
ramo *m.* branch
rápidamente quickly
rareza *f.* oddity, rarity
raro, -a strange
rascacielos *m.* skyscraper
rasgo *m.* trait, feature
rastra *f.* harrow (agricultural implement)
rastrear to harrow (to level earth, break up clods)
rastro *m.* trail
rata *f.* rat
rato *m.* while, little while, short time; **a—s, de— en**—from time to time; **cada**—very often
ratón *m.* rat; mouse
rayo *m.* ray
raza *f.* race (in the sense of a group of people)
razón *f.* reason; word; **dar la**—to agree with; **tener**—to be right
razonable reasonable

reaccionar to react
reafirmar to reaffirm, reassert
real *adj.* royal; real;—**Academia Española** Spanish Royal Academy: body which rules on proper usage of Spanish language
realidad *f.* reality; **en**—actually, in fact
realista *m. & f. & adj.* realist; realistic
realización *f.* accomplishment
realizar to accomplish, carry out, fulfill
reanudar to resume, begin again
reata *f.* lariat, rope, lasso
rebajar to lower; to deduct
recalentarse (**ie**) to reheat, warm up (food)
recetario *m.* prescription
reciclaje *m.* recycling
reciclar to recycle
rebelde *m.* rebel
rebeldía *f.* rebelliousness
rebuscar to search again; to search thoroughly
recapitular to recapitulate
recelo *m.* fear, distrust
receptor, -a receiving
recibir to receive
recién casado, -a *m. & f.* newlywed
reciente recent
recio, -a strong
recíprocamente reciprocally
reclamar to demand; to claim
recluirse to shut oneself away
reclutar to recruit
recobrar to recover
recoger to gather (up); to pick up
recolector, -a *m. & f.* collector
recomendar (**ie**) to recommend
recompensa: en—in return

reconciliar to reconcile
reconocer to recognize
reconocimiento *m.* gratitude
reconstruir to reconstruct, rebuild
recordar (**ue**) to remember; to recall
recorrer to travel over
recreativo, -a recreational
recreo recreation, amusement
recrudecer to become worse
rectificador, -a *m. & f.* reformer, rectifier
rectificar to rectify, correct
recuerdo *m.* memory; souvenir
recuperar(se) to recuperate, recover
recursos *m. pl.* resources;— **sostenibles** sustainable resources
recurrir (**a**) to appeal (to), have recourse (to)
rechazar to reject; to ward off
redescubierto, -a rediscovered
redonda: mesa—round table (discussion)
reducir to diminish; to reduce
reemplazar to replace
referente referring
referir(se) (**ie, i**) to refer
refinado, -a sophisticated; refined
refinería *f.* refinery
reflejar to reflect
reflejo *m.* reflection
reflexión *f.* reflection; meditation
reflexionar to think, reflect
refrán *m.* proverb, saying
refrescante refreshing; cooling
refresco *m.* refreshment
refrigerador *m.* refrigerator
refugiado, -a *m. & f.* refugee
refugiarse to take refuge

refugio *m.* refuge

regalar to give (as a present); to please, delight

regalo *m.* gift

regañar to scold

regaño *m.* scolding

regar (ie) to water

regiamente sumptuously; magnificently

régimen *m.* government; regime; diet

regir(i) to rule, govern

regla *f.* rule

regresar to return

regreso: de—on the way back

reina *f.* queen

reinar to rule; to reign

reino *m.* kingdom

reír(se) (i) to laugh

relación *f.* relation; relationship

relacionar to relate

relacionado, -a related

relajado, -a relaxed

relámpago *m.* lightning

relato *m.* narration, story

religioso, -a religious

reliquia *f.* relic

reloj *m.* clock; watch

reluciente shining, sparkling

relucir to shine

remediar to remedy

remedio *m.* remedy, cure; help, relief; **no hay otro—** nothing else can be done; **sin—**unavoidably; **no tiene—**it can't be helped

remendado, -a mended

remitente *m. & f.* sender

remordimiento *m.* remorse, prick of conscience

remover (ue) to remove

remunerar to pay, remunerate

renacer to be reborn; to spring up again

renacimiento *m.* rebirth, renaissance

rencor *m.* rancor, animosity

rendimiento *m.* output

rendición *f.* surrender

rendir (i) to give, render (tribute, homage)

renegar (ie) to deny vigorously; **—de** to curse; to deny; to disown

renombrado, -a renowned, famous

renombre *m.* reknown, fame

renunciar to renounce, give up

reñir (i) to fight; to quarrel

reparación *f.* repair

reparar to notice; to take heed of; to repair

repartir to distribute, divide, deal out

repasar to review

repaso *m.* review

repente: de—suddenly

repertorio *m.* repertory, repertoire

repetir (i) to repeat

réplica *f.* reply

replicar to reply

reponer(se) to recover one's health

reposar to rest, repose

represalia *f.* reprisal

representante *m. & f.* representative

representar to represent; to act, play

reprimido, -a repressed

reproche *m.* reproach

republicano, -a *m. & f. & adj.* republican; in Spanish Civil War, those defending the Republic

repudiar to repudiate

repudio *m.* repudiation

repugnar to be repugnant

requerer to require

requisito *m.* requirement

res *f.* steer; head of cattle

resbalar (por) to slide (along)

resentido, -a resentful; offended; *m. & f.* resentful person

resentimiento *m.* resentment

resentirse (ie, i) to resent

reseña *f.* review (of book, movie); description

reserva *f.* reservation; discretion

reservado, -a reserved, reticent

residir to reside, live; to be

resolución: en—in sum, in short

resolver (ue) to solve; to resolve

resonar to resonate

respecto: con—a *or* **de** with respect to, with regard to

respetar to respect, honor

respeto *m.* respect

respirable breathable

respiración *f.* breathing

respirar to breathe

resplandor *m.* brilliance, radiance

responder to answer, respond; to correspond

responsabilidad *f.* responsibility; liability

respuesta *f.* answer, response

restablecer to reestablish; to set up again

restado taken away

restauración *f.* restoration

restringir to restrict

resultado *m.* result

resultar to result, follow; to turn out to be; **resulta que** it turns out that

resumen *m.* summary; **en—**summing up; in brief

resumir to summarize

resumido *p.p.* of **resumir** summed up; summarized; **en resumidas cuentas** in summary

retahíla *f.* string

retardar to hold back, retard

retener (ie) to retain

retirado, -a set back, apart

retirar to withdraw; **—se** to retreat; to retire

retornar to return

retrasado:—mental mentally retarded

retrato *m.* photographic likeness; portrait

reunión *f.* get-together, gathering; meeting

reunir to gather; to reunite; **—se** to get together, meet, assemble

revelador, -a revealing

revelar to reveal

reverberar (of light) to reverberate

reverencia *f.* curtsey, bow; reverence

reverenciar to revere

revés *m.* setback; **al—**backwards, in the opposite way

revisar to revise; to examine, inspect

revista *f.* magazine

revocar to revoke, repeal

rey *m.* king

riacho *m.* stream

rico, -a rich, wealthy; lovely; *m. & f.* rich person

ridiculizar to ridicule

ridículo, -a ridiculous

rienda:—suelta free rein

riesgo *m.* risk

rígido, -a rigid, stiff; strict

rigor *m.* exactness; rigor; **en—**in fact

rimas *f. pl.* lyric poems

rincón *m.* corner (of a room)

riña *f.* fight, quarrel

río *m.* river

riqueza *f.* wealth, riches

ritmo *m.* pace; rhythm

rito, *m.* rite, ceremony

robar to steal, rob

roble *m.* oak

robo *m.* theft, robbery

roca *f.* rock

rocío *m.* dew

rodar (ue) to roll; to be tossed about

rodear to surround

rodilla *f.* knee

rogar (ue) to ask, beg

rojo, -a red

romance *m.* ballad, narrative or lyric poem

romper to break

ronco, -a hoarse

rondar to go around; to circle around; to threaten

ropa *f.* clothes, garments

rosa *f.* rose

rostro *m.* face

rotura *f.* break; breaking

rubio, -a blond; **tabaco—** mild tobacco

rudo, -a rugged; hard; rough; stupid

rueda *f.* wheel, tire

ruido *m.* noise

rumbo: con—a in the direction of

rumor murmur; rumble; noise

ruta *f.* route

rutina *f.* routine

S

sábado *m.* Saturday

saber to know; to know how, be able;**—a** to taste like

sabiduría *f.* wisdom

sabio, -a wise, learned

sabor *m.* taste; flavor

sabotaje, *m.* sabotage

sabotear to sabotage

sabroso, -a flavorful, tasty

sacar to take out; to take away; to get; **—a luz** to bring out

sacerdotal priestly

sacerdote *m.* priest

saco *m.* sack, bag; man's jacket

sacrificador, -a sacrificing; self-denying

sacrificar to sacrifice

sacrificio *m.* sacrifice

sacudir to shake

sacudón *m.* tossing and turning

sagrado, -a sacred

sala *f.* living room; room

salario *m.* salary

saldo *m.* remnant; trace

salida *f.* exit; departure

salir (de) to go out, leave; to come out

salón *m.* room

salta *f.* jump; leap

saltar to leap (up), jump

salud *f.* health

saludar to greet

saludo *m.* greeting

salvar to save

salvo excepting; **estar a—**to be safe

sanar to heal, cure

sangrar to bleed

sangre *f.* blood

sangriento, -a bloody

sano, -a healthy

sánscrito *m.* Sanskrit

santo, -a saintly, holy; *m. & f.* saint

Santo Oficio Holy Office (referring to the administration of the Spanish Inquisition)

santuario *m.* sanctuary

sátira *f.* satire

satisfacer to satisfy, please;**—se** to be satisfied, pleased

satisfecho, -a satisfied

sea: o—that is to say

seco, -a dry

secta *f.* sect

secuestrador, -a *m. & f.* kidnapper

secuestrar to kidnap

secundario, -a secondary; *f.* high school; **escuela—** high school

sedante *m.* sedative

seductor *m.* seducer

segadora *f.* harvester (farm machine)

segregar to segregate

seguida: en—at once

seguido, -a followed; continued

seguidor, -a *m. & f.* follower

seguir (i) to follow; to continue, go on; to still be;

siga usted follow; continue, go on
según according to
segundo *m.* second (time)
seguridad *f.* security; safety
seguro, -a sure, certain; *m.* insurance
selva *f.* forest; jungle
sello *m.* mark; stamp
semana *f.* week; **fin de—** weekend
semanal weekly
sembrar (ie) to sow, seed
semejante similar
senado *m.* senate
sencillez *f.* simplicity
sencillo, -a simple
senda *f.* path
sendos, -as each of them
sensibilidad *f.* sensitivity
sensible sensitive
sensualidad *f.* sensuality
sentarse (ie) to sit down
sentenciar to sentence, pass judgment on
sentido *m.* meaning; sense; **—del humor** sense of humor
sentimiento *m.* sentiment, feeling; emotion
sentir (ie, i) to feel; to sense; **—se** to feel oneself; to feel; to be
seña *f.* sign; signal
señal *f.* sign; signal
señalar to point out, indicate; to mark
señor, -a Mr.; gentleman; master, owner; Mrs.; woman; lady; **el Señor** God
señorito *m.* dandy
separar to separate
sepulcro *m.* grave, sepulcher
sequía *f.* drought, period of dryness
ser to be; **a no—que** unless; **llegar a—** to become; *m.* being; **—humano** human being; **—querido** loved one

serenidad *f.* serenity
serie *f.* series
seriedad *f.* seriousness
serio, -a serious; **en—** seriously
sermonear to preach, sermonize
serpiente *f.* snake, serpent
servicio *m.* service
servilmente slavishly; servilely
servir (i) to serve; to be of use; **—de** to serve as; **—para** to be good for; to be used for
severo, -a grave, severe
sexo *m.* sex
sexto, -a sixth
si if; whether; **—bien** although
sí yes; certainly; itself, herself, himself, oneself, themselves; **—mismo** oneself, etc.
sibilino, -a sibyline, prophetic
sicoterapeuta *m. & f.* psychotherapist
SIDA (Síndrome de Inmunodeficiencia Adquirida) *m.* AIDS (Acquired Immune Deficiency Syndrome)
siempre always; **—que** whenever; **de—** usual; **para—** forever
sierra *f.* mountain range
siglo *f.* century
significación *f.* meaning, significance
significado *m.* meaning
significar to mean, signify
significativo, -a significant
siguiente following; next
sílaba *f.* syllable
silencio *m.* silence
silencioso, -a quiet, silent
silla *f.* chair
sillón *m.* easy chair
silloncito *m.* easy chair
simbolismo *m.* symbolism
simbolizar to symbolize
símbolo *m.* symbol

similitud *f.* similarity, similitude
simio *m.* simian, monkey
simpatía *f.* congeniality; sympathy; friendly feeling
simpático, -a pleasant, nice
simpatizar to sympathize
simple simple; plain; artless
simplista simplistic
simultáneamente simultaneously
simultaneidad *f.* simultaneity
sin without; **—embargo** however, nevertheless
sinceridad *f.* sincerity
sincero, -a sincere
sindicato *m.* labor union
siniestro, -a evil, sinister
sino but; except
sinónimo *m.* synonym
síntesis: en— in summary
sintetizar to synthesize
síntoma *m.* symptom
siquiera at least; even; **ni—** not even
sirviente, -a *m. & f.* servant, maid
sismo *m.* tremor, earthquake
sistema *m.* system
sitio *m.* place, room, space; **—de estar** sitting or living room
situado, -a situated
soberano, -a *m. & f. & adj.* sovereign; the king and queen
soborno *m.* bribe
sobrar to be more than enough
sobre on; above; about; **—todo** especially, above all
sobrenatural supernatural
sobrepasar to surpass
sobresalir to excel; to stand out
sobrevivencia *f.* survival
sobrevivir to survive
sobrino, -a *m. & f.* nephew; niece
sociedad *f.* society
sociológico, -a sociological

sociólogo, -a *m. & f.* sociologist

socorrer to help, aid

socorro *m.* help, aid

sofocante suffocating

sofocar to suffocate

sol *m.* sun

solamente only

solar solar, of the sun; plot of ground

soldado *m.* soldier

soleado, -a sunny

soledad *f.* solitude; loneliness

soler (ue) to be in the habit of

solicitar to ask for; to solicit

solícito, -a concened, solicitous

solicitud *f.* request

solidaridad *f.* solidarity

solitario, -a lonely; solitary; *m. & f.* recluse, hermit

solo, -a alone; single; **a—as** alone, by oneself

sólo only

soltar (ue) to set free; to let out

soltero, -a single, unmarried; *m. & f.* unmarried person

solterón *m.* confirmed bachelor

solucionar to solve

sombra *f.* shadow

sombrero *m.* hat

someter to subdue; to subject; to force to yield

sonámbulo, -a sleepwalking

sonar (ue) to sound; to ring

sondeo *m.* poll

soneto *m.* sonnet

sonido *m.* sound

sonoro, -a voiced

sonreír(se) (i) to smile

sonriente smiling

sonrisa *f.* smile

soñar (ue) to dream; **—con** to dream about

sopa *f.* soup

soportar to tolerate, endure

sorbo *m.* sip

sordo, -a deaf; dull; muffled

sorprendente surprising

sorprender to surprise; **— se** to be surprised

sorpresa *f.* surprise

soso, -a tasteless, insipid

sospechar to suspect

sospechoso, -a suspicious

sostén *m.* support

sostener to sustain; to hold; to support

sostenible sustainable

sótano *m.* basement

Soviética: Unión — Soviet Union

suave gentle; sweet (odor); bland (taste)

subconsciencia *f.* (the) subconscious; subconsciousness

subdesarrollado, -a underdeveloped

subida *f.* rise

subir to go up, rise, ascend, climb; to raise; **—(se) a** to get on (a bus)

súbitamente suddenly

subordinado, -a *m. & f.* subordinate

subrayar to underline; to emphasize

subsistir to exist; to subsist

su(b)stancia *f.* substance

suceder to occur, happen

suceso *m.* event, happening

suciedad dirt, filth; dirtiness

sucio, -a dirty, filthy

Sudamérica South America

sudor *m.* sweat

sueldo *m.* salary

suelo *m.* floor; ground

sueño *m.* dream; sleep

suerte *f.* fortune, luck

sufrimiento *m.* suffering

sufrir to suffer; to tolerate; to undergo

sugerir (ie, i) to suggest

suicida *m. & f.* suicide (person who commits suicide); *adj.* suicidal

suicidarse to commit suicide

sujeto *m.* subject

suma *f.* aggregate; sum

sumamente extremely

sumar (a) to add (to); to join; to support

sumergirse to submerge oneself

sumisión *f.* submission

sumiso, -a submissive

suntuosidad *f.* sumptuousness

superar to overcome; to exceed; to surpass

superfluo, -a superfluous

superioridad *f.* superiority

supermercado *m.* supermarket

superpotencia *f.* superpower

supervivencia *f.* survival

suplicar to beg, implore

suponer to suppose; to assume

supranacional beyond one nation

suprimir to eliminate, do away with

supuesto *m.* assumption; *adj.* supposed; **por—** of course, naturally

sur *m.* south

surgir to appear; to arise; to rise, surge

suroeste *m.* southwest

surrealista *m. & f. & adj.* surrealist; surrealistic

suspender(se) to suspend, stop; to defer; to hang

suspenso, -a astonished

sustancia *f.* substance; matter

sustantivo *m.* noun

sustentar to support; to sustain

sustituir to substitute, replace

sutil subtle

sutileza *f.* subtlety

·· **T**

tabaquero, -a *m. & f.* tobacco worker

tabla *f.* board
tabú *m.* taboo
taciturno, -a sullen, taciturn
taco *m.* folded tortilla sandwich (in Mexico)
Tailandia *f.* Thailand
taíno *m. & f. & adj.* native Indians of Puerto Rico, Haiti and eastern Cuba who were decimated by Spanish conquerors and the diseases they brought.
tal such (a); **—que** such that, in such a way that; **—vez** perhaps; **¿Qué—?** How are you?; **¿Qué—te gusta...?** How do you like . . .?
talar to fell (trees); to cut down
tamaño *m.* size
tamarindo *m.* tamarind tree (small fruit tree)
tambaleante teetering; tottering; shaky
también also; too
tambo (*Mex.*) *m.* can; container
tamborete *m.* tambourine
tampoco not either; neither
tan so; such; **—...como** as . . . as
tanque *m.* tank
tanto, -a so much; as much; **—como** as much as; **—...como** both . . . and . . . as well as . . . ; **—s** as many, so many; **por lo—** therefore
tapado, -a covered
tardanza *f.* slowness; tardiness
tardar (en) to take a long time or specified time (in doing something)
tarde *f.* afternoon; **por** *or* **de la—** in the afternoon; *adv.* late; **hacerse—** to grow late, to get late; **más—** later
tarea *f.* task, job
tarjeta *f.* card

tarro *m.* jar
tasa:—de natalidad birth rate
taza *f.* cup
teclear to type
técnico, -a *n. & adj.* technician; technical; *f.* technique; technical ability
tecnología *f.* technology
tecnológico, -a technological
techo *m.* ceiling; roof
tejabán (*Mex.*) *m.* country hut made of reed or adobe, with a tile roof
Tejas Texas
tejer to knit
tejido *m.* weaving; knitting
tele *f.* television
teleadicto *m. & f.* TV addict
telefonista *m. & f.* telephone operator
teléfono *m.* telephone
telenovela *f.* soap opera
telespectador, -a *m. & f.* television viewer
televisor *m.* television set
tema *m.* topic; subject; theme
temblar (ie) to tremble
tembloroso, -a trembling, shaking
temer to fear
temeroso, -a fearful
temor *m.* fear
tempestad *f.* storm; tempest
templado, -a moderate, temperate
templo *m.* temple
temporal temporary
temporáneo, -a temporary
tempranero, -a habitually early or ahead of time
temprano early
tenazas *f. pl.* pliers; tongs
tendencia *f.* tendency
tender (ie) to tend; to extend; to spread out; to stretch out
tener to have; to hold; **—derecho a** to have the right to; **—la culpa** to be to

blame; **—lugar** to take place; **—que** to have to, must; **—que ver con** to have to do with; **—razón** to be right
teoría *f.* theory
teóricamente theoretically
teorizar to theorize
tercer mundo *m.* third world
tercio *m.* third
terco, -a stubborn
terminación *f.* end; ending (of a word)
terminar (de) to finish, end
término *m.* term; end
terraza *f.* terrace (agricultural)
terremoto *m.* earthquake
terreno *m.* ground, land; terrain
terrestre earthly; terrestrial
territorio *m.* territory
tesoro treasure
textilero, -a *m. & f.* textile worker
tiempo time; weather; **a—** on time; **al mismo—** at the same time; **hacer buen (mal)—** to be good (bad) weather; **perder el—** to waste time; **poco—** a short time, awhile; **—completo** full-time
tienda *f.* store
tierno, -a tender
tierra *f.* land; earth; ground
tieso, -a stiff, rigid
tigre *m.* tiger
timbre *m.* bell, buzzer; stamp, seal
tímido, -a timid, shy
tinta *f.* ink; hue
tío, -a *m. & f.* uncle; aunt
típico, -a typical
tipo *m.* type, kind; fellow, guy
tira:—cómica comic strip
tiranía *f.* tyranny
tirar to throw
tiritar to tremble

titulado, -a entitled
titulares *m. pl.* headlines
título *m.* title; degree
tiza *f.* chalk
tiznado, -a blackened
tobogán *m.* toboggan
tocar to touch; to play (a musical instrument); to come to know (by experience)—**le a uno** to be one's turn
todavía still; yet; **—no** not yet
todo, -a all; every; everything; **—s** all, all of them, everyone; **del—**entirely; **sobre—**especially, above all; **con—**however, nevertheless
tolerar to tolerate
tolteca *n. & adj.* relating to the Toltec tribe in Mexico
toma:—de posesión induction into office
tomar to take; to drink; to eat; to seize, take over; —**una decisión** to make a decision
tomatera *f.* tomato factory
tonelada *f.* ton
tono *m.* tone
tontería *f.* foolishness; stupidity
tonto, -a silly, foolish, stupid
topar to bump into; to find
toque *m.* touch; ringing
tormenta *f.* storm; tempest
tormento *m.* torture; torment
torno: en—a regarding
toro *m.* bull; **corrida de—s** bullfight
torpe stupid; dull; clumsy; slow
torpeza *f.* stupidity; clumsiness
torre *f.* tower
tortilla *f.* flat cornmeal cake
tortuga *f.* turtle
tosco, -a coarse, harsh
toser to cough
totalitario, -a totalitarian

trabajador, -a hard-working; *m. & f.* worker
trabajar to work
trabajo *m.* work; job
trabajoso, -a laborious
traducir to translate
traer to bring; to have; to wear, have on
tragar to swallow
traidor, -a *m. & f.* traitor
traje *m.* suit of clothes
trama *f.* plot (of a story)
trance *m.* critical moment; peril
tranquilidad *f.* tranquility, peace; composure, ease of mind
tranquilo, -a calm, tranquil, peaceful
transformarse to transform, be transformed
tránsito *m.* traffic
transmisora *f.* transmitter
transmitir to transmit; to convey
transporte *m.* transportation; transport
tras after; behind
trascender (ie) to transcend
trasmitir to transmit; to convey
trasplantar to transplant
trastorno *m.* disorder
tratable courteous; sociable
tratado *m.* treaty
tratar to deal with; to treat; to handle; **—de** + *inf.* to try to; **—se de** to be a question of
trato *m.* treatment
través: a—de through
trazar to draw
trazo *m.* line, stroke
tremendo, -a tremendous
tren *m.* train
tribu *f.* tribe
tribuna:—improvisada soap box
tribunal *m.* court of justice; tribunal
trinidad *f.* trinity
triste sad

tristeza *f.* sadness
triunfar to triumph; to be successful
triunfo *m.* triumph; victory
trivialidad *f.* triviality
troca (*Mex.*) *f.* truck
trofeo *m.* trophy
trompa *f.* trunk; horn
tronco *m.* trunk (of tree); branch (of family tree)
trono *m.* throne
tropa *f.* troop
trópico *m.* tropic(s), tropical region(s)
trozar to break into pieces
trozo *m.* piece; selection, excerpt
truco *m.* trick
trueno *m.* thunder
tubo *m.* tube
tumba *f.* grave; tomb
tumbado, -a lying down
turbado, -a embarrassing
turbar (se) to be upset or disturbed
turístico, -a tourist

U

u (= **o** before words beginning with **o** or **ho**) or
¡uf! expression denoting weariness, annoyance, or disgust
úlcera *f.* ulcer
último, -a last, final; **por—** finally; **a—hora** at the last minute; *m. & f.* last one
unánime unanimous
único, -a only; unique
unidad *f.* unity; unit
uniformado, -a dressed in uniform
unir to join; to unite
universidad *f.* university
universitario, -a university
usar to use; to wear
uso *m.* use
utensilio *m.* utensil; tool
útero *m.* uterus
útil useful

utilizar to use; to utilize
uva *f.* grape

································· V

vaca *f.* cow
vacación *f.* vacation (usually used in the plural); **de—es** on vacation
vacilante hesitant; vacillating
vacilar to hesitate; to vacillate; to sway back and forth
vacío, -a empty
vacuna *f.* vaccine
vagabundo, -a *m. & f.* tramp, hobo
vago, -a vague; *m.* loafer
valenciano, -a *m. & f. & adj.* Valencian (from Valencia, Spain)
valer to be equivalent to; to be worth; to produce; to be valid; *m.* value, worth
valiente valiant, brave
valioso, -a valuable
valor *m.* value; courage
valorar to value, appraise
valuado, -a valued
valle *m.* valley
vampiro *m.* vampire
vanguardia *f.* vanguard; **de—** in the vanguard, in the lead
vanidad *f.* vanity
vano, -a vain, insubstantial; **en—** in vain
vapor *m.* mist; **—es** fumes
vaquero *m.* cowboy
vara *f.* rod, stick; staff
variar to vary; to change
variedad *f.* variety
varios, -as various; several
varón *m.* male, man
vasco, -a *m. & f. & adj.* Basque; **Países Vascos** Basque Country (region in northern Spain)
vaso *m.* glass
vecindad *f.* neighborhood

vecino, -a *m. & f.* neighbor; resident
vega *f.* fertile lowland or plain
vegetal *m.* vegetable
vehículo *m.* vehicle
vejez *f.* old age
vela *f.* candle
velador *m.* night table
velocidad *f.* speed
veloz quick
venado *m.* deer; **carne de—** venison
vencedor, -a *m. & f.* victor; *adj.* victorious
vencer to defeat, conquer; to win
vencido *p.p.* of **vencer** defeated, vanquished
vendedor, -a:—ambulante traveling salesperson
vender to sell
venenoso, -a poisonous
venerar to worship; to venerate
venganza *f.* vengeance; revenge
vengarse to avenge oneself; to take revenge
vengativo, -a revengeful
venida *f.* arrival
venir to come; **¿a qué viene?** What's the point?
venta *f.* sale; country inn
ventaja *f.* advantage
ventana *f.* window
ver to see; **a—** let's see; **tener que—con** to have to do with; **—se** to be seen; to be; **—se obligado a** to be obliged to; to be forced to
verano *m.* summer
verdad *f.* truth; **¿de—?** really? is that so?
verdadero, -a true; real
verde green; "dirty" (joke, etc.)
vergüenza *f.* shame; self-respect; dignity; **sentir—** to be ashamed

verificar to check; to test; to verify
verso *m.* line of poetry; verse
vestido *m.* dress
vestigio *m.* vestige; trace
vestir (i) to dress, put on, wear
vez (*pl.* **veces**) *f.* time; occasion; **a la—** at the same time; **cada—más** more and more; **de—en—** from time to time; **en—de** instead of; **otra—** again; **tal—** perhaps; **una—** once; **una—más** once again; **a veces** at times, sometimes; **muchas veces** often; **repetidas veces** often
viajar to travel
viaje *m.* trip
viajero, -a *m. & f.* passenger; traveler
vibrar to vibrate
vicio *m.* vice
victoria *f.* victory
vicuña *f.* vicuna (South American animal)
vida *f.* life
vidrio *m.* glass
viejo, -a old; *m. & f.* old man; old woman; term of endearment for mother, father, husband, or wife
viento *m.* wind
vietnamita *m. & f. & adj.* Vietnamese
vigilar to watch over; to keep an eye on
vigoroso, -a vigorous
viña *f.* vineyard
viñatero, -a *m. & f.* grape grower
violación *f.* rape
violar to violate; to rape
virgen *m.* virgin; **¡ay—!** good heavens!
virilidad *f.* virility
virtud *f.* virtue; **en—de** by virtue of
viruela *f.* smallpox
vista *f.* view, sight

vistazo: echar un—a to glance at

vital vital (of life, essential to life)

vivencia f. intimate or personal experience

viveza f. liveliness

vivienda f. housing

vivir to live

vivo, -a alive; lively; clever

vociferar to shout; to yell

volante m. steering wheel

volar (ue) to fly

volcar to turn upside down

voltear to turn around

volumen m. volume

voluntad f. will; wish

voluntariamente voluntarily

voluntario m. volunteer

volver (ue) to return; **—a** + inf. to do—again; **—se** to go back; to turn around; to become; **—se loco** to go crazy

vos you

vosotros, -as you (plural form of **tú,** used in most parts of Spain)

votante m. & f. voter

votar to vote; m. voting

voz (pl. **voces**) f. voice; **en— alta** out loud; **en—baja** in a low tone; in whispers

vuelo m. flight

vuelta f. turn; return trip; **a la—**around the corner; **dar—**to turn; **dar una—** to take a walk; **dar—s** to walk in circles

vuestro, -a your

vulgar common; ordinary; vulgar

vulgaridad f. commonness; ordinariness

vulgo m. common people

vulnerabilidad f. vulnerability

.... Y

y and

ya now; already; **¡ya!** oh!, alas!;**—no** no longer; **— sea...—sea** whether . . . or

yacía f. place to lie down

yerba f. herb; grass

yuca f. yucca (plant with fibrous leaf)

.... Z

zaguán m. entry; front hall

zapato m. shoe

zona f. area; zone

Zurvanitas m. pl. followers of Zurván, ancient Persian god of time and destiny

Respuestas: **Y Ud., ¿sabe qúe es biodegradable?** Respuestas para la tabla de la página 18, Capítulo 1. Tiempo real para la destrucción completa: papel—60 años o más; latas—siglos; plástico—no degradable; vidrio—no degradable.

Photo Credits

Literary and Other Credits